新装版

黒船前夜

ロシア・アイヌ・日本の三国志

渡辺京二

弦書房

装丁　水崎真奈美
装画（カバー・表紙・扉）中村賢次

黒船前夜　ロシア・アイヌ・日本の三国志◉目　次

第一章　はんべんごろうの警告

一七七一（明和八）年、一隻の異国船が阿波国の港に入り、長崎出島のオランダ商館長宛の手紙を現地役人に託して去った。この船はそのあと奄美大島にも立ち寄り、六通のこれまたオランダ商館長宛の書信を残した。書信はいずれも商館長のもとへ届き、訳文が長崎奉行を経て幕閣に達した。

書簡は高地ドイツ語で書かれていて、阿波から出された二通は食料と水に窮しているので援けてほしいとか、両方とも入手できたのでこれからマカオへ向かうとか、何のために書いたやら一向要領を得ない。第一、発信者バロン・モーリッツ・アラアダル・ファン・ベンゴロなる者がどこの国の人間かもわからないのだ。「ローマ帝国皇帝陛下の陸軍中佐にて艦隊指揮官」とあるが、商館長アルメナウルトはマニラを出帆したアカプルコ行きのガレオン船ではないかと思った。暴風で日本に漂着するのはそれ以外考えられぬからだ(1)。

第二信には「オーストリア帝国陸軍中佐」とあり、ローマ帝国とは神聖ローマ帝国の意だとわかったが、オーストリアの船がなんで日本海域に出現するのか、アルメナウルトは頭をひねるしかない。大島からの書信も、この島で大変好遇されたので、念のため知らせておきたいなどと、あい変らずとりとめがない。しかし一通、容易ならぬことを書いたものがあった。今年、ルス国がガリヨット船二隻フレガット船一隻を派遣して日本を巡察し、来年は松前とその近辺を占拠する計画で、すでにクルリイスに砦を築き武器を集積しているというのだ。肩書はここでは「捕虜から脱出した陸軍中佐」となっている。

アルメナウルトは交替のために着任した新商館長フェイトとともに翻訳に当ったが、二人ともとくにドイツ語に堪能でもなし、何より文意のあやふやさに参った。「光輝ある貴国オランダに対する敬意から」このことをお知らせするというのだが、日本へ警告するのならともかく、オランダ東インド会社へ知らせてどうしようというのだ。しかも情報の信憑性も定かでないし、彼ら自身日本の北辺の事情など、知識もなければさして関心もない。文中、「カムシカッテカ」というのはかろうじてわかるが、「クルリイス」とはどこのことか。当時彼ら商館員は、クリル列島すなわち千島の存在をまだ知らなかった。

だから彼らは訳文に但し書きをつけた。「横文字文面あらまし相分り候分申上げ候えども、一躰文面ふつつかにて、取りとめざる儀ども相認め、心得がたき事どもにて、察し難く存じ奉り候」。今年ジャワ島へ帰って調査の上、来年来航する船にその結果を託します云々。[2] 果して翌七

（1）『ベニョフスキー航海記』（平凡社東洋文庫・一九七〇年）三三三頁
（2）同前二八三、四頁

二（安永元）年提出されたオランダ風説書には次のように述べられていた。去年大島へやって来た異国船は、ポーランド人で捕虜となりシベリアへ流されていた者が、カムチャツカで船を盗んで逃げ出したので、その後マカオへ着き、今はフランスへ向かっているとのことだ(3)。

さてこの一件、幕閣はファン・ベンゴロの警告なるものをまともに受けとることをせず、ただ秘匿するにとどめたが、やがて世間に洩れて工藤平助、林子平らの警世の言を生んだ。ロシアの南下を憂える北方問題はここに端を発したのである。だが、話がそこへ進む前に、当時「はんべんごろう」の名で知られたベニョフスキーの冒険航海の顚末について一応述べておこう。「はんべんごろう」とはオランダ商館員がファン・ベニョフスキーを「ファン・ベンゴロ」と読み誤ったのに由来する。

ベニョフスキーはヨーロッパへ帰ったあと回想記を発表し、一躍社交界の花形となったのだが、この回想記なるものが法螺と作り話で塗り固められた厄介なしろもので、第一、生れた年からして一七四一年といつわっている。本当は一七四六年。五歳さばを読んだのは、そうしないと、七年戦争にオーストリア軍の大佐として従軍したという真赤な嘘が成り立たぬからだ。父が伯爵で将軍というのも嘘。実際はただの退役陸軍大佐だった(4)。

彼はハンガリーの生れなのだが、当時のハンガリーはむろんオーストリア帝国に属する。オランダ風説書がポーランド人と誤認したのは、ロシアの女帝エカチェリーナ二世が自分のかつての愛人を国王として送りこんだことに端を発するポーランド内乱で、彼がカトリック連盟に加担し

ベニョフスキー

てロシア軍と戦い捕虜となったからである。結局、シベリア送りとなり、はるばるカムチャツカ半島西岸のボリシェレック砦へ流された。ボリシェレックは当時カムチャツカ統治の中心地で、長官はニロフという人のよい老陸軍大尉だった。統治といっても未開の地で、ロシア帝国の威光も十分には行き渡っていない。役人たちの綱紀は乱れ、ニロフとしては飲んだくれるしかすることもなかった。ベニョフスキーは土地には珍しく教養のある男だというので、ニロフの息子の家庭教師となりたちまち信任を得た。長女とも熱烈な恋におちたというけれど、これはお得意の創作。なるほどニロフに娘はいたが、ボリシェレックには住んでいなかった。

やがてベニョフスキーは同志を募り反乱を起こす。恩人というべきニロフは殺され、ボリシェレックは一味の手中に落ちた。市中の商店から掠奪した物資を官有のガリョット船に積みこんで出港したのは一七七一年五月のことである。その際彼はこの囚人大脱走に恰好をつけるのを忘れ

(3) 同右三三七頁
(4) ベニョフスキーの経歴については同右書解説及び田保橋潔『増訂近代日本外国関係史』刀江書院・一九四三年)第四章、ズナメンスキー『ロシア人の日本発見』(北海道大学図書刊行会・一九七九年)第九章、Lensen, G. A.: *The Russian Push toward Japan*, 1971, New York による。

なかった。エカチェリーナ二世が夫ピョートル三世を廃して帝位に就いたのは世に知れわたった事実だったが、ベニョフスキーはその簒奪を改めて非難し、ピョートルの息パーヴェルを皇帝と認める宣言をペテルブルグへ送りつけたのである。

ベニョフスキー一味の目的は捕囚の地からの脱走である以上、あとすることといえばヨーロッパへ帰るだけである。マカオへ向かうのは当初からの考えだろう。日本を訪れる必要も意図もなかった。ただ嵐に痛めつけられ、食料も水も不足したので、補給のために立ち寄らねばならなかったのだ。

ベニョフスキーの航海日誌によれば、七月二八日、北緯三三度五六分の地点で日本の沿岸に投錨し、領主ウリカミイから歓待された。地名はウシルバーチャルだと彼は言っている。船はやや北上してミサキという湾に入ったが、警戒厳重で得るところなく出港した。

ところがベニョフスキー一行の中には航海日誌をつけていた者がほかに二人いて、その一人リュウミンによると最初の接岸は七月七日のことで、領主ウリカミイなど影も形もない。例によって得意の作り話だった。しかも、日付がなぜ二一日も喰い違うかというと、ベニョフスキーはカムチャツカ出航後北上して、コマンドルスキー諸島からアラスカのカディヤック島まで、かの大探検家ベーリングに匹敵する大航海をなし遂げたように航海日誌に記しており、そのための日数をひねり出さねばならなかったのである。むろんこれも大法螺で、リュウミンとステパーノフの航海日誌によると、カムチャツカを離れたあと、彼らの船がただちに千島に沿って南下したことは明白である。

ただ、二度の日本接岸はわが国の記録によって確かめることができる。最初の接岸は土佐国東岸の崎之浜（佐喜浜）というところで、その有様が山内家の記録に残されている。それによると、端艇に乗って上陸した異人たちに水を供したり、村役人が彼らの船へ行き、言語不通のためわけのわからぬ問答をしたりしたぐらいのことだった。二度目の接岸は阿波国南岸の日和佐というところで、蜂須賀家の記録は欠けているが、これも山内家の記録によると水を与えて立ち去らせたのである。

このあとベニョフスキーは琉球のウスマイ・リゴン島へ上陸し、積荷を揚陸して船体に修理を加えた。島民はカトリック信徒なので大いに歓待したというのもおかしな話で、しかも、一七四九年にポルトガルの神父が来て国王以下を改宗させ、その死後志を継いだニコラス修道士という者が、ベニョフスキーに会いに来て永住をすすめたというのだから、例の作り話も念が入っている。
この件も当方に記録がある。ところは奄美大島の東間切伊須浦で、異人たちが上陸して小屋掛けし、まわりに大砲を据えつけたりしているので、警戒を怠らなかったところ、

別に問題も起こさずにそのうち出帆したとある。勝手に山の木を伐採したのに文句もつけなかったようだ。事なかれという次第だったのか。それにしても、次の世紀に入ってからの異国船への神経過敏な反応ぶりにくらべれば、このころの反応の悠長さは印象的である。口と腹を指さして空腹を訴えるようなので、米を与えたところよろこんだとあるので、島民といくらか交渉もあったのである。

ベニョフスキーは大島を出航したあと台湾に立ち寄り、住民と紛争を起こしたりしたあげくマカオへ入港した。フランス船でヨーロッパへ帰ったのち、『回想録』を出版して大当りを取ったり、金主を募ってマダガスカル植民を試みたり、山師としてもまず一流の生涯だった。フランス政府に、台湾・クナシリ・大島などに根拠地を築き、日本と通商関係を樹立することも提言した。大島の住民からは許可状ももらっていると称したが、フランス政府の容れるところとはならなかった。(5) 結局一七八六年、マダガスカルで住民を煽動してフランス軍と戦い、流弾に当って死んだのがその最期と伝えられる。

この一代のロマンティック・ヒーローの事蹟のうち、日本寄港の一件はただ給水のために立ち寄ったというだけで、本来なら異国船漂着のささやかなエピソードとして忘れ去られるはずだった。それなのに彼の行動が「はんべんごろう」の日本探索としてその後波紋を呼んだのは、ただただオランダ長崎商館に奇妙な「忠告」を寄せたからである。いったいその「忠告」にはどれだけの根拠があったのだろうか。

ロシアはたしかにこのころには、クリル列島すなわち千島のウルップ島まで探索の手を延ばしていたが、それもささやかな居住地を設けたにすぎず、ベニョフスキーが日本沿岸に出没した年には、アイヌとの関係が悪化して、そのウルップからも逐い出される有様だった。カムチャツカの開発すら行き届かず、樺太には手もついていない。日本に対する関心はピョートル大帝のころからあったけれど、それも貿易の可能性についてで、そのために一七三九年にはシュパンベルクの日本探検隊が派遣されはしたものの、何ら成果をあげることなく終った。当時ロシアが現地で建造しえた船舶は脆弱で、とても長期の遠洋航海にたえるものではなかったといわれている。

ベニョフスキーのいうように、千島に砦を築いて武器を集積したり、松前島すなわち北海道をねらったりする意図も能力もあるはずがなかった。幕閣はそのあたりの事情をつかんでいたわけではないが、ベニョフスキーの「忠告」するような切迫した事態は生じていないとして一切とりあわなかったのは、まずは適切な判断だったのである。オランダ商館長もいうように、一連の書信の文意があまりにもとりとめもないので、真面目に受けとる必要はないという心証を得たのだろう。しかも翌年のオランダ風説書によれば、囚人が船を盗んで脱出したのだというではないか。とうてい信用のおける相手ではなかった。

だから、やがて工藤平助や林子平たちが、長崎のオランダ人や日本人通詞からこの一件を洩れ

（5）Lensen p.76

聞いて、容易ならぬ事件のように騒ぎ立てたのは、ベニョフスキーの悪戯心、あるいはロシア憎しの一念に発した作り話にまんまと乗せられたのだということもできる。だが、これは問題の書信の日本語訳のひどさが作った罪でもあった。

ベニョフスキーの書信は原文のコピーとそのオランダ語訳文がハーグの古文書館に蔵められているが、オランダ語訳文を当時世上に伝わった日本語訳文と較べると、日本語訳文にはあきらかな誤訳があって、それが工藤や林の憂慮をかき立てる原因となったことは明白である。

オランダ語訳では「今年カムチャツカから、ガリョット船二隻フレガット船一隻がロシア人の命によって日本沿岸を巡航し、明年以降、松前及び北緯四一度三八分以南の近隣の諸島のすべてに対して攻撃を企てる計画についての見通しをことごとく収集したに違いない(6)」とあるところが、日本語訳では次のようになっている。「我今年ガリョット船弐艘フレガット壱艘かむしかつてよりルス国の命を請、要害のため日本国の筋を乗り廻り看、又一所に集り候筈に候、必定考候は、来歳に至りては、マツマエの地其外近所の島々え手を入候事に相聞候。此等の地は赤道以北四拾壱度三拾八分に測量を得候(7)」。

一見してひどい訳文というほかはない。一番問題なのはガリョット船フレガット船の前に「我」というけったいな一語をつけ加えたことである。しかも、「測量を得候也」とは何事か。これではまるで、ベニョフスキー自身が船隊を率いて日本を巡検・測量したようではないか。オランダ商館員はベニョフスキーの独文を一応ちゃんとオランダ文に直したのである。その蘭文をわ

林子平

がオランダ通詞諸君がこのように迷訳したのだ。長崎通詞の語学力についてはこれまでも取り沙汰されてきたところだが、これはその一例といっていい。

果して林子平はベニョフスキー自身が日本沿岸を測量して廻ったのだと誤解した。『海国兵談』にいう。「明和辛卯の年、莫斯哥来亜《モスコビア》より加模西葛杜加《カムシカトカ》え遣し置る豪傑、バロンマオリッツ・アラアダルハン・ベンゴロウといふ者、加模西葛杜加より船を発して、日本え押渡り港々え下縄《さげなわ》して、其深さを計りながら、日本を過半、乗廻したることあり(8)」。ベニョフスキーはロシア帝国が派遣した豪傑になってしまった。子平はこの本の第一巻を天明七（一七八七）年に、第二・三巻を寛政三（一七九一）年に刊行したが、翌年いたずらに世を騒がせるものとして版木は没収され、子平は謹慎を仰せつけられた。

（6）『ベニョフスキー航海記』三二九頁
（7）近藤守重『辺要分界図考・巻七』（『近藤正斎全集』第一巻）一四三頁
（8）林子平『海国兵談』（岩波文庫・一九三九年）九頁

子平はロシア南進の勢いのおそるべきことを、安永の末年にオランダ商館長のフェイトから聞いたと書いているが、それより以前安永三（一七七四）年長崎を訪れた宇治出身の儒者平沢元愷は、長崎通詞松村君紀から「はんべんごろう」の話を聞いて、『瓊浦偶筆《たまのうら》』に録している。ベニョフスキーがロシアの意を受けて日本を探検したとする点で子平と変りはない(9)。つまり子平が描くベニョフスキー像は、長崎通詞たちの信ずるところをそのまま伝えたのだ。安永三年といえばベニョフスキー来航よりわずか三年のちである。

このころ長崎通詞たちの間には、ロシアの蝦夷地侵掠への強い危機感がみなぎっていたらしい。蝦夷地というのは北海道のみならず、千島や樺太も含むのである。安永七（一七七八）年長崎に遊んだ三浦梅園は、長崎通詞の吉雄耕牛からロシア南進への憂慮を吹きこまれた。吉雄はいう。西洋人は他国を奪うのに戦争に訴えず、様ざまに人心を手なづけるのを専らにする。わが国が西洋の法を用いて蝦夷地の土人を手なづけるなら、よろこんで帰服するだろう。このように「取易《とりやす》き国」をロシアの奪うままにするなら、北辺の地がわが憂いとなるのは必定である(10)。

この議論は子平がフェイトから聞いた主張と奇妙に合致する。フェイトはいう。蝦夷は日本と別国のようだが、日本が少し「招諭」したら、日本の進んだ文化と同化することを望んで風俗も一変するにちがいない。そうなればその国はことごとく日本のものになるのだ。西洋はみなそんなふうにして植民地を作って来たのだし、最近ではロシアが蝦夷を「招諭」しようとしている(11)。どうだ、これは捨て置けまいとフェイトはいわんばかりだが、「招諭」とは結局、吉雄耕牛のいうところの、米のうまいことを教え、彼らの好む煙草・酒を与えて手なづけることにほかならない。

どうも北方脅威論は、出島オランダ商館員と長崎通詞の合作である疑いが濃厚である。そのきっかけがベニョフスキーの警告にあったことはもちろんだが、その警告を誤訳して、日本近海を測量して廻ったロシアの手先ベニョフスキーなる歪んだイメージを作り出したのが、当の長崎通詞であったからには、彼らは自ら作った影を見て脅えたのであり、子平や平助のような当時の「先覚者」はその脅える様を見て、さらに心を昂ぶらせたことになる。

しかし、ロシアの作り出す北辺の危機について、当時もっとも綜合的な見解を示すことができたのは、『赤蝦夷風説考』を書いた工藤平助である。この下巻は蘭書から仕込んだ一種のロシア史で、天明元（一七八一）年に出来ていた。上巻は天明三（一七八三）年に書かれ、翌年老中田沼意次に献呈された。平助の長女只野真葛の著書『むかしばなし』によれば、そもそも田沼の用人の依頼を受けて書いたのがこの上巻だったという。(12) ロシア危機論を分析し、北方経営の必要を説いて幕閣に大きな影響を与えた。天明五（一七八五）年、田沼政権が蝦夷地巡見使を派遣したの

（9）平沢元愷『瓊浦偶筆・巻之二』＝『蝦夷・千島古文書集成』第二巻（教育出版センター・一九八五年）五三頁
（10）三浦梅園『帰山録』＝平岡雅英『日露交渉史話』（原書房・一九八二年）六二頁より再引
（11）林子平『三国通覧図説』＝『蝦夷・千島古文書集成』第三巻七九〜八〇頁
（12）只野真葛『むかしばなし』（平凡社東洋文庫・一九八四年）一四三、四頁

は平助の献策によるところが大きいという。

平助はまず長崎人に聞いたこととして、ハンベンゴロは「ドイチ人」で、モスコビヤと合戦して捕われ、流されたカムサスカで船を盗み、本国へ帰ろうとして日本に漂着したと述べる。ドイツ人というのは書簡がドイツ語で書かれていたゆえの訛伝だが、その点を除くと正しい情報である。しかし彼も、ベニョフスキーがロシアの命を受けて日本沿海をことごとく測量したと述べていて、それなのにロシアの野望をわざわざ告げ知らせたのが「不審の第一也」と書いている。(13) やはり長崎通詞の迷訳にもとづく流説に惑わされているのだ。

いわゆるロシアの蝦夷地侵略については、工藤平助は冷静な認識をもっていた。オランダ人はロシアが日本に対して陰謀を企てていると主張し、通詞の話ではそのことを幕閣へご注進したい心底だというが、これは信じがたく、ロシアの望むのはわが国との交易だろうと彼はいうのである。オランダが日本との交易によって今日のように豊かになったのを見て、ロシアもそれにあやかりたいのだという平助の推測は、かなり事実から離れてはいる。オランダはべつに日本交易で富強になったわけではない。しかし、ロシアの意図を日本交易とする点で、彼の見かたはまさに的を射抜いていた。

だから心配ないというのではない。平助はロシアが日本人漂民を撫育して日本語を研究していることを知っていた。シュパンベルクの日本探検も承知していたし、ファン・ベンゴロのこともある。恐ろしい相手だが、だからこそ交易を許すほかはない。交易すれば相手のこともわかり対策も立つ。平助も蝦夷地をこれまでのように放置しているあいだに、ロシアがアイヌを手なづけてしまうのが心配なのである。蝦夷地は金を産する。金山を開発して交易の費用に当てればよいではないか。あわせて土人を撫育すれば、みすみすロシアに蝦夷地をとられてしまうことはない。

平助は長崎通詞筋のロシア脅威論の背後にオランダ人の策謀を読みとっていた。オランダは北国で産物として細工物しかなく、日本交易に用いる品々はみな南国の産であるが、はるばる海を越えてもたらすので費用がかかる。ところがロシアは大河の便があり、各国の産物がみな都へ集まる上に、中国と交易もしている。また、カムチャツカまでは自国領内の地続きで、日本とは海を距てるといえども島々伝いの便がある。従って、いったん交易が開かれると、ロシアはオランダより安値に品々を提供できるので、長崎貿易におけるオランダ商品の値崩れは必至である。オランダ人はそれを怖れて、様ざまのことを言いふらし、わが国をあざむいてロシアと親しくならぬように工作しているのだ。

オランダ日本商館のもくろみに関する平助の読みは大筋で当っているだろう。だが、彼のロシア認識の奇天烈さはやはり指摘しておかねばならない。なるほどロシアには大河がある。だが、その大河の便によってペルシャ、インド、アラビヤ、アフリカへの通行が自由だというのは、世界地図を見たことのない者の言だろう。平助がそれを見ていないはずはないのに、その認識はか

（13）工藤平助『赤蝦夷風説考』＝『蝦夷・千島古文書集成』第三巻三二頁

くのごとき杜撰さである。

また、モスクワからカムチャツカまで地続きだといっても、シベリアとくにヤクーツク以東の交通の困難さを知らぬのである。知らぬのは平助の罪ではないが、そのくせ知ったかぶりをするのは罪でないとはいえぬ。当時、西洋事情に通じると自任した「識者」はみなこの程度の歪んだ知識のもちぬしだった。カムチャツカから島伝いといっても、その北海の島伝いがいかに危険な航海だったことか。平助の言を聞けば、当のロシア人は苦笑するしかなかっただろう。

さらに、ロシアの対日貿易参入によって、長崎のオランダ輸入品が値崩れするというのも、両者がもたらす物産のアイテムがおよそ異なることを知らぬのである。平助はオランダがまるでロシアの隣国であるかのように語っている。この誤りも地図をちゃんと見れば防げるはずだった。しかも奇天烈なのは、この両国がとくに親密な仲で、オランダはロシアに「伏従したる国」だと見ていることだ。服従したオランダが、なぜ日本貿易に関してロシアの企図を妨げるのだろう。このあたりは、書きながら彼自身矛盾を覚えなかったはずはない。

彼はまた、女帝アンナの命で、ヘールヘルヒクという者がオランダ・ゼイカピタンのスハレンヘルグと同行して、カムチャツカから日本探索へ出かけた、このときオランダのゼイカピタンだけが先に行ったようだ、海上のことはオランダ人に及ばないのでそうしたのだろうか、いずれにしてもロシアはオランダと、ごく親しいようだと書いている。(14) ヘールとは太夫のこと、ゼイカピタンとは海の将ということと平助は注しているが、これは明らかにベーリングとシュパンベルクに関する情報である。ベーリングの第二回探検のさい、シュパンベルクは別命を受けて日本探索に赴き、安房国の沿岸まで南下した。だがこれは、べつにロシアがオランダと手を組んだわけではない。出自をいうなら、ベーリングもシュパンベルクもデンマーク人で、当時ロシアでは、多くの西欧人が官僚あるいは技術者として働いていた。平助のいうところは一切ナンセンスなのである。平助の世界情勢についての認識はまずはこのように朦朧たるものでしかなかった。彼の罪ではもとよりなく、言挙げしたってしかたがないようなものだが、天明のころ、識者は西洋事情について相当正確な知識をもっていたなどと書く人がいるので、こういった指摘もせざるをえないのである。

事情は寛政に入っても変らない。寛政三（一七九一）年、本多利明は『赤夷動静』なる著述をものしたが、これは工藤平助の『赤蝦夷風説考』の剽窃といってよろしく、西洋情報のナンセンスな部分もそのまま受け売りされている。もちろん平助、子平、利明らは、朦朧たる西洋知識という悪条件のもとで、それなりの実のある議論をすることができた。だからこそ、彼らは当時の「識者」であったのだ。

平助は松前藩の勘定奉行を勤めたことのある湊源左衛門という人物から、蝦夷地に関するレクチャーを受けたそうだが、そのわりには蝦夷地認識も正確ではない。彼は蝦夷地の金に期待する

（14）『赤蝦夷風説考』下巻四七頁

けれど、当時の北海道は金など産出はしなかった。松前広長は松前藩主松前邦広の第九子で、家老職も勤めた人物だが、彼が天明元（一七八一）年に書いた『松前志』によれば、蝦夷地の金山が盛んだったのは寛永年間までで、その後廃絶し、西部のハボロ海崖の砂金も元禄のころまでは少しは出たがいまは廃れたという。[15]

元文二（一七三七）年には、江戸の金座の手代板倉源次郎という者が蝦夷地の金山調査のために渡島したが、鉱脈を見出すことができず空しく去るということがあった。源次郎は『蝦夷随筆』という著述をものしており、その中でシャクシャインの乱（一六六九年）以後、砂金の採取が絶えたと述べている。[16]源次郎はそれでもよく調査すれば金脈が見つかる可能性はあると主張しているが、松前広長のいうところでは、明和年間にも幕府が東蝦夷地で試掘を行ったけれども失敗に終った。林子平は安永の初年、松前の六兵衛という男と宿屋で同宿し、その折蝦夷地が金銀をおびただしく産するという話を聞いた。[17]もとより彼はこの話を信じた。子平は平助と親交があったから、この話を彼に伝えたにちがいない。しかし、蝦夷地が盛んに金を産したのは当時よりほぼ百年以上前のことにすぎなかった。

工藤平助や林子平は当時新しく出現した「経世家」と呼ばれる人間類型に属する。彼らはもちろん国家の急務を論ずるが、田沼時代の市場経済の進展に応じて、今でいうなら政策コンサルタントのような役割も果した。平助は仙台侯の奥医師が表看板であったけれど、医業よりも訴訟事を請け負って勝たぬということはなく、それで巨富を積んだと伝えられる。大名家を始め権門からたびたび相談事をもちこまれた。

子平は兄が仙台藩士で、一生そのかかりうどとして過した人であるが、姉が仙台藩主の側室であり、単なる部屋住みのぺいぺいだったわけではない。時世を憂える慷慨家で、平助の家へ入り浸っていた。『海国兵談』の序文も平助に書いてもらっている。子平とともに寛政の三奇人に名を連ねた高山彦九郎も、工藤家をしげしげと訪ねる一人であった。平助は仙台藩の奥医師であるのに、藩主から俗体、つまり有髪を許されていた。窮屈な御殿勤めなどという趣きは一切なくて、その活動の自由さには目を見張るものがある。これは子平も同様で、時代の空気が変った寛政に入って処罰されたのも、あまりにも自由な振舞いにつけを払わされたのであろう。つまりこのころには、形は藩に属しながら、そうした身分に制約されずに活動できる人物が続々と現われているのだ。

また、注意すべきなのは彼らと蘭学の関わりである。平助は青木昆陽に師事したといい、オランダ通詞の吉雄耕牛とは、彼からオランダ渡りの品々が贈られてくるような仲だった。前野良沢とは親交があり、彼から依頼された大槻玄沢の江戸修学期限延長を、玄沢の主君一関侯に願って

(15) 松前広長『松前志』＝『蝦夷・千島古文書集成』第一巻二三一、二頁
(16) 板倉源次郎『蝦夷随筆』＝『蝦夷・千島古文書集成』第一巻六六頁、七六頁。該書は『北海随筆』の名でも知られる。
(17)『三国通覧図説』七九頁

実現させたこともあった。平助がオランダ語をどれほど解したかわからないが、少なくとも原書をひもといているのは確かだ。また桂川甫周も、真葛の言によれば毎日のように工藤家を訪れていた。

工藤平助はいわゆる蘭学者ではない。だが、『赤蝦夷風説考』において、『ゼオガラーヒ』、『ベシケレイヒング・ハン・ルュスランド』の二著をしばしば引用している。「ここ別して入組、たしかにはよみわからず。前後の文勢にてみれば」などと書いているから、読もうとしたことは確かだ。『ゼオガラーヒ』とは地理書ということだが、このころ『ゼオガラーヒ』といえばドイツ人ヨハン・ヒュブネルが著わした本の蘭訳本のことにきまっていて、蘭訳本にも各種あるが、平助は一七六九年開板と記しているので、同年刊の六冊本だとわかる。この『ゼオガラーヒ』は寛政に入って、朽木昌綱（福知山藩主）、前野良沢、桂川甫周によって抄訳されることになるが、平助が『風説考』を書いたときにはまだ訳本はない。『ベシケレイヒング』の方は『ロシア誌』とも称すべき書物で、原典は一七四四年、オランダ・ユトレヒト刊、著者ブルーデレット。この本は最初吉雄耕牛が入手し、それを朽木昌綱が買い上げて前野良沢へ与えたもので、平助が利用したのは良沢の所持本に相違なく、彼が平助にこの本を訳読してやったものと考えて誤りはあるまい。吉雄には同書の訳（おそらく抄訳）があるというが、良沢は寛政五年に『魯西亜本紀』と題してこの本を訳している。

工藤平助や林子平の北方問題への関心の背景に、折柄勃興する蘭学があることを忘れてはならない。前野良沢・杉田玄白・中川淳庵、桂川甫周がかの『ターヘル・アナトミア』の会読にとりかかったのは、奇しくもベニョフスキーが日本近海を騒がせた一七七一年であった。むろん両者間には何の関係もありはしなかったが、『解体新書』翻訳の面々はやがて平助や子平と交わり、彼らの北方脅威論にインスピレーションを与えることになる。

このころ日本は鎖国して一三〇年ほど経っていた。「鎖国」という表現の不適切さないし問題性は近年しきりに論議されたところではあるが一応こういっておこう。日本は一六世紀半ばから一七世紀半ばにいたるおよそ一〇〇年間、ヨーロッパ文明との最初の接触を経験した。これをヨーロッパとのファースト・コンタクトと呼ぶとすると、鎖国という中断を経てやがてセカンド・コンタクトへ至るのは時の必然というものだった。

蘭学とは、名著『前野蘭化』の著者岩崎克巳によれば、シノロジー、ジャパノロジーというときに意味するような一国の文明の研究、この場合オランダ文明の研究を指すのではもちろんなくて、「邦人が広く蘭人又は蘭語を通じて西洋の学術を咀嚼した行動」をいうのである(18)が、だとすればその勃興も、鎖国を維持できぬことを思わせる海外のざわめきに、人びとが耳を塞いではおれぬところから生れたものだろう。そして、その扉を叩く物音はまず北方から鳴り響いたのである。開国というセカンド・コンタクトを省みるとき、もっぱら一八五三年のペリー来航に焦点が合わされるのは再考を要しよう。それはひとつの画期ではあっても、セカンド・コンタクトその

(18) 岩崎克巳『前野蘭化』第一巻(平凡社東洋文庫・一九九六年)八〇頁

ものの開始を告げるわけではなく、それを求めるならば時ははるかに早い安永・天明年間、場所は北方の蝦夷地に求められねばならない。

ペリー来航が結局は日本に交易を迫るものだったのとおなじく、一八世紀末の時点でロシアが望んだのも工藤平助が看破したように日本との交易だったのである。というのは、カムチャツカ、千島、アレウト（アリューシャン）、アラスカにわたるロシアの極東経営はもっぱら毛皮獣の捕獲を目的としていたが、彼らの経営拠点は食料を初めとする生活物資の欠乏におびやかされて、それを解決しないかぎり維持が困難だったからだ。

東シベリアの中心都市ヤクーツクからオホーツク海に臨むオホーツク港までのルートは、道らしい道もない未開の密林《タイガ》とあって、物資の輸送は極度に困難だった。その苦難は一八世紀前半、二回にわたって行われたベーリング探検隊の遠征の実証するところだった。第一次探検ではヤクーツクからオホーツクへ送った荷駄六六三頭のうち、着いたのは三九六頭にすぎなかった。(19) 輸送どころか、かの大黒屋光太夫ら日本人漂民が証言するように、オホーツク、ヤクーツク間の旅自体が命がけである。一行中の庄蔵は凍傷でやられた脚を切り落さねばならなかった。

オホーツク港からは船でカムチャツカ半島へ渡る。この航路が開かれたのは一七一七年のことで、一七一六年六月に出港した船が翌年七月にやっと帰着した。オホーツクからカムチャツカ西岸へ行って帰るのに何と一年を要したのである。船はもちろん現地で建造した。ベーリングは第一次探検の際、オホーツク港にあった長さ一〇メートルの平底船を見て、この船でカムチャツカ南端のロパトカ岬を回る気にはとうていなれず、まず西岸のボリシェレツクへ渡り、そこから半島を横断して目的地の半島東岸ニジニカムチャツクをめざした。厳冬のこととてこの横断には半年を要した。一七二七年から翌年にかけてのことである。

極東シベリアの交通事情がこのように厳しいとすれば、太平洋方面から船で物資を送りこめばいいようなものだが、そうは問屋がおろさない。カナダ北岸を経てヨーロッパから太平洋へ出ようとするいわゆる北方航路は、百年も前に英国のウィロビーらの試みによってその可能性が否定されている。大西洋へ出てホーン岬廻りで北上するしかないが、経費もさることながら、そんな細々とした血流で自活能力のない広大な植民地を養えるはずがない。極東シベリアからアラスカにまたがるロシア領は、日本との交易で維持するのが最良の策なのだ。彼らはただただ日本の産

(19) 加藤九祚『シベリアに憑かれた人々』(岩波新書・一九七四年)四七頁(以下「加藤A」と記す)

する食料を欲した。
カムチャツカの食料事情については、一七八七年当地に滞在した光太夫の証言がある。着いた年の一一月には麦も魚も食いつくし、絶食二日に及ぶ。役人が牛の股二本を持参し、あんたがたは禁忌だといって牛を食べないが、このままでは死んでしまうぞという。この時初めて牛肉を喰った。牛肉が喰えれば文句あるまいと思うかもしれないが、これは日本人に対する長官の特別の思し召しで、同居するロシア人たちは羨ましそうに見ながら、桜の木のあま皮に魚卵を少しまぜたものを喰っていた。しかしあとでは、光太夫たち自身が桜のあま皮を水に浸したもので飢えをしのいだのである。冬を越して五月になれば魚が獲れるというのが唯一の希望だった。この間三人の漂流仲間が死んだ。[20]
もちろん、だからといって、日本の北辺に勢力を拡げようとするロシア帝国の企図が、貿易という平和な営為に終始するものだったとはいえない。第一、西洋諸国のアジア貿易がいつ何時戦争行為に転じてもおかしくはないアグレッシヴな性格をもっていたことは、ポルトガルの海将アルブケルケのインド洋制覇以来実証されており、さらにこのあとアヘン戦争の如実に示すところである。
またロシアはこの時期クリルすなわち千島の経営に並々ならぬ意欲を示していた。カムチャツカから千島への進出は一八世紀の初頭から始まっていたが、島々のあいだは潮流が激しく渡航は困難で、一七六一年、シベリア総督ソイモノフはオホーツク・カムチャツカ方面の司令官宛の訓令で、毛皮税が納められているのは三、四島にすぎないと嘆く有様だった。[21]ロシア人はクナシリの島民が日本人と交易していること、しかしウルップ、エトロフ、クナシリの住民は「自分の上にいかなる支配者も有しない」ことを、民族学者クラシュニンニコフの一七三〇年代の調査によって知っていた。[22]それだけに、この三島にロシアと日本のどちらが先に手をつけるかが焦慮の的となった。

一七七二年、すなわちベニョフスキーが例の警告を発した翌年、カムチャツカ長官ベームはウルップに要塞を築いて領有を確実にすることが必要だと、上司のイルクーツク総督に説いた。ロシアの歴史家ズナメンスキーがいうように、ベームは「ベニョフスキーがすでに実現された事実としてのべたことを、これから実現しようと望んだのである」[23]。だが現地の情勢はベームの提言が夢のまた夢にすぎぬことをやがて立証する。

ロシアの千島に関する意図がかくのごとくだとすれば、平助や子平はロシアの侵略的意図をいち早く看破した先覚者ということになるのだろうか。だが、千島や樺太も含めて蝦夷地は誰のものであったのか。近代国民国家的な領土の観念などまったく持たなかったにせよ、その天地に住

(20) 桂川甫周『北槎聞略』(岩波文庫・一九九〇年)三九〜四〇頁
(21) ズナメンスキー『ロシア人の日本発見』一六二頁
(22) 同右一五五頁
(23) ズナメンスキー『ロシア人の日本発見』二〇一頁

み暮らしていたのはアイヌだった。平助や子平が民族国家を意識した先覚者だとすれば、ソイモノフやベームもまた国益の自覚者である。平助や子平はロシア人がアイヌを手なづける前に手を打たねばならぬと考えた。北方問題とはアイヌを自分側にとりこもうとする日・露民族主義どうしの相克にほかならなかった。

第二章　シベリアの謝肉祭

ファースト・コンタクトであれ、セカンド・コンタクトであれ、それを述べようとする際私たちは、ともすれば海を越えてやってくる西洋人を迎える立場で物事を見てしまいがちだ。だが、その遭遇の様相を手落ちなく叙述するには、海を越えて訪れる者たちの視点もまた必要なのではあるまいか。ロシア人はどのようにして日本の北辺を騒がせるようになったのか。ロシアの東方進出史を知らずして、北方におけるセカンド・コンタクトの開始を世界的視圏でとらえることはできない。

ロシア東漸の第一歩はいうまでもなく一六世紀末葉、エルマークのシベリア遠征であった。エルマーク・チモフェーヴィチはドン・コサックの出といわれるが、諸説あって定かではない。いずれにせよ、当時コサックがならわしとした掠奪遠征に従事して、官憲に追われる身であったらしい。このいわば海賊ならぬ河賊の頭目が、ウラルを越えてシビル汗国の征服に乗り出したのは、豪商ストロガノフ家に傭われたからである。

ストロガノフ家はイワン雷帝の代になって、ウラル西麓、カマ河上流に一二〇万ヘクタールの土地を下賜され、二〇年間の免税、保塁の建設・軍隊の保有などの特権を与えられた。ストロガノフ家は経営を拡大するうちに、やがてウラル東麓のシビル汗国と紛争を惹起するに至った。シビル汗国はオビ河の上流、イルティシ河とトボル河の合流点に位置するイスケルに都するモンゴル系の侯国である。国王クチュム汗は兵を発してストロガノフ領を犯した。エルマークはクチュム汗に対抗すべくストロガノフ家に傭われたのである。彼の率いるコサックがイスケルを攻略したのは一五八二年のことといわれている。わが国でいえば本能寺の変の年に当る。

エルマークの事績は伝説の霧に覆われて、実はイスケル攻略の年次についてすら定説がない。しかし、彼の一隊がシビル汗国を滅亡に追いやったのはたしかな事実である。クチュム汗は詭計を設けてエルマークを殺したが、大勢はもはや動かなかった。エルマークはイスケル攻略の褒賞としてイワン雷帝から賜った鎧を着用しており、戦闘中その重みで河中深く沈んだといわれる。(1)

シビル汗国の故地には一五八七年トボリスクが建設され、一六、一七世紀を通してシベリア総督府はここに置かれた。このあとロシア人の東へ向かう足どりは早い。一六〇四年にオビ河上流にトムスク、一六一九年にエニセイ河上流にエニセイスク、一六二八年にははるかレナ河に到達して、ヤクーツクが建設されている。

(1) エルマークのシビル汗国征服についてはシチェグロフ『シベリア年代史』(日本公論社・一九四三年)、阿部重雄『コサック』(教育社歴史新書・一九八一年)、大橋與一『帝政ロシアのシベリア開発と東方進出過程』(東海大学出版会・一九七四年)による。

チュコト半島
アナディル河
アナディルスク
インジギルカ河
コルイマ河
ベンジナ海
カムチャツカ半島
ニジニカムチャツク
コマンドル諸島
レナ河
ヤクーツク
オホーツク
ウリヤ河
オホーツク海
ペトロハヴロフスク
ボリシェレツク
アワチャ湾
ゴルイギナ河
ロパトカ岬
アライド島
シュムシュ島
パラムシル島
オンネコタン島
ノテト
クシュンコタン
ラショワ島
シムシリ島
アルバジン
アムール河（黒竜江）
タライカ湾
ナヨロ
ハバロフスク
ウルップ島
アニワ湾
エトロフ島
アルグン河
ネルチンスク
ウスリ河
スンガリ河（松花江）
シラヌシ
シコタン島
クナシリ島

レナ河
エニセイ河
マンガゼヤ
ウラル山脈
オビ河
オビ河
アンガラ河
エニセイスク
バイカル湖
イルティシュ河
ウェルホトゥリエ
トボリスク
トムスク
イルクーツク

このように東進がすみやかだったのは、ロシア史家阿部重雄によると「シベリアの河川を利用して、舟で進んだからである。かりに陸地を馬で進んで密林に迷いこんだらとうてい通り抜けられないし、密林をさけて、その南にのびている草原の道を進めば、剽悍な遊牧民の襲撃をうけること必定であった」。シベリアにはいわゆる連水陸路というものがあって、舟を揚陸してちょっと運ぶだけで、別の水系へ移ることができる。トボリスクからオホーツクまで行くのに、わずか三回舟を引き揚げればよかった。[2]

コサックの一隊が海に到達したのは一六三九年。ここでロシアは初めて東の海へ出た。エルマークの東征からおよそ六〇年しかかかっていない。一六四八年、オホーツク砦が建設された。わが国では将軍家光の晩年である。シベリアの東端はコサックのデジネフがおなじ年に確かめた。チュコト半島の突出した岬がそれであるが、デジネフの発見は世上知られぬままに終って、後年ベーリング探検隊が派遣されることになる。

バイカル湖周辺の征服はブリヤート・モンゴル族の激しい抵抗のためにおくれた。そのためこのあたりはあと回しにして、進出は東北のヤクーツク方面へ向かったのである。バイカル湖畔にイルクーツク建設の緒がついたのは一六五二年、ヤクーツクにおくれること二四年だった。イルクーツクはのちにトボリスクに代ってシベリアの中心地となる。

ロシアのシベリア征服はタイガと呼ばれる密林の南辺を貫いて進められた。南のステップ（草原）はモンゴル系・トルコ系の勇猛な遊牧民の世界で、とても征服どころではない。この方向への進出が始まるのは、やっと一九世紀に入ってからである。アムール河流域には一六四三年から、コサックのポヤルコフの率いる一隊が足を踏み入れた。彼らはアムール河口に達する壮挙をなし遂げている。一六四九年からハバロフの一隊がアムールのほぼ全流域を征服し、五一年にはアムール上流にアルバジン砦を築いた。だが、アムール流域をわが版図とみなす清帝国はロシア人の侵入を看過しはしなかった。ハバロフが住民に対する残虐行為をとがめられモスクワへ召喚されたのち、彼のあとをついだステパノフは一六五八年、アムールと松花江の合流地点で清軍と戦い、大敗を喫して戦死した[3]。アルバジンも破壊されたが、一六六五年チェルニゴフスキーによって回復された。

チェルニゴフスキーの一件は、無法の天地といってよい当時のシベリアの実情を伝える好例である。彼はポーランド人でレナ河畔のある城砦村の住人だったが、折柄来任した軍政官が彼の妻に目をつけて強奪したのを憤り、仲間を集めて軍政官を襲撃して殺害、その勢いでアムールに赴いて、破壊されたアルバジン砦を修復して立て籠った。彼は住民から徴集した毛皮を皇帝へ献上して赦免を乞うたが、しめしをつけねばならぬ政府は一応彼と息子、およびその仲間に死刑を宣告した。だが定石通り二日後には赦され、その上二〇〇〇ルーブリの賞与を賜ったのである[4]。

(2) 阿部重雄七一、二頁
(3) 吉田金一『近代露清関係史』(近藤出版社・一九七四年)三七頁
(4) シチェグロフ一六四、五頁

アルバジン砦をめぐって、ロシアと清が攻防を繰りひろげるのは一六八三年からである。清では康熙帝が内乱を克服して外へ威を示し始めたばかりだった。戦争は六年間続き、ついにネルチンスク条約の締結にいたる。条約はアルグン河との合流点より下流のアムール河流域を清国領と認めた。ロシアは折角手をつけた広大なアムール流域から、その上流域を除いて駆逐されたのである。

阿部重雄は「ネルチンスク条約という大きな障壁でさえぎられた風が北東方向にそらされて、日本が風かげに入ったため」、北方問題の開幕が遅れたという。(5) これはきわめて適切な表現で、もしロシアがアムール流域から閉め出されなかったなら、いわゆる沿海州はこのとき彼らの手に落ちていたはずであり、日本海を越えて日本へのアプローチも始まっていたことだろう。康熙帝がロシアの圧力をはねのけたために、ロシアははるかおくれてカムチャツカ方面から日本へアプローチすることになったのだ。

ロシアはこののち条約を遵守し、アムール流域へ立ち入ろうとしなかった。清との貿易が一七二七年のキャフタ条約によって確固たる基礎をすえられ、ロシアに莫大な利をもたらしていたからである。清は尊大に構えて、いつでも交易を打ち切る姿勢だったし、事実一七六二年から六年間、ささいなことからキャフタ交易を停止した。ロシアは低姿勢を余儀なくされ、清の機嫌を損じるのを怖れてアムール流域へ立ち入りを自粛したのである。

カムチャツカ半島の存在は早くから知られていたが、住民のコリヤーク族、カムチャダル族は火器の使用を知っていて、容易にロシア人の進出を許さなかった。この地を征服したのは、ヤクーツクとモスクワ間の毛皮輸送にたずさわっていたコサックのウラジミル・アトラーソフである。彼はアナディル砦の隊長に任命され、カムチャツカが毛皮獣に富むことを伝聞した。アナディルはカムチャツカ半島からはるかに北上し、やがてチュコト半島に至ろうとするところに設けられた砦である。アトラーソフは一六九七年、六〇名のコサックと同数のユカギール人を率いて遠征の途についた。彼は住民と戦いながら半島ほぼ全域を踏査し、行く先々で毛皮税《ヤサク》を徴集した。一七〇一年、モスクワで彼が献上したヤサクは黒テン三二〇〇枚、赤狐一九一枚、ラッコ一〇枚等々というから豪勢なものである。アトラーソフは政府から報賞を受けただけでなく、イルクーツクのコサック頭領《アタマン》に任命され、軍政官として再度カムチャツカへ赴くよう命じられたのであるが、モスクワからの帰途エニセイ河支流で中国貿易から帰った商人の船に出会い、のちに尋問の際自供したように、「みずからの勇猛なる精神」の発作を抑えきれず(6)、襲撃して一万六〇〇〇ルーブリに相当する商品を奪い取った。鼠を見た猫とおなじでコサックの血が騒いだのである。もちろん彼はただちにヤクーツクの監獄にぶちこまれ、捕囚四年に及んだ。

一七〇七年になると、せっかくアトラーソフが平定したカムチャツカでは原住民の反乱が続発

---

(5) 阿部重雄八三頁

(6) N・R・アダミ『遠い隣人』(平凡社・一九九三年)四三頁

し、取り立てた毛皮税をヤクーツクへ送ることもできない情勢になった。そこでヤクーツク政庁はアトラーソフを釈放し、コサック兵をつけて再びカムチャツカへ派遣したのである。彼は原住民の鎮圧には成功したものの、こんどは彼の残忍さと貪欲にいや気がさした部下のコサックがこの年の末に反乱を起こした。

反乱コサックはダニール・アンツィフェロフを頭目《アタマン》、イワン・コズィレフスキーを副頭目《エサウル》に選んだというが、そのほかにいくつかの盗賊団に分裂したらしい。とにかくカムチャツカは無法の天地と化し、「殺戮と放火で覆い尽く」された。(8) 一七一一年、アトラーソフは睡眠中刺殺され、新任隊長として赴任した二人のうち、ミローノフは待ち伏せにあって殺され、チリコフは縛られたまま海へ投げこまれた。反乱者たちはさすがに自分たちの所業をとり繕ろう必要を感じた。アンツィフェロフとコズィレフスキーは一七一一年、ピョートル一世に嘆願書を差出すとともに、罪の償いと称して南へ遠征し、クリル列島の第一島へ渡った。これはロシア人が千島へ足を踏み入れた第一歩である。

アンツィフェロフは一七一二年、半島東岸のアワチャへ赴いた際、カムチャダール人に謀殺された。彼らは歓待するふりをしてアンツィフェロフを小屋へ招き入れ火を放ったのである。このとき人質にされていたカムチャダール人は「構わず俺といっしょにコサックを焼き殺せ」と叫んだ。アンツィフェロフはかねがね「何をなそうと、七年間カムチャツカで生き長らえた者は神の御旨に適っているのだ」と放言していたという。(9)

おなじ年、以前カムチャツカのコサック隊長として業績をあげたワシーリー・コレソフが再び来任すると、半島の治安は一応回復した。だがコレソフは一七一四年、帰任に当って官物毛皮を輸送中ユカギール人に襲われ、新任隊長エニセイスキーともども殺された。官物毛皮の輸送はカムチャツカからいったんはるかに北上してアナディルへ向かい、そこからはるばる西のかたヤクーツクへいたるのであるが、一七〇三年から一七一五年にかけて、毛皮輸送中に戦死した兵士は二〇〇名以上にのぼった。(10) 先に述べたように、オホーツク港からカムチャツカ西岸への航路が開かれねばならなかったゆえんだ。

新任の隊長ペトリロフスキーは「兇暴と貪欲においてすべての先任者を凌駕する人物(11)」で、コズィレフスキーはこの男に投獄されたあげく、溜めこんだ数千ルーブリを巻きあげられた。ペトリロフスキーは原住民がコレソフ一行から奪った毛皮を安く買い取ったといい、一七一九年横領のとがで逮捕されたとき、黒テン五六四九枚、狐二〇〇〇枚、ラッコ二〇七枚の毛皮を取りこんでいた。

(7) ズナメンスキー六〇頁
(8) アダミ五一頁
(9) シチェグロフ二一二頁
(10) ズナメンスキー七八頁
(11) シチェグロフ二二一頁

コズィレフスキーは一七一七年にわかに修道僧となり、ニジニカムチャックの近くに修道院を建てたが、そのうち集めた寄付金をさらってヤクーツクへ逃亡。ヤクーツクでは政府から鉄工場の建設を請負い、金だけとって実行せず、同地の修道院を掠奪したかどで投獄されたが、やがて脱獄。こんどはヤクーツクの軍政官に取り入って私設秘書となり、悪行を働いた末旅券を偽造し、トボリスクへ逃亡しようとしてまたまた逮捕。しかし、レナ河口で群島を発見したと法螺を吹いて釈放される等々、まさに不屈の悪党ぶりを遺憾なく発揮した生涯だった。[12] カムチャツカで上官を殺害したのをとがめられたとき、「皇帝を殺害しかねない者でさえ国事に従事しているではないか。隊長を殺したことなんざ大したことではないわい」と居直ったというのもいかにもこの男らしい。[13]

一七三一年、カムチャツカでカムチャダール人の大反乱が起こり、ニジニカムチャックは焼払われた。「この反乱の原因はカムチャダール人の自由に対する愛着のみならず、彼らに対するコサックの極めて粗暴なる扱いと、代官の定額以上の徴税と掠奪によるものであった」とシチェグロフの『シベリア年代史』（イルクーツク刊・一八八三年）は記す。[14]

一七三三年、政府は「ヤクート管轄下及びカムチャツカに居住する朝貢異民族に恥辱と圧迫を加えぬこと」を厳命した。この勅令は異民族が貢物を余分に支払わされ、それによって破産し、妻子を取り上げられて分散転売されたことを確認するものだとシチェグロフはいう。政府は現地の軍政官たちを信用せず、破壊と掠奪の責任者を死刑に処し、掠奪物を返還させるため密偵を派遣した。また、余分の貢物や賄賂をむさぼろうとする軍政官や徴税吏に応じないように、住民に呼びかける立札を村々に立てさせた[15]。

反乱はようやく一七三七年になって終熄したが、事件の審理は三九年まで続いた。反乱の発頭人たるカムチャダール人六名が絞殺されただけではない。反乱のきっかけを作ったコサックたちもまた絞首・笞刑に処せられた。また、カムチャダール人を奴隷にすることは今後かたく禁じられた。

このあとカムチャダール人の反乱は二度と起こらなかった。だから、バフルーシンが『スラヴ民族の東漸』（モスクワ刊・一九二八年）でいうように、一七三七年にこの反乱が鎮圧されたときをもって、「カムチャツカが徹底的に平定された[16]」とするのはそれなりの見かたといってよかろう。だが、カムチャダール人がロシアの支配に服したのは、彼らの地位が改善されたからではない。彼らは無気力に陥ったので、奴隷状態が改善されるどころでなかったのは、G・W・ステラーの『カムチャツカ誌』によって明らかである。

(12) 同右二一三頁
(13) ズナメンスキー六九頁
(14) シチェグロフ二五八頁
(15) 同右二六六頁
(16) バフルーシン『スラブ民族の東漸』（外務省調査局・一九四三年）六四頁

ステラーはドイツ人の博物学者で、ベーリングの第二次探検隊に参加し、一七四〇年代の前半カムチャツカに滞在して『カムチャツカ誌』を著した。彼はいう。「コサックは各自一五ないし二〇名の奴隷を持ち、なかには五、六〇名の奴隷を持っている者もいた。彼らは飲み屋で奴隷を賭けて遊んだ。男たちは女を手にするや否や、すぐに慰み者にしてしまった。彼らは女たちを犬と交換した。コサックは遊び回って大酒を飲み、税取り立ての旅をしたり、戦いに出かけたりした。コサックは全く労働をしなかった。奴隷たちはあらゆる労働をしなくてはならなかった。コサックは全く労働をしなかった。この哀れな人たちがどんなに不平を言おうと、管理人や他の誰も、けっして面倒を見ようとせず、全員を鎖につないだままにしておいた」。

このステラーの記述はあるいは往時を顧みたものかもしれない。私はアダミの『遠い隣人』(平凡社・一九九三年)の「注[17]」に引用されたものを使っていて、それを確かめるすべはないのだが、いずれにせよ一片の奴隷化禁止の法令で、事態が根本的に改善されたとは思えない。奴隷制度はシベリアに普遍的で、度々の廃止令はまったく実効がなかったとシチェグロフはいっている。

ロシア人のカムチャダール人に対する態度は、蝦夷地の交易場所における日本人商人のアイヌの取り扱いを思わせるものがある。私欲につき動かされた「文明民族」の「未開民族」に対する非道な振舞いは世界史の動かしがたい通則なのか。もっとも、わが交易場所の手代や番人はさすがに、アイヌを何十人も奴隷にしたり、賭博の抵当にしたりするところまでは行かなかったのだが。

だがシベリアの無法者たちは、なにも原住民だけを虐待したわけではないのだ。アメリカ人の史家G・A・レンセンは「富への渇望は探検・征服・植民地化に関する国家的な視点からすると、窮まるところ建設的だったのかもしれないが、それはまた原住民の従属のみならず、収賄、堕落、残酷を助長し、貢物徴集者どうしの戦争行為すらひき起こしたのである。これはロシア政府によって絞首刑を宣告されたシベリア官吏の人数によって確かめられる事実だ[18]」と述べた上、ロシア東漸史の大家F・A・コールダーの次の一文を引用する。「この点での明白な証拠がすべて矛盾なく一貫しているという事実がなければ、こういった人間たちが同時代の記録の描き出すほど低級で劣等だったとはおよそ信じられぬところだ。彼らには神への怖れも恥の感覚もなかった。彼らは自分の妻や娘をまるで動産のように取引の対象とし、賭博の抵当としたのである。婦女の売買は公然と行われ、当局は通常の商品販売の場合と同様に、その取引から一〇パーセントを取得した[19]」。

だが、このようなおそるべき悪の様相がなにもシベリア征服史の専売ではなかったのは、新大陸発見以来の西洋人の所業を思い起こすだけで明らかというものだ。阿部重雄は、いわゆるコサックの蛮行を云々するのは偏見に通じかねないと警告する。そのことを念頭において、シベリア

(17) アダミ二七三頁
(18) Lensen, P15
(19) 同前 P16

開拓の様相をもう一度顧みることにしよう。一九世紀にシベリア史を書いたスロフツォフは、それはまるでコサックのカーニバルだったという[20]。それはいかなるカーニバルだったのだろうか。

バフルーシンによれば、オビ河とその支流流域の征服までは、ロシア人のシベリア進出は政府の中央機関によってかなり厳格に統制されていた。遠征は政府によって立案され、現地の軍務知事はモスクワで書きあげられた綿密な訓令を遵守せねばならず、人員についてもロシア本国から軍隊を派遣する場合が多かった。しかし、進撃がエニセイ、レナの流域へ及ぶと、政府は次第に統制力を失って主導権は現地の官庁に移り、さらには数人、数十人の小部隊が勝手にどんどん東へはいりこむアナーキーな状態が現出した。バフルーシンはこれを「匪賊的侵寇」と呼ぶ。モスクワはただ既成の事実として征服を受けいれ、諸州の統治を整備する必要に迫られた場合にのみその事業に関与するにすぎなかった[21]。

俗にロシア帝国の植民地拡大について帝国主義を云々する場合、こういった実情を無視してはなるまい。ロシア帝国主義とは、「先をあらそってウラルの東へ進出していったロシア人各階層の軽挙盲動的な欲望[22]」の異名であったのだ。ロシア政府はシベリアの出先官吏や冒険的探検者たちの悪行、とくに原住民に対する暴行を何とかやめさせようと一貫して努力したが、その努力は一切空に帰した。この点、新大陸の征服においてスペイン王室が、出先官庁と征服者たちの暴虐をやめさせようとして空しかったのと事情はおそろしく似ている。

コサックを主力とする冒険家たちはもちろん、黒テンを初めとしてシベリアに豊富な毛皮獣を求めたのだった。彼らは行く先々で黒テンを狩りつくすと、さらに東へ向かった。彼らは自ら毛皮獣を狩りもしたが、それが彼らの主な仕事だったのではない。彼らの事業は原住民を征服し、彼らに毛皮税を課すことにあった。いまだ毛皮税を課されていない住民を見出し、彼らに毛皮を差し出させるのがロシアの冒険的探検家をつき動かした動機だったのである。一応交易の形をとる場合でも、「毛皮はほとんど無代同様、小刀や手斧一本でも取りかえられたし、ときには銅鍋一個で、その高さに積まれた黒貂の皮と取引きしながら、なお愚痴ったという話である」[23]。

毛皮税は皇帝への献上物であり彼らが私すべきものではないが、彼らが自らの利欲のためにこの冒険を行った以上、原住民に差し出させた毛皮の大部分が彼らの私腹を肥したのは当然の成り行きである。それでも、毛皮税はロシアの国家税収中、四分の一を占めたといわれる[24]。毛皮はロシアの外国貿易における重要な輸出品で、ヨーロッパにおける後進国たるロシアにとって必要欠くべからざる物産だった。ロシアの皇帝と政府は毛皮はほしいし、かといって原住民の搾取は看過せないし、まことに偽善的な立場に立たされていたといってよかろう。

(20) シチェグロフ一二六頁
(21) バフルーシン四七、八頁
(22) 同右四八頁
(23) サドーフニコフ『物語シベリア征服史』(白林書房・一九四二年)六六頁
(24) 加藤九祚『初めて世界一周した日本人』(新潮社・一九九三年)二五頁(以下「加藤B」と記す)

冒険家たち、その主力をなすコサックが貢租と称して自分も毛皮を溜めこんだことはいうまでもない。先述したように、カムチャツカ代官のペトリロフスキーは短い任期中に官物の中から黒テン五六四九枚を横領した。黒テンは西欧市場で高値を呼んだ毛皮で貴婦人の着るものであるが、シベリアの官吏の妻はこれを好んで着用した。一六九七年、政府はエニセイスク軍政官宛に、官吏やその家族が「宮中で高官が祭日着用した如きもの」を着ているとして、奢った服装を禁止した(25)。

シベリア征服の尖兵となったコサックはもともと、モスクワ大公国の支配を逃れて辺境に定着した自由の民であり、掠奪遠征を常とする反逆者でもあった。異民族の富を掠奪するのは、命を賭けた勇武の行為であって、その習性はシベリアでも存分に発揮されたのである。彼らは様ざまな危険と苦難をものともせず、小人数で奥地へはいりこみ、要塞を築いて原住民から貢税を取り立て、妻子を人質にとり家畜を掠奪した。むろん、原住民から逆に殺されることもあった。彼らは毛皮の奪いあいから同志討ちにすら及んだ。ヤクート地方の征服の際にはその地の富源をめぐって、エニセイコサックとマンガゼヤコサックとのあいだに血まみれの戦闘が繰りひろげられた。

さらに、シベリアには多数の流刑囚が送りこまれた。彼らのうちでも政治犯はシベリアの民度を向上させるのに大いに寄与したといわれるが、ほかの大部分は無知で兇暴な犯罪者にすぎなかった。悪徳商人がはびこったのはいうまでもない。修道僧すら流浪して冒険の生涯を送り、修道院は寄留する老人を除けばほとんど空の状態だったという。

シベリア開拓者の道徳的水準が最低だったのは無理からぬところだ。徹底的に飲んだくれるのはロシア人の習性といわれるけれども、シベリアでは「凡ての人々が、老人も若人も、婦人も子供も、全部飲酒した。家庭で飲み、酒店で飲み、路上で飲み、客に行って飲み、遊山に出て野原で飲み倒れた」(26)。酒は豊富だったのである。軍政官自らが国禁を破ってウォトカを密造して販売する始末だった。エカチェリーナ二世に招聘されたドイツ人学者パラスはトムスクを訪れ、自分の生涯において「当地のように飲酒が普遍的で最高度に達している場所をかつて見たことはない」と語っている(27)。

シベリアの初期移民間には一夫多妻の習慣がひろまっていた。掠奪もしくは買い取った異民族の女を多数囲って、ロシア女に監督させる者もあり、旅先のところどころに妾を置いている者もいた。ロシア女すら奴隷のように売買されたのは先に述べた通りだ。コサックや商人は結婚する約束で女をロシアから連れ出し、シベリアへ着くと奴隷として売り払った。彼らは自分の妻子すら売ったのである。

自分の妻を賃貸する習慣もあった。ロシアへ帰国するか遠征に出かけるあいだ、一〇ないし二

(25) シチェグロフ一九三頁
(26) 同右二三五頁
(27) 同右二三六頁

○ルーブリで希望者に妻を貸し与えるのである[28]。妻もまた夫のいないあいだ、こうしてほかの男に養われねばならなかったのだろう。旅人に妻や娘を一夜提供する風習は世界の各地で見られるけれども、かのショーロホフ『静かなるドン』の主人公グリゴーリーもまた、内戦中ある村でその種の饗応にあずかった一人だった。これは二〇世紀初頭の話だが、一七、八世紀のシベリアでは、官吏が旅先で女を要求するのは当り前と見なされていた。

フランスの天文学者シャップは一七六一年、金星の太陽面通過を観測するためにトボリスクを訪れたが、当地の夫婦関係を次のように見た。「男たちは妻に対して非常に嫉妬深い。にもかかわらず彼らは彼女たちとほとんど一緒にいない。一日の大半を酒を飲んで過ごし、たいていは酔っぱらって家に戻る。女たちは外に出ることはまずない。屋内で彼女たちだけで暮らし、倦怠と無為に身を任せている。それが彼女たちの品行の堕落の淵源となるのである[29]」。シャップは彼女たちがしばしば筋骨逞しい奴隷と通じるという。シベリアに勤務した一八世紀のある将校は自伝にこう書いている。「私は妻をどこへも客に出さなかった。すべての将校の妻は淫蕩であることを、独身時代の私に対する彼女らの待遇によって十分知っていたからである[30]」。

当時のシベリア植民地は同時代の記録によれば、「大部分が大規模な女郎屋に髣髴としていた[31]」。男色もはびこっていた。性病はむろんのことである。シャップはそのために、シベリアの人類はやがて滅亡するのではないかと思った。パラスもいう。「どこのシベリアの町においても性病を訴えている。それは酒乱とともにこの地方の人口問題について恐怖すべき不幸となっている[32]」。

さらに、シベリアの名物は悪辣きわまりない知事や軍政官の横行だった。ロシア政府は悪行甚だしい彼らをしばしば絞首刑に処したが、悪徳代官は性懲りもなく続々と跡を継いだのである。シチェグロフの『シベリア年代史』は一六六五年のエニセイスク軍政官ゴロフワストフの記事を皮切りに、さながら悪徳官吏の列伝の観を呈する。ゴロフワストフは博奕、居酒屋、女郎屋を賃貸しして、毎月一〇〇ルーブリ以上もうけたのみならず「遊蕩なる女を利用して商人、通過人、産業人に対して悪評を放たしめ」たので、彼らは悪評からのがれるためにゴロフワストフに賄賂を差し出さねばならなかった。この男はそれで別に処分を受けることもなかったらしい。処分の記事は後述のガガーリン公爵を別にすれば、一七二二年、イルクーツク軍政官ラキティンが瀆職行為によって絞殺されたとあるのが最初である。

軍政官や知事の悪行の主なるものは何といっても収賄であり、さらに小専制君主たる彼らに楯突こうとする者の無法な逮捕・拷問であるが、地位を利用しての密輸もまた彼らの常習とするところだった。政府の専売品たる酒や煙草を赴任時に荷物の中に紛れこませ、任地で毛皮と交換し、

(28) 同右一二三頁
(29) シャップ『シベリア旅行記』(岩波書店『17・18世紀大旅行記叢書9』一九九一年)一七二頁
(30) シチェグロフ三三八頁
(31) 同右二三九頁
(32) 同右三三八頁

帰国に当って匿して持ち帰る。政府は一六九二年、シベリアの入口たるウェルホトゥリエの税関と旅館主に、軍政官とその家族の荷物を厳重に検査するように命じた。

賄賂は上から下まで、官吏と名がつけばとらぬものはいない。『カムチャツカ誌』の著者として先述したステラーについて、シベリア史研究家加藤九祚《きゅうぞう》はこんな話を伝えている。ステラーはカムチャツカへの渡航費が役所からなかなか出ないので、イルクーツクで悶々と立ち往生していた。彼はベーリング探検隊の一員なので、経費は政府から当然出るはずなのである。このとき彼の上司に当るドイツ人学者ミュラーがイルクーツクに来合せて、ステラーの訴えを聞くと「黙って総督府の経理部長の袖の下に二〇ルーブルをつっこんだ。効果はてきめん、旅費は直ちに支給された」(33)。ミュラーはシベリアで事を運ぶためには何をしなければならないか、よく知っていたのである。

シベリアに君臨した小専制君主の例をふたつ紹介しておこう。イルクーツク副知事ジョロボフは一七三六年、ペテルブルグで公衆の面前で斬首された。シベリアの統治はトボリスク知事が行って来たのだが、やがてイルクーツク副知事が現われ、一七六四年には両者間でシベリアの統治権が分割されたというから、ジョロボフはトボリスク知事（シベリア総督）の次席、つまりはシベリア副総督の地位にあったことになる。この男の罪状は賄賂を取るために数々の不法行為を犯し、中央政府の指令を無視あるいはサボタージュし、おのれの専制に従わぬ者を逮捕・拷問し、死にさえ至らしめたというに尽きる。彼が確固たる権勢を築きあげていたのは、その地位から引きおろすためには軍隊を派遣せねばならなかったことで明らかだ。それでも彼は抜刀して抵抗した。彼の溜めこんだ金は三万四八二一ルーブリにのぼったという[34]。

一八〇六年にシベリア総督となった枢密顧問官ペステリの統治は「過去のすべての完結」であり、「専横と圧迫をもって統治する企図の最後」だといわれる[35]。彼は一四年間総督の地位に在ったが、自身はペテルブルグに滞在することが多く、イルクーツクに腹心トレスキンを派遣して、おのれの権威のもとに絶対的な権力を行使させた。トレスキンは中央郵便局の官吏をしていてペステリに見こまれた。人びとの恐怖の的となったのはこのトレスキンだった。シベリアの独裁者たちはいずれも、おのれの悪行を中央政府に知られないために策を弄したのだが、ペステリはこの点徹底していた。彼の統治期間中、シベリアから発送される書信は厳重に検閲され、不都合な手紙や嘆願書が差押えられたばかりではなく、嘆願者には報復が加えられた。住民たちは検閲網をかいくぐって、穀物を強制的に買上げて高価で販売すること、農民の娘に移民との結婚を強いること、公共事業への寄付金の使途不明等々について政府に密告した。住民の拠金によって代表がはるばるペテルブルグへ上る有様は、さながら江戸時代の農民の越訴を思わせる。このペステ

(33) 加藤A六八頁
(34) シチェグロフ二七四〜二七八頁
(35) 同右四四六頁

リの息子が、農奴制の廃止と議会開設を要求して蹶起したデカブリストの指導者となるのは歴史の皮肉というべきか。

政府は一八一九年、ペステリを解任して、スペランスキーを後任にあてた。スペランスキーは皇帝アレクサンドル一世の信任厚く、一八〇九年には皇帝の命で憲法草案を起草した人物である。スペランスキーがイルクーツクに近づくと、毎日三〇〇件の住民の訴えがあった。ペステリ一党は呆然自失するのみで、トレスキンは一挙に二〇歳も年寄ったといわれる。イルクーツクに着いたスペランスキーが、悪虐をほしいままにした警察署長ロスクトフの逮捕を命じたとき、農民はひざまずいて彼の手をとり、「本当にあのロスクトフのことですか」と叫んだという。この警察署長は一三万八〇〇〇ルーブリ余りの金と、ほかに評価し切れない財物を溜めこんでいた。スペランスキーの赴任はシベリアにおけるさしもの知事・軍政官の悪行に終止符を打つものとなった。(36)

初代シベリア総督マトヴェイ・ガガーリン公爵はおなじ独裁者といっても、これらのどうしようもない人物どもとは区別しなければなるまい。彼は公金横領のかどで一七二一年絞首刑に処せられたが、もともと有能な行政家で、トボリスクの市街整備や、地方における教会建設など数々の功績があった人である。横領した公金は豪勢な宴会などに注ぎこんだので、大盤振舞いにあずかった住民たちは、むしろこの気前のよい殿様をありがたがったのである。北方戦役で捕虜となったスウェーデン人たちが多勢トボリスク周辺に流されていたが、ガガーリンは彼らを寛大に保護した。彼は日頃シベリア国王と自称していたといい、ピョートル大帝が彼を絞首したのは、シベリア独立の陰謀を疑ったからであるらしい[37]。しかし、このガガーリンのお大尽ぶりには、なにか誇大で過剰なものが感じられないだろうか。この種の類型はほかにもいて、一七六三年にシベリア総督になったチチェーリンは劣らぬ宴会好きで、毎日食事の際に大砲を撃って景気をつけ、謝肉祭の日にはトボリスク全市を酔っぱらわせたという。彼には一五〇人の従者、召使がついていた[38]。

その徹底した飲酒ぶりひとつとっても、ロシア人には性来、とことんやってしまって快哉を叫ぶ心性があるようだ。壮大なもの、自己破滅的なまでに過激なものが心の底に渦巻いていて、ある種のニヒリズムを伴いながら、ときに及んで爆発し舞い上らずにはおかない。ロシア近代化の父にして「帝冠をかぶった革命家[39]」と呼ばれるピョートル一世からして、そうした心性のもちぬしで、若いころからまわりに出自を問わず負けん気の仲間を集め、大酒盛りの果ては撲り合いになるのだった。ピョートルの英国滞在中、一行に屋敷を貸した一貴族が、そのあまりの荒れかたに腰を抜かしたのは有名な話だ。彼らは飲んだくれたあげく、壁に掛かる肖像画をピストルの標的にしていたのである。

(36) 同右四九八、九頁
(37) ガガーリンについては加藤A、シチェグロフによる。
(38) シチェグロフ三四五、六頁
(39) ゲルツェン『ロシアにおける革命思想の発達について』(岩波文庫・一九五〇年) 五六頁

シャップの伝えるトボリスクからの帰路の一挿話[40]も、とことん羽目をはずさずにはおれぬロシア気質の好例だろう。ウラルを越えるときの話だ。馬車の馭者が山坂をくだるときにも馬を疾駆させるので、危いとは思っていたのだが、案の定曲り角で馬車は道からはずれ、危く谷底に落ちるところだった。駁者は仲間から棒で打たれ、シャップが止めなければ撲り殺されていたにちがいない。シャップは馭者にウォトカを一杯飲ませた。とたんに元気になった彼はお仕置きなどこ吹く風かとばかり、馭者台に登ると鼻唄をうたいながら以前同様、いまにも坂をギャロップで駆け下りたげな様子である。シャップはゆっくり行けよと、棒を彼の肩にあてがい放しだった。

常軌を逸して底抜けの大騒ぎをしたいロシア気質はまた奇行の温床でもある。ドストエフスキー『悪霊』の主人公スタヴローギンは、社交界で重んじられている老将軍の耳を、突然引っぱってみたい衝動に駆られた。シベリアで繰りひろげられたカーニバルの様相をうかがうに当って、最後にシベリア史上最大の奇人、ワシーリー・ナルイシュキンのイルクーック進軍[41]について述べよう。

一七七五年、ナルイシュキンはネルチンスク鉱区の長官に任じられた。鉱区は南北五五〇キロメートル、東西五〇〇キロメートルにわたり、いくつもの銀山を抱えている。一七七六年には銀の産出量は五五〇〇キログラムにのぼり、この頃が銀山の最盛期に当っていた。

彼は着任後一一カ月間、どこにも出ず誰にも会わず、鎧戸をおろして家に籠りっきりだったが、復活祭の日いたるや、二人のふとった女に導かれて、踊りながら教会堂に乗りこんだ。彼は「神父さんは金持で女靴買った」という歌を放歌し、あとに続く部下たちはみなそれに唱和せねばならなかった。活動を開始するや、公金で壮大な娯楽場を設け、人びとに酒を振舞い、街頭で金を撒き、前官吏を罷免して、一二〇人の懲役人上りを新しく士官に採用した。現金も報告もペテルブルグに送らず、金庫が空になると金持の商人シビリャコフに無心し、二度目に彼が拒否すると、大砲を彼の家の前に据えつけた。シビリャコフは五〇〇〇ルーブリを銀盆に乗せて、うやうやしく玄関に現われたという。

一七七六年、ナルイシュキンは憎っくき仇敵ネムツォフのいるイルクーツクへ向け進軍を開始した。イルクーツク知事ネムツォフはあとの所業を見ても、相当悪辣な男であったらしい。農民と流刑囚で親衛隊を編成し、ネルチンスク金庫から掻き集めた金と弾丸・火薬をたずさえ、隊列の最後には大砲と鐘がついて行く。道中の村々で教会の鐘を打たせ、あるいは大砲を打ち太鼓を叩いて人びとを呼び集め、酒場から奪った酒を振舞い、政府の金を撒いて参加を呼びかけた。ステップで休息するときは、大釜に湯を沸かして数十キロの砂糖と茶を投げこみ、酒樽は山積みし、羅紗、木綿、麻布などを際限なくわかち与えた。途中で商人に会うと荷物を召し上げた。

彼にはロシアの圧制下にある異民族に寄せる思いもあったらしい。ブリヤート人を説いて騎兵

---

(40) シャップ三三一頁
(41) シチェグロフ三七三、四頁、三七八、九頁

隊を編成し、ホリネッツ族の首長たちにも働きかけた。しかし彼はイルクーツクに着く前に逮捕された。血腥い戦闘など一切起らなかった。つまり、一切が彼の奇行とみなされたのである。ナルイシュキンの進軍は同時代のプガチョーフの反乱のコミック版といった趣きがないこともない。しかし、彼は高貴にして滑稽な義賊の一種だったのではなかろうか。ともあれ、シベリアのカーニバルはいまや終らんとしていた。

ロシア人のシベリア経営に関連して、最後に彼らの宗教政策について一言しておかねばならない。彼らはクリル列島を征服するに当って、アイヌをキリスト教に改宗させ洗礼名を与えたりした。これは徳川役人がアイヌに改俗を迫り、鬚を剃らせ髷を結わせて日本人名を与えたのといい勝負で、人間は似たようなことを考えつくものだと苦笑させられる。だが北海道アイヌが改俗したとて彼ら固有の信仰を失わなかったように、千島アイヌも胸に十字架をぶらさげながら、父祖の信仰を内心深く秘めていたのである。一八一一年、クリル列島の海域調査を行ったワシーリー・ゴローヴニンはいう。「わが領土のクリル人は彼らの旧来の習慣や信仰を守っているものの、ロシア人の前ではキリスト教徒と見せかけるために十字架や聖像を首にかけ、我われと同じ流儀で祈禱したりする」(42)。

しかしクリルの例を見て、ロシアが曲がりなりにも被征服民族にロシア正教を熱心に宣布したと思ってはならない。一八一七年から一八四一年まで、二人の英国人宣教師がキャフタに程近いセレンギンスクへやって来て、ブリヤート人を教化しようと努めたことがあった。この事例を紹介して、「ロシア人から見れば彼らは何を苦しんでそんな無理な努力をするのか、真の動機が判らなかった」と衛藤利夫はいう。周囲に偶像崇拝をするブリヤート人がいくらいようが、どうしてそんなことが気になるのか。ロシア人にはロシア人の宗教があり、ブリヤート人には彼らの宗教がある。それでいいじゃないか。何も構うことはない。ロシア人はそう考えて、英国人宣教師のことをわらったと衛藤はいうのだ(43)。つまりロシア人は、シベリアの原住民をキリスト教徒に改宗させようという情熱をもたなかった。これは西欧諸国の植民地支配におけるキリスト教宣布の比重の大きさを思うとき、ロシアのシベリア経営の一大特色といわなければならない。

(42) ゴローヴニン『南千島探検始末記』(同時代社・一九九四年)一四二頁
(43) 衛藤利夫『韃靼』(中公文庫・一九九二年＝元版は一九三八年)三八、九頁

第三章　日本を尋ねて

話をロシアの日本探索に戻そう。アトラーソフは最初のカムチャツカ遠征の際、カムチャダール人の部落に一人の異民族の捕虜がいることを知り、自分の手許に引きとった。その男は原住民の間で二年近くも暮していたので、彼らの言葉をいくらか身につけており、アトラーソフと意志を通じることができた。

男はデンベイといい、ウザカからインドへ赴く途中遭難して当地へ流れついたと語った。いや、アトラーソフがそのように聞きとった。この男伝兵衛は実は大坂の商人の手代で、むろん江戸へ向かう途中難船に及んだのだが、アトラーソフにはエドがエンドと聞こえたので、世界地理にうといこのコサック隊長は、伝兵衛をてっきりインド人だと思いこんだ。鼻濁音の関係からか、一六世紀の頃からポルトガル人はたとえば長崎をナンガサキと表記している。アトラーソフがエンドと聞きとったのも無理のないところだ。聞き違いは両方にあった。日本人がロシアのことを「おろしや」と称したのは、『日露交渉史話』の著者平岡雅英によると、ロシア語の「エルの音が非常に強く響くため、その前に母音があるやうに聞えるからであろう」という[1]。平岡は日本人漂民の聞きおぼえたロシア語の例をあげているが、なるほどレカー（河）をアレイカ、人名のリコルドをイリコリッツといったふうに聞きとっている。

アトラーソフは伝兵衛をモスクワへ連れて行った。シベリアの行政を管理するシベリア庁の役人たちはさすがに地理の知識があるので、伝兵衛を誤たず日本人と判断した。ピョートル一世が彼を引見したのは一七〇二年一月のことである。ピョートルはアトラーソフが提出した報告に興味津々だったろう。アトラーソフは粗暴で貪欲ではあったが、鋭い知性とすばらしい観察眼のもちぬしで、彼の報告は「地理学的かつ民族誌的に見て、細部にいたるまで驚くほど正確」だと今日評価されている。(2) ピョートルは後年、側近ソイモノフが得意の持論、すなわち日本はカムチャツカから遠くはなく、その点日本との交易において他の西洋諸国よりずっと有利な位置を占めていることを説き立てると、即座に「それはよく知っている。それもずっと以前からだ」と答えた。(3) そのとき彼は伝兵衛のもたらした日本情報のことを思い出していたにちがいない。

伝兵衛が描いた日本という国のイメージは次のようなものである。日本は金銀を多量に産出する。家畜は牛、馬、豚、羊であるが、その肉は喰わない。鳥肉は喰う。稲をつくり、各種の織物を織り、陶器も生産する。海上交通はさかんで、彼の船が江戸に向かったとき僚船が三〇隻いた。

（1）平岡雅英『日露交渉史話』（原書房・一九八二年）七頁
（2）アダミ四四頁
（3）ズナメンスキー九四、五頁

銃器は保有するが、ロシアの銃より小さい。日本人は外国へ行かないが、外国の船が羅紗などを積んで長崎へ来る。他の港で交易することは許されていない。伝兵衛は江戸に住む公方様、都に住む「総主教に類似した」内裏様についても語っていた。しかし、皇帝が二人いる事情についてはロシア人たちが理解できたとはとても思えない。

ピョートルは伝兵衛を引見したその日に勅令を発し、伝兵衛にロシア語を教え、彼がそれに習熟したのち、彼に生徒をつけて日本語を学習せしめるように命じた。日給も定められ、ロシア正教への改宗は伝兵衛の自由にゆだねられた。また、日本語の講習を終えたのち帰国を許すとも保証した。だが一七一〇年、すでにロシア語を習得しおえた伝兵衛が帰国を願ったとき、ピョートルはそれを許さず、かえって伝兵衛を正教徒に改宗せしめた。伝兵衛はその四、五年のちに死去したと伝えらえる。

これが有名なペテルブルグ日本語学校の起源である。学校は一七〇五年に開設され、元老院の管轄下に置かれたとされるが、詳細はわかっていない。研究者の中にはバルトリドのように、このときの開設を疑問視する人もいる。(4) しかし、日本人講師にはのちにサニマが加わり、しかも伝兵衛とサニマは仲が悪かったという話も伝わっており、学校とまではいかなくても、伝兵衛を先生とする日本語学級がこのとき設けられたのは一応定説とされている。サニマについてはあとで述べよう。

アトラーソフはカムチャツカ南部で、原住民がとても彼らが製作したとは思われぬ漆器を持っていることに注目した。原住民の話では、南から船がやってきて、陶磁器や織物をもたらすのであるらしい。実はこれは南千島のアイヌが日本人から手に入れた物を、さらにカムチャツカの物産と交換するために持参したのであるが、カムチャツカの原住民自身、船でやってくるのがどこの人間なのか明言できず、ましてやアトラーソフには見当がつきかねた。カムチャツカの最も南に流れる川の河口から、海の向こうに島影らしきものが見える。これは実はクリル列島のアライド島にそびえる火山の頂きだった。アトラーソフはそんなことは知らない。ただ、その方角に石造りの都市があると原住民はいう。彼が見た物品はそこからやってくるのにちがいない。そして、それこそ日本でなくて何だろうか。

アトラーソフのこの想像はピョートルに乗り移った。ピョートルは伝兵衛に会ったその年、強力な一隊をカムチャツカへ派遣し、日本へいたる道を探し出し、交易の可能性をさぐるべしとする勅令を出した。だがその当時、カムチャツカ、千島、北海道の位置関係は定かには知られていなかった。シベリアとアメリカ大陸が陸続きなのかどうかもわかっていなかったし、その間にはガマランドとかコンパニースランドとか、ありもしない大島、もしくは大陸の延長が存在すると考えられていた。

まず、カムチャツカの南がどうなっているか確かめるのが先決である。あとで毛皮の官物を輸

(4) 高野明『日本とロシア』(紀伊國屋新書・一九七一年) 五三頁

送中戦死するあのコレソフが、一七〇四年コサック隊長として赴任する際にその点の調査を厳命された。彼は一七〇六年になって、部下のナセトキンの一隊を派遣した。このナセトキンこそ、実際半島の南端に立ってクリル列島をちゃんと視認した最初のロシア人なのである。だが彼は船もなく、船を造る手立てもなくて、海峡の先に島があることだけを確認して帰途についた。

初めてクリルへ渡ったのは、先に述べたようにアンツィフェロフとコズィレフスキーである。一七一一年のことで、第一島シュムシュに足跡を印しただけでその先へは行っていない。一七一二年再びカムチャツカに来任したコレソフは、翌年コズィレフスキーの実績を買って、彼を隊長として大規模な探検隊を組織しクリルへ向かわせた。一行には日本人サニマが案内人として加わっていた。

サニマは一七一〇年カムチャツカに漂着した一〇人の日本人の一人である。そのうち四人があとで海に投げこまれる例のチリコフ隊長によって原住民から救出された。サニマの本名には三右衛門が当てられ、紀州の出身とも松前のアイヌ通詞ともいわれるが定かではない。一七一四年にペテルブルグへ送られ伝兵衛の助手となるわけである。残りの日本人については、二人はコサック同士の紛争に巻きこまれて殺されたと伝えられる。

一七一三年、コズィレフスキー隊は第二島パラムシルまで渡った。彼らが求める毛皮獣がいないのは、すでに前回のシュムシュ渡島でわかっていた。実は千島はずっと南へ下れば、ロシア人にとって新種の毛皮獣であるラッコがいたのだが、そんなことは知る由もない。だが、今回の探検の最大の収穫は地理的な情報だったのである。パラムシル島で彼らはエトロフから来ていたアイヌと二人の「異国人」を捕えた。後者は日本人漂民だった可能性もあるという。コズィレフスキーは帰還したのち「マツマイ島までの全島地図」を提出したが、このマツマイすなわち北海道を第一五島とするクリル列島図は、日本へ至る経路を初めて明らかにするものだった。彼はむしろこの地図を、エトロフのアイヌと二人の「異国人」の助けをかりて作成したのにちがいない。コズィレフスキーはパラムシルのクリル人と戦って絹織物や刀剣を手に入れた。明らかに島人の製るところでなく、南方との交易で得たものである。すなわち日本の匂いはここまで立ちこめていたのだ。

だが、その日本は何と遠いことか。松前は第一五島であるのに、彼らはやっと第二島に手が届いたばかりだ。ロシア人はいろいろな情報から、日本の北端はアムール河口あたりにあると思いこんでいた。なんと日本はずっと南にあったのだ。だが、道筋はもうわかった。クリルをずっとくだって行けば、日本人が支配するという松前島があるのだ。あとは一歩一歩南へ進んで行けばよい。しかし、道のりは険しかった。カムチャツカ南端とシュムシュ島間の海峡は六マイルにすぎないが、激しい潮流が渦巻き暗礁もある。ここを乗り切るだけでも容易ではない。当時ロシア人が用いた船はお粗末極まるものでしかなかった。

コサックのデジネフは一六四八年、北極海に面するコルイマ河の河口から船出して、のちにベーリングの名を冠せられる海峡を通過し、アナディル河口の南に達したのであるが、このアジアの北東端を廻航する壮挙は、コーチャ船と呼ばれる脆弱な平底船で行われたのである。この船はもともと白海のアルハンゲリスク一帯で用いられていたのがシベリアへもたらされたもので、長さは一〇メートル程度、マストを一本備えているものの、帆を用いるのは順風のときだけでふつうは櫂で漕ぐ。丸太をくり抜いて船底とし、これに側板を柳の枝でとじ合せる。ほぞ穴には苔をつめるのである。耐用期間は三年以下とされていた。(5) ベーリング探検隊の一員のドイツ人学者フィシェルはいう。「ヨーロッパ人はこのような船にのって一年中氷の絶えることのない海上を旅行する勇気があるだろうか。だがアルハンゲリスク市の人々は昔はこれ以外のいかなる船も知らなかったのである(6)」。

ソ連の史家ズナメンスキーは、伝兵衛の乗っていた船が半歳も荒れ狂う海上を漂いながら、壊れもせず水洩れもしなかったことから、コーチャ船などのロシア船に較べて、日本船の構造ははるかに堅牢だったという。(7) しかし同時に彼はこのような船で、名にし負うオホーツク海や北極海へ乗り出して行ったコサックを初めとするシベリア開拓者の勇気と堅忍を讃えずにはおれなかった。彼らは時によっては原住民の皮舟すら利用したのである。

コロンブスやガマは小なりといえども何とか遠洋航海にたえる帆船をもっていた。ましてや一八世紀ともなれば、クックやブーガンヴィルの用いた帆船ははるかに構造においても機能においても進歩していた。ピョートルはわざわざオランダへ出向いて自ら造船を学んだのだから、バルト海ではロシアも近代的な艦船を次第に配備するようになっている。だが遠いシベリアでは、原始的な船と航海技術に頼らざるをえない状況が続いていた。シベリアの航海者はコロンブスやガマよりはるか一〇世紀のヴァイキングに似ていたとズナメンスキーはいっている。[8] 蛮行と乱痴気騒ぎで鳴ったシベリアコサックは、同時に自己犠牲心と同志愛に富む英雄でもあったのだ。

ようやく一七一四年からオホーツクで新技術による船舶の建造が始まった。先述したオホーツクからカムチャツカまでの航海は、このとき最初に作られた船で行われたのである。だが、技術者も資材も乏しい状況では造船はしばしば難航し、船は造船台の上で空しく朽ち果てることもあった。

また、クリル列島の航海はあい変らず危険だった。一七二〇年から二一年にかけて二人の測地学者が第六島まで南下したものの、激烈な嵐に襲われてほうほうの態でカムチャツカへ逃げ帰った。彼らはピョートルの密命を受けていたというが、その内容は明らかではない。だが、コズィレフスキーは一七一三年の探検の報告書で、ショッキという島は鉱物を産し、日本人がそれを採りに来ると述べていた。ピョートルはこの報告に刺激されて、ルージンとエヴレイノフを派遣したものと考えられている。当時、日本近海にあるという金銀島の噂はヨーロッパ中にひろまって

(5) ズナメンスキー五頁、バフルーシン二二七頁
(6) バフルーシン二二六頁
(7) ズナメンスキー五一頁
(8) 同右六頁

いた。オランダ東インド会社は一六四三年、金銀島探索のために、バタヴィヤから二隻の船を日本近海へ派遣したほどである。ピョートルはそれがクリル列島中に発見されるのを期待したのかもしれない。だが、北の荒海はまだロシア人の思うままにはならなかったし、彼らの船はクックらが用いた探検船のレベルにはほど遠かったのである。

ピョートルは一七二五年に死んだ。日本に対する関心はあい変らず強くて、一七一九年ロレンツ・ランゲがロシア領事として北京へ赴任する際、交易の可能性を視野に入れて能うかぎりの日本情報を収集するよう命じた。ピョートルはすでにオランダが日本貿易で大きな利益をあげているのを知っていた。しかし彼は当時なお様ざまな政務に忙殺されていて、日本交易の実現に向けて手を打ついとまなく世を去ったのである。彼の遺命によって組織された第一次ベーリング探検隊は、シベリアがアメリカ大陸につながっているか否かを解明しようとしたもので日本とは関係がない。ピョートルはドイツの大哲学者ライプニッツと文通があって、彼からアジアとアメリカの接続問題に答を出せるのはあなたしかいないと煽られていた。

一七二九年になって、またもカムチャツカ南端のロパトカ岬あたりに日本船が漂着した。これは薩摩国の若潮丸という船で、大坂まで藩米などを回送しようとして遭難したのである。乗り組んでいたのは一七名だったが、運悪く現場にカムチャダール人を率いたコサックのシュティンニコフが通りかかった。彼は漂民の荷物を徹底的に掠奪し、一五人を殺した。生き残ったソーザとゴンザはシュティンニコフの奴隷とされた。ソーザは三六歳で、ゴンザはまだ一一歳の子どもだった。

カムチャツカの隊長ノヴゴローツェフは事件を知るやシュティンニコフを投獄し、二人の日本人を解放した。だが、ノヴゴローツェフがシュティンニコフを投獄したのは、彼が自分に掠奪品のわけ前を与えるのを拒否したからだった。ノヴゴローツェフは掠奪品を仲間と分け取りしたあと、シュティンニコフを釈放した。カムチャツカのロシア人の所業がこのころまだ山賊同然だったことがこの挿話からもわかる。このあと先述したように原住民の大反乱が起り、その原因がロシア人の原住民に対する横暴にあることを知った政府は、トボリスクのシベリア総督府から審査官を派遣した。一七三三年現地に到着した少佐メルリンは日本人漂民殺害一件も併せて審理し、ノヴゴローツェフとシュティンニコフを絞首刑に処した。

ソーザすなわち宗蔵と、ゴンザすなわち権蔵はペテルブルグへ送られ、一七三四年に女帝アンナ・ヨアノヴナに謁見した。アンナに改宗を命じられて二人は正教徒となり、宗蔵はコジマ・シュリツ、権蔵はデミアン・ポモルツェフと名乗った。ロシア語に習熟すると、二人は科学アカデミーに付設された日本語学校の教師とされた。一七三六年のことであるが、この年宗蔵が死んだ。四三歳であった。ペテルブルグの日本語学校が記録にはっきりとどめられたのはこの時のことである。一人残された権蔵は、校長のアンドレイ・ボグダーノフの指導のもとによく努めたといってよい。何冊かの辞典、会話手帳、文法書などを残した。権蔵は何しろ少年の日に日本を離れたのであるから、その日本語の能力は限られていた。しかも、彼の伝えたのは薩摩弁だった。怒る

はハラカク、びっくりするはタマガル等々、いまも使われている九州方言である。(9)

　権蔵は一七三九年、二一歳で死んだ。異郷でただ一人世を去った彼は哀れだったろうか。だがこの時代、ロシアでは多勢の異国人が働いており、そこを第二の故郷として死ぬ者も少なくはなかった。人種差別もなく、二人の日本人はカムチャツカでの悲惨な経験を償って余りあるほど厚遇されたといわれている。葬儀は盛大で、アカデミーは二人の肖像画を描かせ、デスマスクまで作っている。

日本人教師が死に絶えても、日本語学校が閉鎖されることはなかった。政府は日本との交易を見こんで、通訳の養成を急いでいたからだ。残された生徒が五人いて、そのうちアンドレイ・フェネフとピョートル・シェナヌイキンという者が教師役となった。この二人は一七四〇年、シュパンベルクの最後の日本探検に通訳として配属された。しかし、シュパンベルクはこの度は日本にたどりつかずに帰航したので、彼らの日本語は試されないままに終った。

　シュパンベルクの日本探索はベーリングの第二次探検の一環として行われた。ベーリングの第一次探検(一七二五〜三〇)については、彼が到達した最北点よりさらに北方で両大陸はつながっているかも知れず、問題は解決していないという批判が絶えなかった。ベーリング自身もこの批判を気にしていたので、やがて第二次探検の計画書を提出し、一七三二年に元老院令によって計画の大要が定められた。元老院の計画はベーリングの提案をはるかに越えた大規模なもので、アメリカ大陸への探検のみならず、シベリア全土の学術的な調査を含み、ミュラー、グメリン、フィシェル、ステラー、クラシェニンニコフなど優秀な学者が起用された。日本探検も大計画の一部で、第一次探検の際ベーリングを補佐したシュパンベルクがその任に当った。ベーリングは一七四一年、アラスカからの帰り途悲劇的な死を遂げるが、その詳細にわたることは避けよう。

マルティン・シュパンベルクはベーリングとおなじく、デンマーク出身の海軍将校である。無学ではあるが航海に熟練し、熱情的で専制的な人物だった。彼はオホーツクに港湾を建設し、そこで日本探検に用いるべき船舶を建造する任を負っていたが、現地でたちまちオホーツク長官ピーサレフと対立した。スコルニャコフ・ピーサレフは海軍大学校長から元老院検事総長を勤めた大物で、ピョートル二世の短い治世のあいだにシベリアへ追放された。ピョートル二世はピョートル一世が殺した皇太子アレクセイの息子で、即位当時一二歳。ピョートル一世の寵臣メンシコフが実権を握ったが、ピーサレフは彼に対して陰謀を企てたらしい。笞うたれてシベリアに流されたというから、当時のロシアの権臣たちもひとつ間違えば農奴並みの扱いだったことがわかる。

ピョートルという荒々しい改革者が死んだあと、ロシアの宮廷は余波鎮まらぬ不安定な情況で、メンシコフも一七二七年失脚してシベリアへ流された。この男はもとはモスクワの街頭で揚げ饅頭を売っていた小僧で、門地を無視して実力本位に人物を登用するピョートルのもとで、随一の寵臣の座に登りつめた梟雄である。ピョートルの妻で彼のあとを継いで帝位に即いたエカチェリーナ一世は、もともと小間使いあがりで、メンシコフが自分の情婦にしていたのをピョートルに

(9) 木崎良平『漂流民とロシア』(中公新書・一九九一年)三〇頁(以下、「木崎A」と記す)

譲ったのである。このメンシコフがシベリアはベレゾフで一七二九年に死んだとき、土地の人びとはみな義人と称したというからおかしい。彼は信心に凝って土地の老人たちと、現世のはかなさとか聖人の功徳とか、そんなことばかり話し合っていたらしいのだ。(10)

話をもとへ戻そう。ピーサレフは一七三一年、流刑の身分のままでオホーツク長官に起用された。彼の任務はオホーツクの港を整備し、船を建造し、乗員を養成することにあったが、ベーリング探検隊が現地に到着したとき、彼は訓令を何ひとつ実行していなかった。彼は追放中に堕落していて、長官になると先任者同様、掠奪、乱暴、大酒をほしいままにし、おまけにハーレムまで作って、オホーツク生まれの妾たちと氷の坂滑りに興じていたという。(11) シュパンベルクはピーサレフと告発合戦を繰りひろげるなど、さんざんいがみあったあげく、やっと二隻の船を建造した。これに一隻の老朽船を修復したものを加え、三隻で日本へ向けて船出したのは一七三八年六月のことである。

彼は日本発見のほかに千島の調査も命じられていたのだが、千島海域は夏期に特有の濃霧がたれこめ、三隻はたがいに船影を見失ってばらばらになってしまった。島々の岸辺はけわしい崖が切り立ち、激しい海流が渦巻き、投錨に適した泊地もない。それでもシュパンベルクは八月の初めウルップ島まで南下して、そこから帰途についた。彼が北海道発見を目前にして引き返したのは、食料がそろそろ尽きかけていたからだというが、たった一隻で日本を訪れるのが不安だったのにちがいない。彼は異国船を警戒する日本人の手中にうかうかと陥ることのないようとくに訓令されていた。見失った他の二隻も成果を挙げることなく帰還した。それでもこの第一回航海の意義は大きかった。ロシアはこのとき初めて南千島へ足を踏み入れたのである。

ロシア人はクリル列島の南端にマツマイ島が位置し、そこに日本人の居住地が存在することを、アイヌからの情報によって知ってはいた。だが彼らはこの世紀の半ばすぎにいたるまでマツマイ島すなわち北海道の大きさや形状はもとより、正確な位置すら知らなかったのである。それは千島のほかの諸島と変らぬ小さな島と考えられていた。

一六四三年、オランダ東インド会社は金銀島発見のためにフリースの船隊を日本近海へ派遣した。フリースは十勝川河口付近でエゾ地に接触した。日本の北にエゾ地が存在することはイエズス会の宣教師たちの報告で、ヨーロッパでは広く知られていたのである。フリースはそののちウルップ島へ上陸し、コンパニースランドと名づけた。彼はここをアメリカ大陸の北西岸と考えたのである。さらに彼はエトロフ島に接触し、スターテンランドと命名、ついでクナシリ島へ向かったが、濃霧のために根室海峡を発見できず、これをエゾ地の一部と誤認したままさらに北上した。結局彼はカラフトの北知床岬まで進んで船を返したのだが、またしても濃霧に妨げられて宗谷海峡を発見できなかったために、エゾ地は北海道、クナシリ、カラフトを含む広大な島ないし

(10) シチェグロフ二五四頁
(11) ズナメンスキー一一〇、一一一頁

半島とみなされることになった。フリース以来、西洋人でこの海域を航海したものはなく、欧州で刊行された地図には様ざまなエゾ地が奇怪な姿で描かれるようになった。エゾ地がカムチャツカ半島と同一視され、同半島の南端にマツマイがしるされる場合すらあったが、巨大なエゾ島あるいはエゾ半島と日本本土の中間に、豆のように小さいマツマイ島を置く地図が普及していた。

カラフトの存在は、清帝国の康熙帝がフランス人イエズス会士の力を借りて作製させた『皇輿全覧図』によって知られていたものの、アムール河口の対岸に「く」の字形に描かれたこの島を、いわゆるエゾ地とどう関連づけるべきなのか、答は誰も知らなかった。先述したようにロシア政府は自国民がアムール河口一帯へ立ち入ることを禁じていたから、カラフトすなわちサハリン島へ近づくロシア人はいなかった。要するに一八世紀において、日本北方の海域は南北極を除けば世界地図に残る唯一の空白地帯だったのである。シュパンベルクが第一回航海で松前へ向かわなかった理由は以上で明らかだろう。位置もわからぬところへは行きようがなかったのだ。

翌一七三九年五月、シュパンベルクはこの度は四隻の船で再び日本探索の遠征へ出発した。六月一四日、副隊長格のウィリアム・ウォルトンの指揮するガヴリール号が艦隊から分離する。ウォルトンはのちに船の損傷によって離脱したといい訳をしているけれども、イギリス人である彼がシュパンベルクの風下に立つのをいさぎよしとせず、単独で功を樹《た》てようとしたのは明らかである。

シュパンベルクは残りの三隻を率いて南下し、六月一六日、日本本土を初めて視認した。一八日にはある港に入って投錨したが、二隻の日本帆船が近づいてきたので不安を覚えて出港し、六月二二日仙台領牡鹿郡の沖合に停泊したところ、鮮魚、米、葉煙草、野菜などを積んだ漁船が二隻来訪し、ただちに交易が行われた。日本人の気に入ったのは羅紗の布地と衣服、それに青いガラス玉で、綿織物・絹織物・鏡・鋏や小刀には目もくれなかった。そんなものは珍しくもなかったのである。日本人の礼儀正しさと商品の廉価なのがロシア人たちの印象に残った。

やがて四人の役人が来訪し、シュパンベルクと会見した。彼らは頭が地面につくまでお辞儀をして、シュパンベルクを辟易させたというが、この日本人のお辞儀ぶりには、開国後やってくる西洋人はみなおどろかされることになる。シュパンベルクが地球儀を見せると、彼らは口々に松前、佐渡、能登などと唱えつつ地球儀上の地点を示した。[12] 彼が到着したのが日本であるのはもはや疑いようがなかった。日本への航路を発見するという彼の使命は果されたのである。見廻すと彼の船は七九隻の小舟に取り巻かれ、[13] それぞれの舟には十余人の日本人が乗り組んでいた。だまし撃ちにあうのではないかという怖れが彼の胸に湧きあがった。長居は無用である。シュパンベルクの艦隊は抜錨して帰途についた。

同行したワクセルによると、シュパンベルクは「その後さらに数日にわたって日本の沿岸をま

(12) 同前一二三頁

(13) ワクセル『ベーリングの大探険』(平凡社『世界教養全集23・一九六一年)二一八頁

わって、つぶさにその実情を観察した結果、この国は容易ならない国であることを知った。彼はよくもこの国を目ざして来たものと喜びにたえなかった。その一端をあげてみるとしても、まずその無数の船舶を見ただけでもわかることで、ヨーロッパで見られるものと比較しても、けっして見おとりのしない優秀なものが少なくない。同じく貨幣を収集してみても、十分にその優秀な文化を反映している。その他はいうにおよばず、その能力はあなどれない国民性をもっている。彼は口をきわめて、よくもこの国に来ることができた、日本こそ、やがて親交を結ぶべき国であると叫んだ(14)」。

シュパンベルクの日本訪問はのちに述べるウォルトンのそれとともに「元文の黒船」としてわが国の記録に残されている。一七三九年は元文四年に当るのである。シュパンベルクの停泊地が陸奥国牡鹿郡田代島三石崎の沖合とわかるのも当方に記録があるからだ。彼のいう四名の高官というのは、実は田代村駐在の仙台藩士千葉勘三郎と同村の名主、それに同村の禅寺の住職にすぎなかった。住職の龍門は長崎にいたことがあったから、「黒船」の国籍はむろんわからなかったものの、それがオランダ船同様の形状であること、乗組員たちがオランダ人に似ていることにただちに気づいた。食事に出されたものを見ると、これもオランダ人のたべるパンというものである。バターもそれと見てわかった。千葉勘三郎のいうところでは、ビイドロの銚子より銀のちょくに注がれたのを飲んでみると焼酎の味がした。つまりはウォトカだったのである。シュパンベルクの記すところでは、日本人たちはたべものも酒も気に入った様子だった(15)。

ウォルトンはシュパンベルクよりはるかに南下して、六月一九日、安房国長狭《ながさ》郡天津《あまつ》村の沖合に停泊し、航海士カジミロフ以下八名を給水のために上陸させた。海陸ともに見物人が充満していたというが、ガヴリール号の船影はすでにこの沿岸の評判になっていたものだろう。ロシア人のボートの廻りには一五〇隻あまりの小舟が密集していて、櫂で漕ぐのもままならなかった。開国後、異人見物に弁当がけで大群衆が集まる現象は数々の記録にとどめられることになるのだが、われわれの先祖はこのときも遺憾なくその習性を発揮したわけである。

日本人たちはボートの中の空樽を見ると、さっさと井戸へ運んで水を詰めてくれた。井戸のある家の主人はカジミロフらを招いて、酒と「前菜《ザクースカ》」を振舞った。別な家では米飯が出された。彼らは明らかにこの珍客を歓迎したのである。カジミロフはガラス玉などの雑貨でこの歓迎に酬いた。カジミロフらが船へ帰ると、役人が小舟でやって来て上船した。彼は芳醇な酒をたずさえて来たので、ウォルトンはお返しにウォトカを振舞った。ウォトカは役人の気に入った様子だったというものの、彼はその強烈さに目が眩んだのではなかったか。このとき多数の小舟がガヴリール号に押し寄せて来て、ただちに交易が始まった。雰囲気はこのように友好的ではあったけれど、ウォルトンはシュパンベルク同様、多数の小舟で包囲されている情況が気に入らなかった。間違

---

(14) 同前二一九頁
(15) 田保橋五七頁

っても捕虜になるなという訓令が彼の脳裏に刻みこまれていたのだ。

　ウォルトンはこの沖合いを去ってさらに船を進め、伊豆国下田の沖に達した。一隻の船が近づいて来たので空の水槽を示して給水を頼むと、日本人は快く応じるとともに一通の書類を示した。ウォルトンは外国人に便宜を与うべしとする公文書だろうと思ったが、実はこの船は下田奉行所が出したもので、文書が早々と退去を求める趣旨であったのは察するに難くない。ロシア側の記録にはこのとき役人はピストルを携帯していたというが、それはどうだろうか。ウォルトンはこのあとようやく帰路に就いた(16)。

　ウォルトンの一件ももちろん当方の記録にとどめられている。だが、日本人がロシア人を自分の方から歓迎した事実はきれいに拭い去られ、ロシア人が勝手に井戸から水を汲み、大根を持ち去って代価を置いて行ったという具合に、ただなすがままに傍観したことになっている。ましてやロシア船を訪れて交易が行われた事実など影もとどめていない。これはシュパンベルクに関する当方の記録でも同様である。もちろんこれは当事者が事実を隠蔽したのであって、彼らが鎖国の国是をはばかったのであるのはいうまでもあるまい。

鎖国という用語の適否が問われるようになって以来、江戸時代の日本が鎖国をしていたというのは錯覚だなどといいだす論者があとを断たない。幕府はポルトガル船の渡航を禁じはしても、ヨーロッパ船一般の渡来を法令でもって禁じたことは一度もないというのだ。オランダ以外の西洋船の渡来を禁じる「祖法」なるものは、実はレザーノフの長崎来航の際、新たに成立した観念だとも主張される。しかし、法令がないからそういう事実はないというのは、法曹家の屁理屈ではあっても、歴史家のいい分ではない。シュパンベルクやウォルトンの船に出向いて交易を行った庶民たちは、なぜその事実をお役人に対して隠蔽せねばならなかったのか。彼らの頭脳に異国人との交流は御法度という観念が叩きこまれていたからではないか。まさか彼らが、存在もしない禁令を勝手に妄想したとあえて主張する者はあるまい。

異国船接近の報を受けた仙台藩庁は出府中の君侯に急使を立てる一方、ただちに軍勢を編成して牡鹿半島へ派遣した。シュパンベルクが彼らの到着前に立ち去っていたからよかったものの、さもなくば捕獲の運命に陥っていたかもしれない。先例は一六四三年にある。先述したフリースの探検隊は二隻から成っていたが、スハーブの率いる一隻は陸奥国の海浜に至り、上陸したスハーブらは南部藩士に捕えられて江戸まで連行されたのである。

(16) ズナメンスキー一二四〜一二七頁

仙台藩と安房国代官所から報告を受けた老中松平乗邑《のりさと》は、届け出られた異国の貨幣を長崎へ送りオランダ人に鑑定させた。その結果この度の異国船がロシア船であることが判明した。しかし、この名宰相とうたわれた人物はロシアと聞いても別にピンとこなかったらしい。このあとのベニョフスキー事件のときと同様、閣老たちは海防に関してまだ危機感を抱いてはいなかった。もちろん、このとき乗邑が沿海の天領代官に異人たちが上陸することあれば捕えよと令したのを見ても、異国人を国土に入れない明確な国旨が閣老たちに自覚されていたのは明らかである。ただし乗邑は、上陸した全員を捕える必要はなく、逃げ去る者があればそのままにして、二、三人捕えれば十分だといっているから、のどかといえばのどかだ。こののどかさはベニョフスキー事件に至っても見られるところで、その後の幕吏のぴりぴりした対応と好対照をなしている。

シュパンベルク船隊の日本訪問は、訪問というには余りに束の間の接触であるけれども、西洋人と日本人の接触に際して生じる反応を典型的に示すものとなっている。シュパンベルクが日本人の礼儀正しさに印象を受けたのは先に述べたが、ウォルトンの隊員は民家の清潔さとよく耕された田畑に感心している。いずれもこののち、西洋人たちが繰り返すことになる感想である。一方、日本の庶民たちが異国人に何ら警戒心やわだかまりを抱かず、ひたすら野次馬的好奇心と精一杯の善意を表わしたことは明らかで、これまたこののち訪れる西洋人を感動させた彼らの特質だった。

さて、使命を果してオホーツクへ帰還したシュパンベルクには意外な運命が待っていた。彼を含む四人の船長の航海日誌がいずれもずさんで、彼らの到達したのが果して日本だったのか疑われるに至ったのだ。仇敵ピーサレフはこのときとばかり、シュパンベルクが着いたのは日本ではなく朝鮮だと元老院へ訴え出た。シュパンベルクは三度《みたび》日本をめざして海へ乗り出さねばならなかった。一七四二年、彼は四隻の船を率いてボリシェレックを出港したが、やがて濃霧のため四隻はばらばらとなり、それでもシュパンベルクの旗艦聖ヨアン号は日本本島の近くまで航海したものの、新造船でありながら漏水甚だしく、やむなくシュパンベルクは船を返した。他の三隻も日本へ到達することなく終ったが、ただその一隻はサハリン島の東海岸に着いた。これがロシア船がサハリン島に接触した初めてである。船長シェルチングはそこがサハリン島だとはまだ知らなかった。この第三回航海にペテルブルグ日本語学校出身のロシア人通訳が参加していたことは先に述べた。

さてその日本語学校であるが、権蔵の死（一七三九年）ののち絶えていた日本人教師がようやく補充されることになった。一七四五（延享二）年、陸奥国南部領の多賀丸がクリル列島のオンネコタン島に漂着したのである。この船には一七名が乗り組んでいたが、漂流中六名が死亡、船主で船頭の竹内徳兵衛も上陸後まもなく死亡した。残りの一〇名はボリシェレックへ送られ、そこで二年あまりを過すうちに洗礼を受けた。ロシア政府は彼らを送還する気はなかったのである。やがてさらに一名が死に、残る九名のうち、優秀とみなされた五名はペテルブルグへ送られて、アカデミー付属日本語学校教師となった。

日本語学校は一七五四年シベリアのイルクーツクへ移転し、同地の航海学校に付設された。日本人教師五名のうち二名はすでに死亡していて、残りの勝右衛門、伊兵衛、久太郎が赴任、年俸一五〇ルーブリを給せられた。シベリアに残留していた三之助、利八郎、久助、長助も一七六一年、この学校で教えることになり、同校は七人の日本人教師を擁するに至った。だが、生徒は最盛期でも一七名で、同校の目的が日本語通訳の養成というまったく政策的なものであったことがわかる。

しかし、南部弁しか話せず教師としての訓練もない船乗りたちにどういう日本語教育ができただろう。彼らは単語集や会話集を作ったが、それをもとに三之助の子三八（ロシア名アンドレイ・タタリノフ）が一七八二年に提出した露日辞典《レキシコン》を見ると、「なんなりと話すことが必要だ」という露文の日本語訳は「きさまを、イリます、なんても、さへりましやう」となっているという(17)。さぞかし心細い通訳ができあがったことだろう。イルクーツクの日本語教師つまり多賀丸漂民は一七八六年までにすべて死亡した。彼らにつぐ日本人漂民大黒屋光太夫がイルクーツクを訪ねたとき、会うことのできたのは二人の遺児のみであった。

シュパンベルク隊の日本遠征後も、ロシアのクリル経営は遅々として進まなかった。ピョートル一世の側近だった海軍次官フョードル・ソイモノフは宮廷陰謀に巻きこまれ、一七四〇年に鼻孔を裂かれてシベリアへ流刑となっていたが、一七五七年シベリア総督に起用された(18)。かつてピョートルに日本に対するロシアの地の利を説いたことのある彼は、クリル経営がなぜ停滞してい

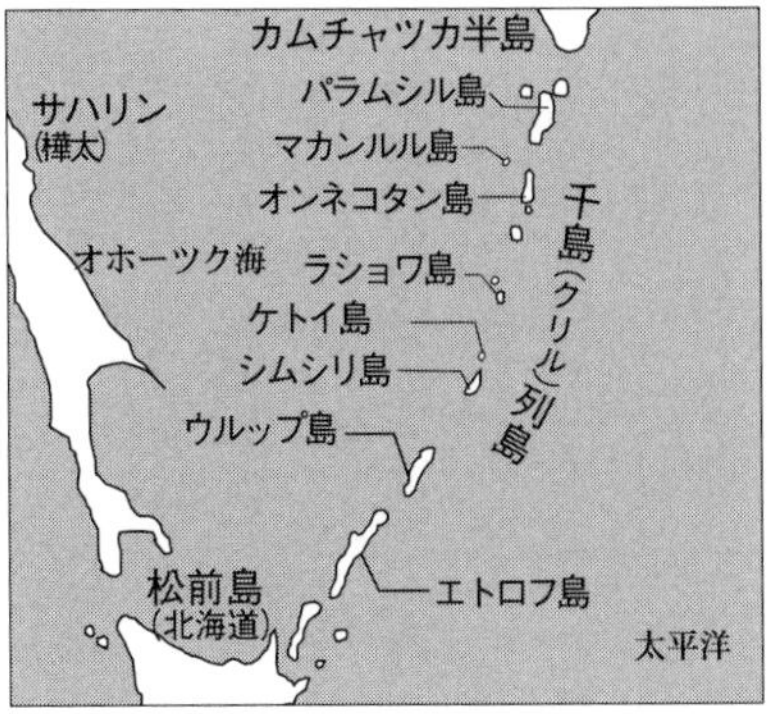

るのか不思議でたまらなかったらしい。一七六一年彼はカムチャツカ長官に対し、毛皮税の徴集が一、二島にとどまり、他の島については報告も記録もない現状に不満を表明し、シュパンベルクの巡航もクリル列島の詳細を明らかにしえなかったことを指摘して、速かな調査を促す訓令を送った[19]。トボリスクに鎮座するソイモノフは、クリルの島々の海峡には激しい潮流が渦巻き、夏には濃霧が発生し、一年中暴風が吹き荒れて航海者を危険に陥れることなど、何ひとつ知らなかったのである。

訓令を受けたからといって、カムチャツカ長官には即座に打つ手もなかったが、そのうち第二島パラムシルの長老チーキンから願ってもない申し出があった。彼自身が南行して島々の「流移人」を連れ帰り、そのかたがた南の諸島をロシアへ服属させようというのだ。流移人というのはロシア人の圧制を嫌って、北クリルの島々から南へ逃げ出したクリル人（千島アイヌ）のことである。チーキンが流移人を探し出して連れもどしたかったのは、残った島人は逃げ去った者の分の毛皮税まで納入せねばなら

(17) 木崎A三九頁
(18) シチェグロフ二九二頁
(19) ズナメンスキー一六二頁

ず、その負担にたえかねたからである。パラムシル島から逃げた島人は一〇三名にのぼっていた[20]。このころの調査では北クリル諸島の成人男子人口は二七〇名だった[21]というから、この数はばかにならない。

チーキンにはコサック百人隊長イワン・チョールヌイが同行することになった。ボリシェレツク政庁は彼らに次のような訓令を授けた。チョールヌイが何をやらかすか薄々心配だったのだ。島人を侮辱したり、みだりに懲罰してはならない。粗暴な言動は控えよ。愛護によって島人を服属させることが肝心である。毛皮税の納税を強要してはならない。ましてや規定以上に徴集したり着服したりするなかれ。以上ちゃんと守ればご褒美が出るぞ。訓令にはなお、日本人との交通通商があるか、もしあればいかなる船でいかなる物品をもたらすか調べよという一項もあった[22]。

一七六六年、一行は三隊に分れて皮舟で南下したが、まだ成果を得ぬうちに翌年チーキンが急死した。単独の指揮官となったチョールヌイは探検隊をまとめ、列島中部のラショワ島、シムシリ島へ赴いたけれども、そこで発見された流移人はあまりに多数だったので、チョールヌイは自分のわずかな手勢で彼らを連れ戻すのは無理と判断し、そのまま在島を認めるかわり、南方遠征に人員をさし出させることにした。チョールヌイの惨忍粗暴の本性が十分に発揮されたのはシムシリ冬営中のことである。むろんそれまでも彼は、皮舟の漕ぎ手のクリル人に、朝夕太鼓で召集点呼するなど厳しい規律を強制するばかりでなく、彼らを自分のためのラッコ猟等々にこき使い、何かといえば笞を振るうといった有様だったが、その暴虐はまだ島人には及んでいなかった。だが、いまや島人は息の続くかぎり雑役に酷使され、笞うたれたのである。

一七六八年六月、チョールヌイの皮舟隊はウルップ島へ渡った。激浪の中の渡海にクリル人たちはみな反対したにもかかわらず、彼は断乎として決行。クリル人の一人は溺死、一人は凍死、一隻の皮舟は浪にかくれて脱走したものの渡海は成功した。ウルップは別名ラッコ島というように、クリル人のあいだに知れわたったラッコ猟場で、折しもエトロフから出猟していたアイヌたちはチョールヌイに対して毛皮税の納入を約した。チョールヌイはただちにエトロフ島へ渡り、全島のアイヌから毛皮税を収めさせたという。彼はウルップへ戻ってその年そこで冬営した。年内にボリシェレツクへ帰還するゆとりは十分あったのにそうしなかったのは、この島のラッコに執着したからである。彼はエトロフのアイヌが猟場にしている東海岸で、彼らの懇請を無視してラッコ猟を始めた。アイヌたちは怒って毛皮税の領収書を破棄しエトロフへ帰った。その際彼らはチョールヌイみたいな人間を今後派遣しないでくれ、ロシア人はみんなあんなに怒りっぽいのかと通訳にたずねたといわれる。

チョールヌイはこの島であい変らず部下のクリル人や流移人を酷使し、自分は彼らに作らせた酒を暴飲し、女を犯してハーレムを作った。要するにやりたい放題をやったのである。殺されな

(20) ポロンスキー『ロシア人日本遠訪記』(原書房・一九七四年) 一〇頁
(21) ズナメンスキー 一五〇頁
(22) ポロンスキー 一二~一四頁

かったのが不思議というものだが、彼は一七六九年、六〇〇枚のラッコ皮のほか多数の熊皮狐皮を携えてボリシェレックへ帰還した。その途中ウシシリ島で、従行した流移人たちがこれ以上の同行を拒んで逃避すると、残った男六名女数名を夜は縛りつけ昼は舟を漕がせ、ついに一人は死亡した。第三島オンネコタンまで来ると、さすがにチョールヌイも訓令を思い出して蒼くなった。笞や点呼に使った太鼓は破棄し、クリル人たちに贈物をして自分の暴行を他言しないように誓わせたけれども、イルクーツクの官府は通訳の報告などによってとっくに事実を知っていた。チョールヌイは死刑を宣告されたが、逮捕される前に疱瘡にかかって死んだ。[23]

しかし、この粗暴な男がすぐれた地誌の作者だったのは、アトラーソフの場合とそっくりである。彼は列島の第三島オンネコタンから第一九島エトロフまで、詳細で明確な記述を残した。彼の行った諸島の番号づけは一九世紀になってもそのまま用いられている。第二〇島クナシリへは、日本人が砦を構えているとアイヌがいうので足を踏み入れなかった。日本については彼は、毎年二隻の船が松前島の厚岸《アッケシ》へ、さらに一隻がクナシリに来て交易すると報告している。日本人の船はロシア船にくらべて小さく、乗組員は二〇人ほどで、二カ月間滞在して交易が終ると立ち去る。交易品は酒・葉煙草・米・鉄製品など、かわりに魚油、乾鱈、ラッコ皮、鷲羽などを持ち帰る。むろんエトロフのアイヌから得た情報で、日本と南千島の交渉についてこれほど正確な情報がもたらされたのは初めてのことだった。

チョールヌイの千島遠征は、その地のアイヌたちにロシア人に対する抜き難い反感と恐怖心を残した。彼がエトロフへ渡ったとき、同地の長老はこの次彼が来るまでには、クナシリ、シコタン、アツケシのアイヌたちをことごとくロシアに帰服させておくと約したというから、もしも彼がこのあとウルップで暴君ぶりを発揮しなかったならば、ロシアはこの方面に早々と優位を築くことができたかもしれない。しかし、一切をチョールヌイはぶちこわした。一七七〇年、商人ニーコノフがラッコ猟のためにラショワ島を訪れると、島人たちはチョールヌイが再び渡来したものと思いこんで山中へ逃げ去り、たった一人残った男は恐怖で口も利けなかった(24)。

この十数年後、工藤平助や林子平は長崎商館のオランダ人のいうことを真に受けて、ロシア人がアイヌを手厚く愛護して手なづけようとしているという情報をまき散らした。当時の識者というのは情報を事実によって検証せず、次々に新知識として受け売りするのを常としたから、このロシア人のアイヌ懐柔説は蝦夷地の日本人のアイヌに対する非行と対照する形で、一九世紀初頭まで幕吏や民間献策者のあいだで喧伝された。しかし事実は、ロシア人はアイヌを手なづけるどころか、かえって仇敵に追いやるような蛮行を次々と重ねていたのである。

一七七〇年、ヤクーツクの商人プロトジャコノフの派遣した船で、水夫長サポージニコフの率いる一団のロシア人が、ラッコ猟のためにウルップ島へ赴いた。彼らは冬営中、いつものように

(23) チョールヌイの暴虐についてはポロンスキーによる。
(24) ポロンスキー二七頁

ラッコ猟にやってきたエトロフアイヌから毛皮税を要求し、彼らを猟から閉め出したばかりか、彼らが所持する日本の器物や食料を奪った。このときエトロフアイヌの長老ニセオコテら二、三人が殺されたという。翌七一年、エトロフアイヌがウルップへ出猟すると、またもやロシア人は発砲して猟を妨げ、アイヌの小屋を掠奪した。エトロフアイヌにとってウルップでのラッコ猟は死活問題だった。なぜなら彼らは、ラッコ皮をもって松前藩と交易して生活物資を得ていたからである。彼らはラショワ島やマカンルル島の島人としめしあわせて、各所でロシア人を襲撃した。二一人のロシア人がこのとき殺されたといわれている。残りの一八人は七二年九月にカムチャツカへ帰りついた。その年の冬エトロフアイヌがウルップへ渡ると、ロシア人の姿は一人もみえなかった。

エカチェリーナ二世の政府は日本貿易に関心をもっていなかった。女帝は一七六八年トルコと戦端を開き、七四年にはドン、ドニエプルの河口を確保し、黒海への進出を達成した。七三年から七四年にかけては、プガチョーフの指導による大農民反乱が起った。クリミアが手に入ったのは八三年である。しかしそのために、八七年には第二次露土戦争に突入せねばならなかった。七二年に始めたポーランド分割を完成したのは九五年であって、女帝には極東アジアのことなど省みる余裕はなかったのである。

一方、ヤクーツクやイルクーツクの商人、冒険的な狩猟者の目は、ベーリングの第二次探検で発見されたアレウト（アリューシャン）列島へ吸いつけられていて、クリル（千島）への関心は薄れた。アレウト列島が彼らの求めてやまぬ毛皮獣の宝庫だったのに対して、クリルにはウルップのラッコを除いて毛皮獣は乏しかった。ベーリング探検隊のチリコフは一七四二年、九〇〇頭分のラッコ皮を持ち帰った。当時ラッコの毛皮は一枚二〇〇乃至五〇〇ドルで取引きされたというから、これは莫大な利得を意味する。(25)アレウト列島にはその翌年から一攫千金を夢みる冒険者がはいりこんだ。彼らは島から島へと探索を進めて、一七六一年にはアラスカに達した。

アレウトが宝の山であったのは、一七五一年から五四年まで狩猟に従事したユルロフという男が、七九〇のラッコ、七四〇〇の北極狐、一二二一のオットセイを捕獲したという一例からして明らかだ。一七四三年から一八二三年のあいだにアレウトとアラスカから得られた毛皮は、オットセイ二三二万四〇〇〇、ラッコ二六万、各種狐三四万五〇〇〇、テン一万八〇〇〇にのぼった。乱獲も極まったのである。(26)住民アレウト族は毛皮獣の捕獲に酷使されたばかりでなく、しばしばロシア人の残虐な行為の犠牲になった。ソロヴィヨフは一七六二年、仲間が殺された仕返しに三千人のアレウト族を殺害したといわれる。

だから、この時期に日本貿易に積極的な関心を寄せたのは、東シベリアやカムチャツカの地方政庁だった。中央から遠く離れているので自主的な政策を樹てることができたし、何よりも、極

(25) 加藤B二九~三〇頁
(26) 同右三七頁

東植民地の深刻な問題となっていた食料難を解決する一番の近道は日本との交易にあった。一七七二年、カムチャツカの新任長官ベームはイルクーツクのシベリア総督ブリーリから、松前島のアツケシ（厚岸）へ船を派遣し、交易の可能性を探るように訓令された。ベームはこの計画に協力してくれる商人を探した。やっと見つけ出したのがヤクーツクの商人パーヴェル・レーベジェフ＝ラストチキンである。彼はアレウトで大規模な毛皮狩猟を営んでいた。

一七七四年、レーベジェフはオホーツク港で必要な資材と一万ルーブリの商品を購入し、官船エカチェリーナ号に積みこんでカムチャツカへ向かわせたところ、船は難破してあえなく海底へ沈んだ。官船の遭難は当時ありふれたことだったといわれる。何しろ水夫たちには危険なオホーツク海を航海するような技術も経験もなかった。というのは彼らはもともと狩猟者で、俄《にわ》か仕立ての水夫にすぎなかったし、頼りにすべき航海士さえ大酒を呑んで船を難破させる始末だった。

レーベジェフはこれで嫌気がさしたが、ベームの説得によって、あらたにグレゴリー・シェレホフの参加を得て計画を立て直した。シェレホフはのちにアラスカに狩猟植民地を建設することになる風雲児で、このとき二八歳。イルクーツクの富豪の若き未亡人ナタリヤと結婚し、莫大な財産を手に入れていた。

新たに購入されたニコライ号の指揮者にはシベリア貴族のイワン・アンチーピンが指名された。この男はイルクーツクの日本語学校の出身で、同校の後輩イワン・オチェレジンも通訳として同行した。ベームはアンチーピンに詳細で興味深い訓令を授けている。貴官はウルップへ直行せねばならない。住民を虐待したりすれば死刑に処せられる。島人の襲撃には十分に注意しつつ、彼らに物品を与えて親和せよ。そののち皮舟でエトロフへ渡れ。プロトジャコノフの一団が乱暴したあとであるから、報復を受けぬよう厳重注意すべきである。島人と親和したらクナシリ島、アツケシ島へ赴け。ただし松前島へ行ってはならぬ。そこは外国で民情地理もわからぬからである。日本人に会ったら、自分たちはエカチェリーナ帝の臣下の商人だと述べ、商品を示して交易の可能性を探れ。武器弾薬は匿して見せぬようにせよ。[27]周到な訓令であって、アンチーピンはこのあと与えられた筋書きに従って行動することになる。ロシア人は当時アツケシを松前島すなわち北海道とは別な島と考えていた。またベームはベニョフスキーの一党を見つけたら逮捕せよとも命じている。彼らが四年間もこのあたりをうろついているはずはなかったのだが。

ニコライ号は一七七五年六月末、カムチャツカのペトロパヴロフスク港を出航、七月下旬にウルップ島へ着いたものの、烈風で岸辺へ打ちあげられ、船体は三つに割れてしまった。アンチーピン一行は小屋を作って越冬することになったが、アイヌと接触するのをおそれて営舎から遠く離れずやがて食料に窮した。春が来て鯨が二頭流れついたのでやっと飢えを免れたのである。しかしこの間、毛皮猟には精出して、ラッコ一八〇、オットセイ一九〇を仕止めている。のちに幕吏がアイヌから得た情報によれば、エトロフアイヌはロシア人がウルップに冬営したのを知り、

(27) ポロンスキー三三一～四二頁、ズナメンスキー二〇四～二〇七頁

先年の復讐に来たのではないかと心配して偵察に行ったところ、銃ももたずに幕舎から出て来たロシア人が「向後蝦夷人へ対しいささかも隔意なきにより、これまでの事は和談し交易をなすべし」といって煙草や食物をくれたので安堵したという(28)。

翌一七七六年になってニコライ号大破の報に接したレーベジェフは、イルクーツクの商人ディミトリイ・シャバリンを皮舟で救援に派遣した。シェレホフはこの際計画から脱退し、回収した出資金をアレウト列島の狩猟に投資したといわれる。レーベジェフはすでにこの事業から多大の損失を蒙っていたが、ここで投げ出せば元も子もない。イルクーツク総督府に泣きついて官船ナタリヤ号を貸与してもらい、一七七七年九月オホーツクを出航させた。ナタリヤ号は無事ウルップへ着き、やっと当初の計画を実行する見通しがついた。このあとの指揮は精力的で敏腕なシャバリンがとった。彼が通訳オチェレジンとともに皮舟でエトロフへ渡ったのは一七七八年五月末のことである。

シャバリンはエトロフの北岸に上陸し、島人が近く長老がやってくるというので待ち受けていると、六月五日長老の乗った舟が岸へ近づいて来た。すると岸辺にいたアイヌの男子二〇人が抜身の槍を提げて海岸を躍り歩き、跳び上って舟へ喚声を送る。女三二人も後ろに立って大声で叫ぶ。小舟に乗った者たちも抜身の刀槍を掲げて呼ばわるので、シャバリンたちはいよいよ海陸から襲撃されるものと覚悟して銃を握りしめた。だが長老の舟が岸辺に着くと、上陸した者と岸辺にいた者はかたく抱きあって躍りまわる(29)。何のことはない。これはニヨエンと呼ばれるアイヌの

悪神祓《はら》いの儀式で、これよりちょうど十年後、近藤重蔵もエトロフでおなじ儀式を見かけることになる。長老はやがてシャバリンたちに近づき、通訳として一行の中にいたシムシリ島のアイヌの頭上に抜身の刀をかざした。これも悪神祓いの行為で、外来者や旅から帰った者はこうして修祓されるのであった(30)。

シャバリンは携行した物品をアイヌへ贈り、ここに親交が結ばれて、四七人のアイヌがロシアへ服属することに同意したとロシアの史書は伝える。一行はさらにクナシリへ赴き、同地のアイヌを先導者として六月一九日（安永六年六月九日）に、ロシア人として初めて蝦夷島（北海道）へ上陸した。ところは飛騨屋久兵衛請負のキイタップ場所内なるノッカマプ（今の根室市の東方）であった。彼らの三隻の皮舟は礼砲のつもりで銃を撃ち放って入港したので、現地のアイヌは恐慌をきたした。だが上陸したクナシリアイヌが訪問の趣旨を説いたので騒ぎは静まった。このとき先導役を果したクナシリ

(28) 羽太正養編『休明光記』（『新編北海道史』第五巻＝清文堂・一九九一年）四四二、三頁
(29) ポロンスキー五一頁
(30) 高倉新一郎『アイヌ研究』（北海道大学生活協同組合・一九六六年）三三三頁

アイヌは有名なツキノエである。この人物のことはまたのちに述べる折があろう。このときノッカマプには松前藩吏新田大八、工藤八百右衛門、それにクナシリの運上屋の通詞林右衛門がたまたま滞在していた。シャバリン側の通訳シムシリ島のアイヌ・チーキンとアイヌ語通詞林右衛門との間にはよく話が通じた。日露間の最初の交渉はアイヌ語で行われたのである。オチェレジンの日本語はまったく役に立たなかった。

シャバリンは蝦夷地には日本人が居住することをかねて知っていたので対面したいと思ってやって来た旨、チーキンを通じて松前藩吏に通じたので、翌日正式に会見の運びになった。シャバリンは交易のため商品を持参したことを告げたが、松前藩吏にそんな重大案件を処理する権限があるはずもない。新田大八は交易の儀は自分の一分で挨拶はできないので松前へ帰って主人に告げる、主人の返事は明年夏にエトロフ島で伝えるから、今年はこのまま引き取ってくれと言い渡したところ、シャバリン一行は六月一二日（邦暦）おとなしく帰路に就いた。実は通訳のまずさのせいで、シャバリンは日本側の回答を、明年クナシリで再会して交易するというふうに聞きとったのである。大八はこのときシャバリンの提出した書簡と贈物を素直に受けとっている。

シャバリンはこのあとアンチーピンらとナタリヤ号でオホーツク港へ帰り報告を提出した。レーベジェフは好機逃がすべからずとして、同船に一万八千ルーブリの交易品を積みこませ、その年のうちに再びナタリヤ号をウルップへ送ったのである。シャバリンとアンチーピンはウルップで越冬し、一七七九年の航海期が到来すると七隻の皮舟を連ねてクナシリ島へ渡った。しかし日本人の姿を認めないので、さらに南下して六月二四日、前年訪れたノッカマプに入港した。ここで彼らはアイヌを介して日本人からの伝言を聞いた。逆風で使者の到着が遅れているのでここで待ち受けるようにというのである。

事実、松前藩の使者は順風を得ないで南部藩領下北半島の佐井湊で立往生していた。松前からアッケシ、キイタップ、クナシリへ向かうには、いったん佐井湊へ渡って、そこからさらに渡航するのがこのころの習わしだった。なんと彼らは四月二九日（邦暦）松前を出帆したのに、八月四日まで佐井にとどまっていた。ロシア人たちは八月二一日までノッカマプで待ち受けていたが、とうとうしびれを切らして同月二五日アッケシへ入港した。松前藩役人は九月二日に来着した。邦暦でいうと八月七日で、佐井からアッケシへは四日しかかからなかったのだ。松前役人は浅利幸兵衛ら五名、それに松前通詞工藤長右衛門とクナシリ場所通詞の林右衛門である。ロシア側の通訳は前回のチーキンが死亡したので、その子マクシムが当った。前回同様、使用言語はアイヌ語であった。もっともアンチーピンはある程度は日本語が話せたという。

林右衛門が天明五（一七八五）年になって幕吏に提出した口上書[31]によると、このとき松前役人の申し渡しは「異国交易の場所は長崎一ヶ所限り、その外は国法にて禁制の儀につき、なにほど候ても出来申さざる儀候あいだ、已来《いらい》渡来は無用たるべし」という厳しいものだった。前年受け

(31)『通航一覧』第七巻（清文堂・一九六七年）八五頁以下（巻二百七十三）

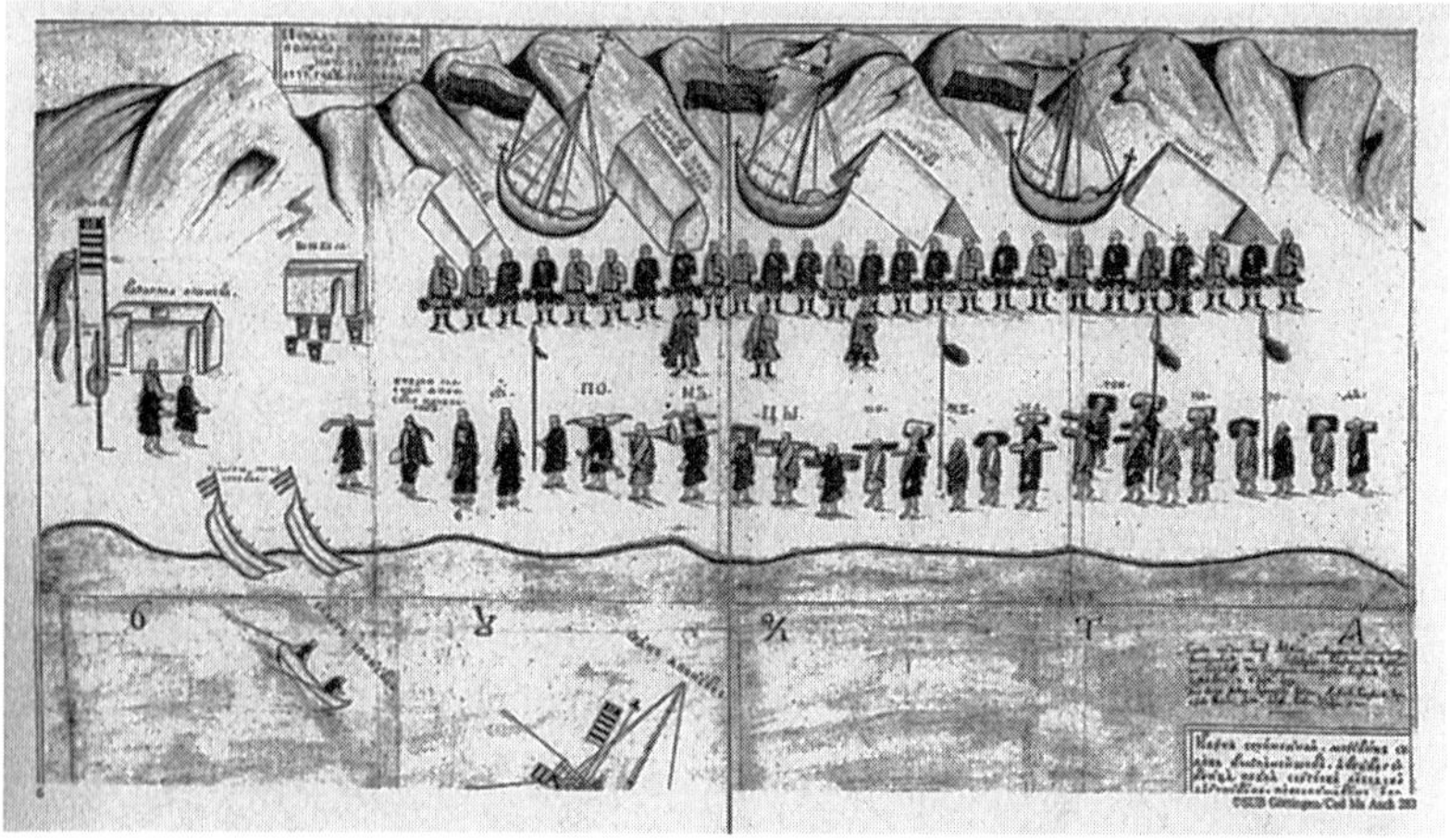
安永七（一七七八）年アツケシにシャバリン一行が来訪したときの図

取った書簡と贈物もこのとき返還された。屁理屈をいえば、これは交易を長崎に限っただけで、以来渡来は無用といっても、それは俺のところへ来たって返事はおなじだといっているだけで、長崎へ廻る分は構わないということになる。ロシアとは交易しないとはいっていないのである。だが、ズナメンスキーもいうように[32]、松前藩吏はロシア人が長崎まで行けはしないのを見越してこういっているわけで、これはロシアとは交易しないという意志を婉曲語法で述べたものにほかならない。

オランダ以外の西洋諸国とは通交しないという「祖法」は文化年間のレザーノフ渡来の際作られたものだなどと主張する向きは、このときの松前藩吏の回答をどう解釈するのか。もちろん彼らは国許で藩主・重臣ともども、どう返事するか鳩首協議したにちがいないのだが、オランダ以外の西洋諸国とは通交厳禁という観念がなかったら、幕府に通商の可否を伺ってもよさそうなものではないか。しかるに松前藩はロシア人の渡来を幕府に報告せぬのみならず、このことが洩れるのを厳しく防止した。これは幕府がロシア人の渡来自体を脅威とみなし、松前藩に対して指導・干渉を強化するのを危惧したからにほかならない。つまり西洋人を国に近づけないのが幕府の国法なのだと、松前藩はしっかりと理解していたのである。これは藩権力レベルだけの話ではなく民衆もそうであった。ベニョフスキーの船が阿波の日和佐に寄港したとき、日本人たちは上陸を拒んで、のどの所で手を横に動かし、首が飛ぶと手真似で示したのだった。

松前藩吏はロシア人が気を悪くしないようにかなり気を遣ったらしい。彼らの態度は非常に丁寧かつ親切だったとロシア側は記録している。彼らはロシア人が米や酒に不自由することがあれば、ウルップからアイヌを派遣して申し出てほしい、ロシア人自身がエトロフやクナシリに来ることはしないでもらいたいと述べたとのことだ。これが事実なら、彼らはウルップへ米や酒を送るつもりだったのか。とにかく彼らはロシア人に二度と来てほしくない一心であったろう。

しかし、ウルップ島でのロシア人の基地は大地震で壊滅した。地震はシャバリンらがウルップへ帰着した翌年の一七八〇年一月八日から始まり、六月一八日には烈震が襲い、ナタリヤ号は津波で四〇〇メートルも陸上へ打ち揚げられて大破した。恐怖したラッコはこののち島から姿を消

(32) ズナメンスキー二一六頁

し、ラッコ島の異名はその実を失ったのである。レーベジェフは結局この事業から一一万ルーブリの損害を蒙り、アレウト列島での狩猟事業に復帰した。だが彼はここで、かつての共同事業者シェレホフとの手強い競争に直面せねばならなかった。

シャバリンとアンチーピンの遠征は極東ロシア領から日本へアクセスする年来の課題を実現したものであり、その功績はシュパンベルク隊の日本探索にくらべてもはるかに大きかった。だが、日本からは通商は拒否され、ウルップから毛皮獣が消え去るとあっては、ロシア人にとって南千島と松前島へのアクセスの魅力が減少したのは無理からぬなりゆきだったかもしれない。しかも、ロシア政府はレーベジェフの企図に対して極めて冷淡だった。

イルクーツク州総督のネムチーノフは、シャバリンらの第一回松前島渡航の直後、ロシア政府に対して、レーベジェフの派遣した遠征隊が日本人と初めて会見折衝したこと、アイヌ一五〇〇人を服属させたこと、しかるにレーベジェフはこの事業のため巨大な失費を蒙っていることを報告し、レーベジェフの努力に酬いるために、この方面の通商・狩猟の独占権を与えられるよう申請した。しかし、エカチェリーナ二世の回答は、「啓蒙専制君主」としての彼女の面目躍如たるものがあった。独占権はいかなる場合にも認められない。すべての事業は万人に開かれるべし。アイヌをロシア主権下に従属させても彼らにしかるべき保護を与えることは至難であり、また徴税にともなう弊害も防ぎがたいから、今後毛皮税を賦課することは廃止し、いまはただ彼らを心服させるにとどめよ。(33)とうとう毛皮税もとれないことになってしまった。これではやる気の失せるのも当然である。

心服といったって、シャバリンやアンチーピンは慈善事業をやりにウルップくんだりまで出かけたわけではない。なるほど彼らはチョールヌイ一行のような粗暴な振舞いにわたることはなかった。死刑をもっておどされていたのだから当然である。だが、日本人がアイヌを心服させるのが難しかったのと同様に、ロシア人がアイヌの人心を得るのはなかなか容易ではなかったようである。アイヌはロシア名に改名したり、与えられた羅紗服を着こんだりして、そのことを知った幕吏をやきもきさせたが、内情は幕吏がおそれるほどのことはなかった。アイヌ語通詞林右衛門は前述の口上書で次のように述べている。これはシャバリンらの第二回来訪のときのことである。「そのうち頭立ち候赤人（ロシア人）、シムシリ島の女蝦夷を妾にいたし、同船仕り候。甚だ多淫にて昼夜を限らず、かつ下人の赤人は、少しの逗留中も蝦夷の婦に対し乱淫仕り候。そのうえ平常鉄砲取り扱い候。右いずれも蝦夷人どもことのほか忌み申し候ものにござ候えば、赤人渡来の儀甚しく嫌い候体にござ候[34]」。

一七八〇年代から発言し始める日本の民間識者は、ベニョフスキーにひっかかって、ロシアがアイヌを手なづけて南千島や蝦夷島へ及ぼうとしていると宣伝これつとめた。その影響は幕吏に

（33）同前二一三頁
（34）『通航一覧』第七巻八七頁

及んで、一九世紀初頭の幕府の蝦夷地直轄の時代になると、現地の調査や行政に挺身した有能な幕吏たちは、みなロシアの脅威に神経をとがらせ、ロシアに対して危機感の乏しい松前藩を槍玉にあげた。だが、シャバリン・アンチーピン一行に著しく友好的だったという松前藩士と、ことごとにロシアを敵視した幕吏と、どちらが現実を正しく受けとっていたのだろうか。アメリカの研究者レンセンは、ロシア人への日本人の不信感を当のロシア人が知らなかったのは初期の日露関係の顕著な特徴だといっている。(35)両国にとってまことに不幸な門出だった。

(35) Lensen, p.77

第四章　蝦夷大王の虚実

ロシア帝国南進の波をもろにかぶることになった松前藩は、その成り立ちといい内情といい、他の三百諸侯とは異なるユニークな性格を刻印された小邦国だった。その特異さは幕藩体制の根幹たる石高制が存在しないという一点で明らかである。蝦夷地に米は稔らぬのだから石高があるはずはない。この特異な藩の成り立ちを尋ねると、由縁は杳い歴史のなかにかすんでいる。蝦夷島には一四世紀、つまり鎌倉末期から南北朝期の頃には、南西の半島部に日本人が住みついていた。しかも、アイヌ集落に混住する場合もあったらしい。

千歳市の末広では中世から近世にかけてのアイヌ集落の跡が発掘されているが、二七基の墓のうち二基には日本人が埋葬されていた。遺跡では多数の陶磁器が発見されているので、この二人はそういった日本製品をもたらしていた商人夫妻ではないかと考えられている。千歳といえば石狩平野の南部だ。江戸時代を通して設定された和人地は渡島《おしま》半島の南端にとどまり、日本人はその外に住みつくことはなかった。ところが一四、五世紀には、日本人は道央部の千歳にまで足跡を印し、アイヌ部落で日本人特有の葬法によって葬られていたのである。(1)

そもそも日本人が松前や箱館など渡島半島南端にへばりつくようになったのは、後述するコシャマインの乱（一四五七年）のあとで、それまでは日本海側は余市《ヨイチ》まで、太平洋側は鵡川《ムカワ》までが日本人の居住範囲だったという。むろんアイヌと平和に共存していたのだ。そういう平和な共存が可能だったのは、両者を対等な交易というきずなが結びつけていたからである。ラッコ皮や熊皮、昆布、鮭、鷲羽などの蝦夷地の物産が日本の市場で重要な品目となるのは一四、五世紀のころで、この交易を背景に栄えたのが津軽の十三《とさ》湊《みなと》である。当時の文献に「夷船京船群衆し、艫先を並べ舳を調え、湊に市をなす」と謳われた。[2] 夷船とはむろんアイヌ船、京船とは越前の敦賀や若狭の小浜などの船を指す。

（1）瀬川拓郎『アイヌの歴史・海と宝のノマド』（講談社・二〇〇七年）四一頁
（2）『十三往来』＝榎森進『アイヌ民族の歴史』（草風館・二〇〇七年）七〇頁より再引

越前・若狭は江戸時代に松前交易の担い手となる北前船の本拠であって、蝦夷地との関わりはすでにこの時期に始まっていた。

十三湊は津軽安東氏の本拠である。安東氏は執権北条義時の代に「東夷の堅め」に任ぜられたといい、「蝦夷管領」と俗称された。その実体は北条氏の本家筋である得宗家の地頭代だが、観念上は蝦夷島に及ぶとされる鎌倉幕府の支配権の執行代務者として、交易のために往来するアイヌや日本商人を管理する立場にあった。一五世紀初めに最盛を誇った安東氏は東隣りの南部氏に圧迫され、一四四三年には蝦夷島へ逃走するに至った。このころ渡島半島の南端には日本人豪族の舘《たて》がいくつか築かれており、彼らは安東氏の支配のもとにあったので、安東康季は彼らを頼ったのだ。康季は失地を回復すべくたびたび津軽へ出撃するうちに病死、子息の義季も南部氏と戦って自害して、安東本家の血脈はここに絶えた。

しかし一四五四年には、安東氏の傍流師季が蠣崎季繁、武田信広らを伴って南部領を脱出し、蝦夷島へ渡って十三湊安東家を再興した。当時、渡島半島の南端には和人の舘が一二あった。師季は二年後には、十三湊安東家から分れて秋田湊に居を構えていた湊安東家を頼って秋田の小鹿《おが》島《しま》へ移った。その後師季の子が檜山（現能代市）を知行して檜山安東氏と呼ばれる。師季は蝦夷島を去って小鹿島へ移る前、和人舘を下《しも》の国（津軽海峡側）、松前、上《かみ》の国（日本海側）の三群にわかち、それぞれを安東家政、下国定季、蠣崎季繁に預けたという。すなわち安東氏は秋田へ移ったあとも、蝦夷地和人舘への宗主権を保ち続けたのである。

ところが一四五七年、東部アイヌの首長コシャマインの率いる軍勢が和人舘を襲い、一二の舘のうち一〇までが攻め落とされ、残ったのは下国（安東）家政の茂別《もべつ》舘と蠣崎季繁の花沢舘だけであった。この時頭角を表わしたのが蠣崎季繁のもとにあった武田信広である。彼は和人勢の惣大将に選ばれ、翌五八年コシャマイン父子を射殺してアイヌ勢を追い返した。蠣崎季繁はこの功を賞して、信広を自分の養女に配し蠣崎家のあと継ぎとした。この養女は下国家政の娘であり、家政は安京師季の弟であるから、蠣崎信広は檜山安東家の権威をも受け継いだことになる。

信広は若狭国の守護武田氏の嫡流といわれるが(3)、むろん信じるに足りない。しかし、若狭の出であったのは確からしい。先述したように若狭商人と安東氏のあいだには強い結びつきがあった。渡島半島南端の一二の舘の舘主の出身を調べると、北奥羽にあった北条氏所領の代官の末裔が多い。信広は彼らと違って若狭からの流浪の冒険者であり、安東師季をかついで蝦夷地へ渡り、やがて舘主たちのあいだで地位を築き、後年の松前家の始祖となったのだった。

コシャマインの和人地襲撃の発端は、前年志濃里《しのり》舘（箱舘東部）の鍛冶屋村での殺人にあった。アイヌの青年が和人の鍛冶屋にマキリ（小刀）を注文したが、その出来や値段について争いとなり、鍛冶屋がアイヌ青年を刺し殺したというのだ。この小事件がアイヌと日本人との戦争にまで拡大したのには、その背景として、アイヌと日本人のあいだに行われてきた対等な交易に何らか

(3)『新羅之記録』＝『新北海道史』第七巻（北海道・一九六九年）一二、三頁

の変化が生じたのではないかと推測される。

安東氏が蝦夷地へ本拠を移した一四四三年から数えると、コシャマインの戦いまで一四年を経ている。すでに富強化しつつあった渡島半島南端の和人舘は、安東氏の渡島を迎えて政治的に統一され、対アイヌ交易において交渉力管理力の点で優位を占めるに至ったのではないか。当時の和人舘の経済的実力は、志濃里舘の旧跡から三七万四千枚という備蓄銭が出土した一事をもって知られる。これはこれまで日本国内で出土した備蓄銭の最高額である。(4)

蠣崎信広は上の国守護となり、勝山舘を築いて一四九四年に没した。この勝山舘は近年発掘調査され、アイヌの生活用品や墓がみつかっている。つまり勝山舘には従者あるいは職人としてアイヌが居住していたのだ。このことは日本人に対して、アイヌの側にも様ざまな対応のしかたがあったことを示している。信広の死後光広が上の国守護を嗣いだが、その二年後に松前守護職にあった大舘の下国恒季(定季の子)が、不行跡のため宗家の檜山安東氏によって自害させられ、相原季胤が守護職を嗣ぐという事件があった。そして一五一二年には再び東部のアイヌが下の国の箱舘・志濃里・与倉前を襲い、三舘の舘主はことごとく討死し、翌一三年には今度は大舘が襲われ、松前守護の相原季胤は自害した。

蠣崎光広は下の国・松前の両守護の没落を受けて、翌一四年長子の義広とともに勝山城を出て松前の大舘へ移った。つまり光広は事実上下の国、松前、上の国の三守護を兼ねることになり、早速この旨を宗家の檜山安東氏へ注進した。宗家は大舘没落の事情に疑惑を抱いたらしく、光広の三守護兼任に難色を示したが、光広が義広の名で再度申請すると、しぶしぶ義広に蝦夷地をゆだねることを承認した。すなわち蠣崎氏は安東氏代官として、渡島半島南端の日本人入植地の単独現地支配者となったのである。

それにしても、檜山安東氏はわが身は秋田の一隅に跼蹐《きょくせき》しながら、なぜこのように蝦夷地への宗主権を保ちえたのだろう。むろん蝦夷地の和人舘舘主がもともと安東氏の被官だったのは事実だが、戦国争乱のこの時代、かつての主従関係など実力の前には一片の反古紙にすぎない。これはやはり安東氏の「蝦夷管領」神話の余映だったのではなかろうか。鎌倉時代、強盗海賊の徒が蝦夷島へ追放された記録があるが、それによるとこれら罪人はまず「奥州夷」に引き渡され、それを介して蝦夷島へ送られたのである。この「奥州夷」とは安東氏のことで、つまり鎌倉幕府の目には安東氏は安倍氏・清原氏など「俘囚の長」の伝統を継ぐものと映っていたことになる。

秋田氏は陸奥国三春藩（福島県）の旧藩主として明治年間に子爵に叙せられるが、もともとは檜山安東氏の末裔で安東氏の系図を所持していた。ところが、この系図に示された祖先に長髄彦《ながすねひこ》

（4）榎森 一三〇頁

の名があり、宮内省から「いやしくも皇室の藩屏たる華族が長髄彦の兄の子孫では困る」と苦情が出た。長髄彦といってもいまどきの人には何の印象もあるまいが、戦前の小学校教育を受けた人なら、畿内に入った神武天皇に手ごわく歯向かった土豪としてその名を知らぬ者はない。ところが秋田家では、当家は神武東征以前からの旧家たることを誇りとしているとして訂正要求を拒んだ。(5)系図には、長髄彦の兄安日《あび》が蝦夷島へ逃れて安東氏の祖となったとある。つまり安東氏は異族の匂いがぷんぷんしているだけではなく、先祖から蝦夷島への権利を伝えられたという神話で飾られていたのだ。

コシャマインの戦いによって、渡島半島南端の和人入植地は危く一掃されるところだった。東は鵡川、西は余市まで住みついていた日本人はこのとき上の国や松前へ逃げこみ、以後いわゆる和人地に居住を限ることになる。

だが、アイヌと日本人はこのあと絶えず戦っていたわけではない。一五一三年の大舘攻撃について『新撰北海道史』第二巻には「旧記に拠れば、或は蝦夷の侵寇とし、或は蠣崎光広が攻撃した事となって居るが、口碑は光広の所為である事に一致している」(6)とある。つまり松前守護家の滅亡は光広がアイヌを唆かしてやらせたことだというのである。その直後光広が早々と勝山から大舘へ移ったのもさてこそとうなずかれる。だとすると、アイヌは日本人入植者とこみいった利害関係を持っていたことになる。侵略者に対する民族的抵抗といった単純な図式では、この時代のアイヌと日本人の関係は理解できない。大舘を攻めて松前守護家を滅したアイヌのショヤ・コウジ兄弟は、一五一五年光広のいる大舘に攻め寄せている。このとき光広は兄弟たちを客殿に招き入れ、宝器を並べて酒を振舞い、油断した彼らを斬殺した。紛争が生じたとき非のある方が償いとして宝を差出すのはアイヌの作法である。だとすれば、光広には一応償いの擬態を示さねばならぬ事情があったことになり、それには一三年の大舘攻撃に関する兄弟との密約がからんでいたのではなかろうか。

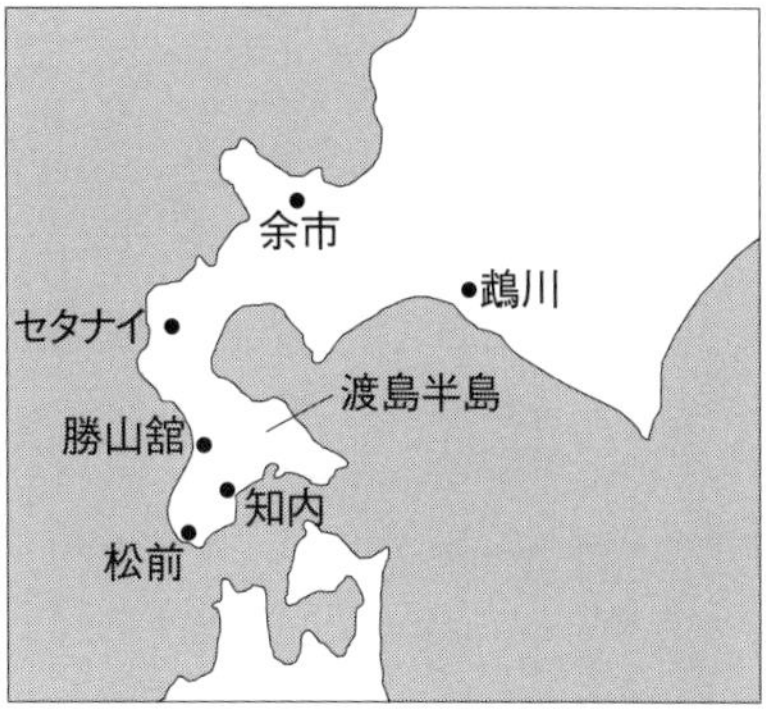

一五二五年にはアイヌと日本人の間でまた戦闘が始まり、断続的に三六年まで続いた。二五年の戦いは松前広長が編纂した『福山秘府』には「春、東西蝦夷蜂起。人亡者多し。恙なき者、松前と天河に居る」[7]とあるから大規模なものだったらしい。天河とは勝山舘あたりをさす。とすれば蠣崎氏は上の国と松前の両守護領を保つのみで、下の国はアイヌ側に呑みこまれてしまっていたことになる。一五二九年には瀬田内《セタナイ》のアイヌ首領タナカサシが勝山舘を攻めた。蠣崎義広は

（5）海保嶺夫『エゾの歴史』（講談社・一九九六年）一〇五、六頁
（6）『新撰北海道史』第二巻（清文堂・一九九〇年、元版は一九三七年刊）五六頁
（7）『福山秘府』（『新撰北海道史』第五巻九頁）

伴《いつ》わって和し、宝器を得てよろこぶタナカサシを百間余へだてた城楼から射殺した。義広はよく三人張の強弓を引いたという。一五三六年にはタナカサシの女婿タリコナが復仇せんものと押し寄せたが、義広はまたもやこれをあざむいて殺した。光広・義広の二代にわたって、蠣崎氏はアイヌ首長を謀殺することによってたびたび難をのがれた。いかにもあざとい遣りくちであるが、当時の日本の武将にとって、敵将をあざむいて殺すのは甲斐性のうちだったのである。アイヌはむろん信義を重んずる民族だった。榎森進によれば、瀬田内は当時アイヌと日本の交易センターだったという。(8) 瀬田内アイヌと蠣崎氏の紛争はいずれも交易がらみの出来事であろう。だとすれば武闘はいつかは和平協定にとって替わられねばならない。だらだらと戦闘を続けたって、両者によいことはないのである。

義広のあとを嗣いだ季広は一五五一年、瀬田内の首長ハシタインおよび知内《シリウチ》の首長チコモタインとのあいだに交易船往来の協定を結んだ。諸国から来航する商船から税を徴集し、それを両首長に配分するというのである。また蠣崎領に来るアイヌ船は西は上国沖、東は知内沖で帆を下げて一礼する。ここでいう上国とは天河のあたりをいうらしい。このとき季広はアイヌ首長に彼らの珍重する宝器を多く与えて彼らの歓心を買ったという。(9) 蠣崎氏はこの協定によってアイヌとの平和な交易関係を確立することができた。また西は天河から東は知内までを「和人地」、すなわち蠣崎領としてアイヌに承認させたのである。この和人地が百年前の一二館の分布範囲からすると、ずいぶん縮小していることに注意しておきたい。

この一五五一年には、檜山安東氏の舜季《きよすえ》が松前を訪れている。このいわゆる「東公の嶋渡り」について、『新撰北海道史』第二巻の著者河野常吉は、安東氏が部将にそむかれたとき蠣崎季広が出兵して安東氏を援けたことへの答礼とするが、(10)海保嶺夫は舜季の渡島はアイヌと蠣崎氏のあいだを調停するためのもので、五一年の和平協定は舜季の仲介によって成立したのだと主張している。(11)いまのところこれは海保だけの見解のようだが、この時期檜山安東氏に対して蠣崎氏がいまだに臣従の礼をとっていることは事実だ。檜山安東氏は舜季の子愛季《ちかすえ》の代に湊安東氏を併せ、北奥の一方の雄となったのだが、蠣崎季広は一五八一年、八二年、八三年とたびたび出兵して愛季を援けている。つまりこれは蠣崎氏の主人安東氏に対する軍役《ぐんやく》奉公だった。また蠣崎氏は一五一四年に檜山安東氏から三守護領の代官職を得たとき、諸国より渡来する商人から徴集した「年俸」の半額を安東氏へ上納することを約していた。

蠣崎氏が安東氏から独立するのは季広を嗣いだ慶広の代である。とにかく機を見るに敏な男であった。秀吉が小田原を攻めて北条氏を滅ぼし、前田利家らを派遣して奥州に新秩序をもたらそ

(8) 榎森一四七頁
(9)『新羅之記録』二九頁
(10)『新撰北海道史』第二巻六二頁
(11) 海保一四八頁

うとすると、慶広は早速津軽に渡って利家に会い、その手引きで一五九〇年の暮京都へ登って秀吉に拝謁した。慶広は「狄《えぞ》の嶋主」として遇せられたというが、まだ朱印状を受けたわけではない。しかし、このとき檜山安東氏の当主実季もまた秀吉に拝謁して朱印状を受けており、出羽国檜山郡に秋田郡の一部を併せ五万二千石余の領知を認められたものの、蝦夷島についての記載は皆無だった。すなわち安東氏の蝦夷島への宗主権はこの際消失したものと認められる。

慶広が秀吉から朱印状を得たのは一五九三年である。朝鮮出兵を始めた秀吉は九州の名護屋に居り、遠路はるばるかけつけた慶広に御機嫌だったと伝えられる。慶広はこれより先、奥州南部の豪族九戸政実がそむいたときも、羽柴秀次を総大将とする追討軍に加わって点数を稼いでいた。慶広の軍勢にはアイヌの一隊がいて、彼らの発する矢は当らぬということがなく、たとえ薄手でも死なぬ者はなかったという。むろんアイヌの毒矢の威力だった。このとき秀吉が与えた朱印状は実質二カ条から成る。一条は「松前において諸方より来《きた》る船頭商人ら、夷人に対し、地下人《じげにん》と同じく非分の儀申し懸くるべからず」とあり、もう一条は「船役の事、前々より有り来る如く、これを取るべし」とある。

慶広はこのとき豊臣政権から蝦夷島の支配権を認められたというのが通説であるが、それにしては奇妙な朱印状ではなかろうか。第二条の船役についての文言によれば、なるほど松前地に来航する商船からの徴税権が認められており、これはとりも直さず蝦夷島との交易を管理する権限を公認されたことになろう。前条の一般の百姓に対してと同様、アイヌに対して商人や船頭が非道な振舞いをしてはならぬというのは、交易管理者としての蠣崎氏に対して監督責任を課したものである。つまりこの朱印状は蝦夷地での交易は一切おまえに任せるとは言っていても、蝦夷島はおまえの領地だとは一言も言っていないのだ。この朱印状に領知目録はついていない。蠣崎氏には石高をもって表示するような封土はないのだから当然である。蠣崎氏が有するのは渡島半島南端にへばりついた「和人地」と称する軍事拠点である。和人地には日本人の漁民や商人がいるが、蠣崎氏にとっての領民は観念的にはむしろアイヌなのである。

アイヌの大部分は和人地には住んでいない。だが彼らは交易のため和人地を訪れる。秀吉が言っているのはアイヌの相手は慶広よ、おまえに任せたということだ。だからアイヌを領民のごとく慈しめというのだ。秀吉は給人たち、つまり輩下の領主たちに、百姓に非分を申し懸けてはならぬとたびたび訓戒している。朱印状第一条にアイヌに非分を申し懸けてはならぬとあるのは、アイヌに対して地下人＝百姓のイメージがかぶせられたからである。蝦夷地の大半がアイヌのものであって蠣崎氏の支配など及んでいないことは、秀吉といえども承知するところだった。朱印状は架空の領土支配権などを認知するものではない。秀吉は蝦夷地は慶広に与えたなどとは言っていないのである。ただ認めたのはアイヌとの交易の管理権である。しかし、アイヌに非分を申し懸けるなという文言は、交易相手のアイヌを領民＝百姓と同様、保護すべき対象とみなしていることを示す。つまり秀吉のイメージする対アイヌ交易とは、従属的な被保護者との関係にほかならなかった。

帰国した慶広を迎えた老父季広は、自分は檜山の屋形を主君と仰いで来たのに、貴殿はいまや太閤秀吉公の直臣となったと言って、慶広に対して手を合せたという。(12) 慶広は東西のアイヌ首長を召集して朱印状を示し、この上なおも自分の下知に従わぬことがあれば、秀吉公が数十万の兵をもって追討されるだろうと威嚇した。まさに蠣崎氏の命運はアイヌとの交易を好首尾に管理しうるか否かの一点に懸っていた。そしていまや、蠣崎氏は辺境の一土豪ではなく、日本国の中央統一政権の意を体した尖兵としてアイヌと向き合ったのである。

蠣崎慶広は名護屋で秀吉から朱印状を授けられたとき、ぬかりなく徳川家康とも顔をつないだ。家康が慶広が着ている道服を珍しがると即座に脱いで献上した。道服というのはいわゆる蝦夷錦で、カラフトアイヌが対岸のアムール河口地域に住む山丹人《さんたんじん》から入手したものである。山丹人とはギリヤーク人（ニヴフ）その他の当時の呼び名である。秀吉が没した翌年の一五九九年には大坂へ赴いて家康に謁し、蝦夷島の地図と家譜を奉った。蠣崎氏を改めて松前氏を名乗ったのはこのときのことだ。一六〇三年家康が幕府を開くと早速参覲して、翌年正月家康から黒印状を受けた。

黒印状の第一条は「諸国より松前へ出入りの者共」は松前氏に断らずにアイヌと直接取引してはならぬと述べる。対アイヌ交易は必ず松前氏を通して行えというわけで、これは秀吉朱印状にはなかった文言であり、対アイヌ交易の独占権がここに明文化されたことになる。第二条は「志摩守に断りなくして渡海せしめ、商売仕り候者、きっと言上致すべき事」とあり、第一条とどういう関係があるのか解釈が難しい。素直に読めば第一条は松前でのアイヌとの直接取引を禁じたもので、第二条は松前氏に断らずに松前以外の蝦夷地に渡ってアイヌと商売してはならぬと言っているのだろう。だとすると、第一条第二条併せて松前氏の対アイヌ交易独占を保証していることになる。第二条の「つけたり」では、アイヌはどこへ往行しようともアイヌ次第だと言っている。つまり松前藩以外の日本人は、松前藩の了解なしに商売のために松前以外の蝦夷地へ渡ることはできないが、アイヌはどこへ行こうと、つまり松前へ来ようと、南下して津軽・下北へ来ようと、あるいは北行してカラフトへ往こうとアイヌの勝手だというのだ。松前藩はアイヌの自由な交易行動を制限できぬわけで、幕府はここで松前氏に一本釘を刺したのだと言ってよい。この時期アイヌは奥州北部へ渡来して交易を行っていたし、クリル列島の最北部、カラフト南半部まで交易をひろげていた。それを松前氏に管理させてもメリットはまったくない。かえって交易を阻害し、アイヌの不満を昂じさせるだけのことだ。だから松前氏に、おまえの口を出す範囲ではないぞと釘を刺したのである。

しかし、これはアイヌを独立した対等の民族と認めたのではない。むしろその逆で、アイヌには自由に交易させておけというのは、それを自由に任せるか管理するかは幕府の権限に属することを含意する。黒印状の第三条「夷人に対し非分申し懸くるは堅く停止《ちょうじ》の事」は、まさにアイ

(12)『新羅之記録』四五、六頁

ヌが幕府の保護対象であり、支配の及ぶ範囲であることの表明であった。一七三〇年代に渡島した江戸金座の板倉源次郎は「船の通路《かよいじ》あるところの蝦夷どもはことごとく松前の百姓なり」と言っている。つまり奥地に住むアイヌはいざ知らず、商場《あきないば》に住むアイヌは松前藩の領民だというのだ。にもかかわらず、幕府は一八世紀の末にいたるまで蝦夷地を日本の正式な領土とは認めていなかった。この辺の曖昧さがいわゆる近代国民国家成立以前の主権概念の特徴といえようか。

秀吉の朱印状を得た慶広はアイヌ首長を集めて、自分が彼らに下知する立場であることを明示した。それから二七年のち、一六二〇年に松前へ渡ったイエズス会士のカルヴァーリュは、報告書のなかで「松前の殿はアイヌの王であるともいえる(13)」と述べている。つまり松前氏はこのころにはアイヌに対する支配者としての威信を築きかけていたことになるが、それとて松前和人地へ来訪するアイヌに対してだけのことで、その場合もアイヌが松前殿に対して完全な臣属意識をもったとはとても言えず、ましてや道央部以遠のアイヌにとって、松前殿は異族の強力な交渉相手以外の何者でもなかったはずなのだ。

松前藩初期、アイヌとの交易は、アイヌが福山城下町（これを狭い意味での松前と称する。福山築城は一六〇六年に完成）にやって来て商いをするといういわゆる城下交易の形をとっていた。この交易の実態を伝えているのは前記カルヴァーリュならびに、おなじくイエズス会士で、一六一八年と二一年に渡島したアンジェリスの報告書である。それによると、松前に来るとアイヌは船を陸に引き揚げて横倒しにし、海浜に小屋を建て、連れて来た家族もろともそこに住んで交易を行う。交易はすべて物々交換で貨幣は用いない。毎年日高以東のメナシ地方から百隻の船が乾燥させた鮭と鰊、ラッコ皮をもたらす。また西の天塩《テシオ》から中国品の絹織物が来る。ほかに白鳥・鶴・鷹・鯨・海驢《とど》皮と油などももたらされる。代りにアイヌが得るのは米と麹で、酒好きの彼らは米をすべて酒造に用いる。酒自体、小袖や紬・木綿の着物も入手する。日本から松前に来る船は毎年三百隻ほどで、みな米と酒を積んで来る。

松前藩が成立したとき、藩地は東は亀田、西は熊石にいたる海岸数十里だった。慶広はこの両所に番所を置いて往来を取り締まった。いわゆる和人地はこのとき明確に成立し、蝦夷地と区別されたという。和人地内の人口をアンジェリスは一万人と見積っている。(14) くだって一七〇一年の戸口調査では、福山城下町の人口は五千、和人地全体で二万人だったというから、アンジェリスの見積りはほぼ妥当なところだったろう。それに対して、アイヌの人口は当時ほぼ二万人だったといわれる。つまり居住地域からすれば、日本人が占拠する土地は全島のごく小部分にすぎず、残りの広大な山河はみなアイヌの国土だったのに、人口の点では一八世紀の初頭、アイヌと日本人は対等だったのである。このあとアイヌが何度か反乱を起したのに、ついに日本人を蝦夷島から駆逐できなかったのは、この人口の点からもうなずくことができる。

(13) チースリク編『北方探検記』(吉川弘文館・一九六二年) 七一頁
(14) 同右五七頁

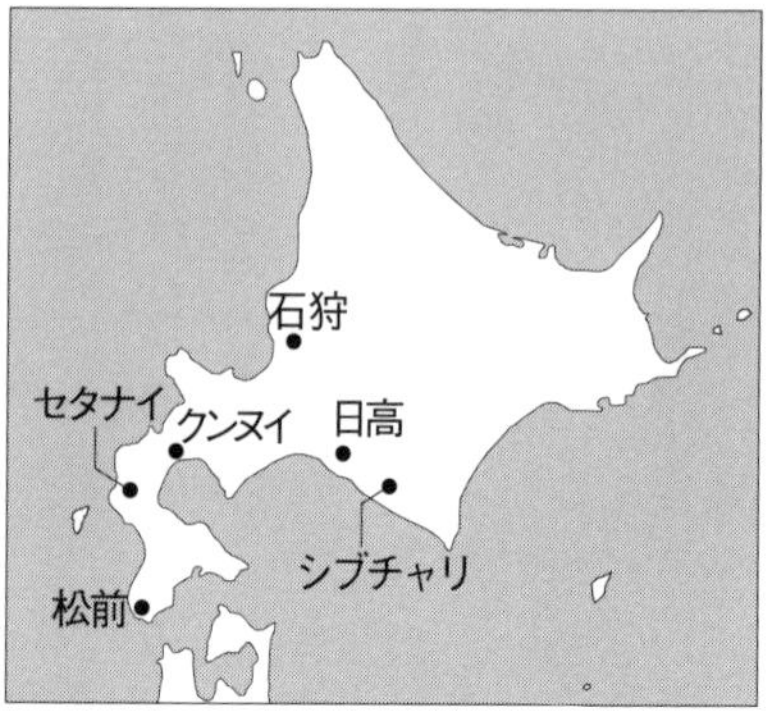

松前藩の侍は一六六九年の時点で八〇人ないし九〇人だったという。[15]このほかに徒士《かち》・足軽がいたわけだが、それにしても総数二、三百名を出まい。後述する商場知行制が成立する以前の給与体系についてはよく知られていないものの、カルヴァーリュは藩領内の河川が松前殿の家臣に対する知行だと言っている。川に一網打つだけで三千尾をこえる鮭がとれ、それが家臣の収入になるのだという。これは上級の侍の場合で、切米取りと称する下級の侍は他藩とおなじく米を給与された。財源は商船・旅人からの徴税のほか、金や鷹による収入もこの時期は大きかったはずだ。藩領内の住民への課税は微々たるものであったらしい。

来島する商人・旅人は沖の口番所で把握され課税された。福山（松前）は良港ではなかったので、のちには北西の江差、北東の箱舘の二港が福山を凌いで繁昌した。金は一六一七年から領内で産出するようになり、やがてクンヌイ・シブチャリ等、蝦夷地でも発掘されて、連年日本から多くの金掘りが渡島した。カルヴァーリュも金掘りの一員のように装って松前へ渡ったのである。だがこの採金はこの世紀の半ばを過ぎると衰退し、一六九〇年に発見された西海岸のハボロの砂金も十年も経ぬうちに見棄てられた。松前藩の貴重な財源はほかに鷹があった。鷹は幕府への献上物でもあり高価なので、藩は蝦夷地内に鷹場を設け、一八世紀前半には三九〇余カ所にのぼったという。しかし捕獲数は漸減し、この世紀半ばにはそのうち鷹のとれるのは二二、三カ所にすぎなかった。

松前藩の経済的基礎は実は対アイヌ貿易にあった。先述したように初めは城下交易の形をとったが、寛永年間（一六二四〜四四）には商場知行制へ移行した。これは蝦夷地内に交易地点を定めてそれを商場《あきないば》と称し、藩主以下上級家臣の専有としたのである。この場合、家臣が受けとる知行は与えられた場所でのアイヌとの交易権ということになる。場所を与えられるといっても、その土地と住民を支配するのではない。ただ船を出してそこでアイヌと独占的に交易する権利なのだ。この商場を知行として与えるという点が、松前という藩の他に見られぬ特異性であった。

幕藩制の基幹であった石高制は、軍役の関係もあって、領内の一切の生産を米穀生産高に換算して表示するものであった。従って松前藩の場合、商場知行を石高に擬制することも不可能だったわけではない。それを行わなかったというのは、擬制的な石高表示を必要とせぬ特殊な藩意識があったからだろう。第三代藩主公広はアンジェリスに語った。「パードレの松前へ見えることは大事もない。なぜなら天下がパードレを日本から追放したけれども、松前は日本ではない」[16]。

（15）『津軽一統志・巻第十』（『新撰北海道史』第七巻）一四二頁
（16）チースリク五三頁

松前が日本でないとすれば何なのか。それは幕藩制下における異形の商人領邦国家だったのだ。

公広はアンジェリスに、松前は日本ではないから神父は安心して滞在するがよいと語りながら、カルヴァーリュによれば、アンジェリスが離島すると「天下が禁じている故に、松前の住民は一人でもキリスト教信者になってはならないとの法度を出した」(17)とのことだ。このことは松前が日本ではないという言述の限界を明白に示しているように思える。松前氏は一万石格のれっきとした徳川大名の一人であり、五年に一度とはいえ参勤の義務を果し、江戸に藩屋敷を構えていた。天下すなわち徳川将軍の威令のもとにあるという意味では、松前が日本でないはずはなかった。だが、江戸城中で松前藩主が蝦夷大王と呼ばれていたのは、諸侯が松前侯を自分たちとはいささか異なる特殊な存在とみなしていたからにちがいない。これは第九代藩主道広の時の話らしいが、あるとき仙台侯が薩摩侯を客に招いたところ、同席していた道広をいぶかって薩摩侯がどなたかとたずねた。仙台侯が「松前ですよ」と答えると、薩摩侯は「はは、蝦夷大王だの」と返したというのだ。仙台侯は即座に「これは私親類の頭なり」と道広をかばい、帰邸した道広は「今日は仙台に恥辱をすすがれた」と洩らした。(18)薩摩侯とは栄翁とあるから名にし負う横紙破りの島津重豪である。この挿話は蝦夷大王なる呼び名が、軽侮を含む戯称であったことを語っている。蝦夷では大王かも知れぬが、たかが一万石格ではないかという口吻もそこに感じられる。しかし、それとともに、これは松前藩の異界につながる性格を暗示する呼称でもあったにちがいない。蝦夷大王といえば、松前氏自体がアイヌの大首長ととられかねぬのである。『向山誠斎雑記』は松前家が当初は一万石の扱いだったのに、のちに交替寄合に列せられたことについて、「嶋夷の酋長というべきものにて、我国の大名に比例しがたき故と見えたり」と述べる[19]。

松前藩の侍どもは藩主以下商売にいそしむことで藩が成り立っている。商場が知行として与えられるということは、商品を仕入れ船を仕立て、アイヌのもとへ行って交易し、入手したアイヌ物産を松前に持ち帰って売り捌き、その利潤で暮しを立てるということなのだ。商人とどこが違うというのか。百姓を支配し、貢租を徴することで為政者面をしている幕藩体制下の武士たちからすれば、何とも面妖な侍のありかただった。

蝦夷大王といっても、松前藩主は和人地の外の蝦夷地に住むアイヌを領民として支配していたわけではない。松前藩は蝦夷地のアイヌから貢租を徴集したことはなく、人口調査など個別に人身を把握したこともなかった。松前藩にとってアイヌは藩が設定した商場において、おとなしく交易を受け入れてくれればそれでよかったのだ。松前慶広は自分の下知に従わねば太閤が征伐に来るぞと威嚇したが、下知に従えといっても武力反抗は許さないといった意味あいでしかない。

---

(17) 同右六四頁

(18) 山田三川『三川雑記』(吉川弘文館・一九七二年)三〇四頁。なおこの挿話を『蠣崎波響の生涯』(新潮社・一九八九年)で紹介した中村真一郎は、「蝦夷大王」を美称と解しているが、道広が「恥辱ヲススガレタリ」と言っていることからして、その解釈は成り立たない。

(19) 海保嶺夫『幕藩制国家と北海道』(三一書房・一九七八年)一六三頁より再引

要するにアイヌの住む広大な天地、すなわちアイヌモシリは日本にとってまだ統治の及ばぬ異国なのだった。これは幕閣の認識でもあって、のちにラクスマンがエカチェリーナ二世の使節として根室に来航したとき（一七九二年）、幕府の老中首座松平定信は根室は日本領ではないから追い払うこともできぬと述べている。[20] では蝦夷地すなわちアイヌモシリは日本にとってたんなる異国なのか。秀吉が与えた朱印状、家康の授けた黒印状が、アイヌを保護すべき対象とみなしていることはすでに述べた。以上のことを勘案すると、アイヌモシリは日本に従属的な立場にある一種の保護国とみなされていたことになる。そして、アイヌをそのように従属させ保護すべき責任者が松前藩なのである。だとすると、江戸城内では一万石格の扱いのこの小藩は、なりは小さくとも、一個の異族とその国土を従属させ保護すべき大きな権能を帯びていることになる。さすれば蝦夷大王はたんなる戯称以上の、夢はらむ呼び名なのでもあった。

それにしても松前藩が、そしてその背後にある江戸幕府が、当初蝦夷地全体の征服に乗り出すことがなかったのは、同時代の西洋諸国や清帝国の行動に較べればおどろくべきことである。一八世紀の日本国家には版図拡大という衝動がまったく欠けていた。異国船への扱いをとっても、徹底しているのは守りの姿勢である。ロシア人の極東での行動、西欧人の南北アメリカでの行動を想えば、松前の日本人が銃を片手に蝦夷地の隅々にまで、あっという間に進出してもよさそうなものだ。しかし、そんなことは起らなかった。これは大航海時代と呼ばれる一六、七世紀の第一次グローバリズムに対して、日本がとった自衛の姿勢と深くかかわる事実である。

一六六九（寛文九）年、東蝦夷地シブチャリの首長シャクシャインが松前藩に対して兵を挙げた。この二六年前にも、西蝦夷地セタナイの首長ヘナウケの呼びかけで大規模な蜂起が起きたが、すぐに鎮圧されて大事には至っていない。しかし、この度の蜂起は西蝦夷地にも波及し、一九隻の日本船が襲われ、二七三人の日本人が殺される非常事態となった。なお、東蝦夷地とは太平洋沿岸、西蝦夷地とは日本海沿岸を指し、いずれも松前から見た呼称である。

この事件はアイヌ同士の紛争として始まったのが、どたん場になって松前への攻撃に転じたもので、その経緯にはかなりわかり難さがある。だが、事のなりゆきは一応次のように理解することができる。メナシクルに属するシブチャリ（染退）アイヌと、シュムクルに属するハエ（波恵）アイヌとは一六四八年以来、漁場や猟場の占取権をめぐって争って来た。メナシクルとはシブチャリ以東、根室にいたる地域集団であり、シュムクルとは日高北部から石狩低地帯にいたる地域集団であるという。

一六五三年、ハエの首長オニビシがシブチャリの首長カモクタインを殺すが、代ってシブチャリの首長となったシャクシャインは、オニビシと争いを重ねた挙句、一六六七年ついにオニビシを殺害するに至った。松前藩は両者の対立が激化するたびに、大事に及ばぬよう調停に立ったが、一時は効果を収めても対立を解消させることはできなかった。オニビシの残党はオニビシの姉婿

(20) 井野辺茂雄『新訂維新前史の研究』（中文館・一九四二年）一二二頁

ウタフを松前に派遣して復讐のため武器援助を乞うたけれど、松前藩がそんな要請にうんというはずがない。あっさり断られて帰る途中、ウタフは疱瘡にかかって死んでしまった。ここから話がおかしな具合に転回する。この男は実は松前藩から毒殺されたのだと流言が飛び、それを受けてシャクシャインは共通の仇松前殿への挙兵を説き、オニビシの残党はシャクシャインへの報復はどこへやら、やすやすとその提議に乗ってしまうのである。ウタフの死は四月、蜂起が始まったのは六月であった。

シャクシャインはかねて、自分たちメナシクルは松前藩から憎まれていると思いこんでいた。対立するシュムクルが「松前殿ごひいきのエゾ[21]」と一般に認識されていたのに対し、松前藩の影響力はまだメナシクルに及んでいなかった。信頼関係もできあがっていない上に、松前殿にかしこまる気も薄い。まだオニビシを殺す前のこと、シャクシャインは金掘りの文四郎という男が松前藩に調停を頼んでやろうと申し出たとき、「オニビシは松前殿のひいきをいいことに、われわれをかすめとっていて実に無念だ。松前殿より仲直りせよとあればそうせぬこともないが、もし難題を申しつけるならば、松前へ弓を引き、兵庫殿をわれら手勢にておしつぶし、松前を手に入れ申すべし」と語ったという[22]から、覚悟は早くからあったのである。兵庫殿とは寛文五年に七歳で襲封した第六代藩主矩広《のりひろ》のことだ。

蜂起するに当っては、「オニビシを殺した以上、松前から処罰されるだろうから、仕置きにあう前に、蝦夷地にいる鷹役の侍、船頭、水主《かこ》を殺し、松前へ切り登り申すべし」と決意し[23]、ウタフの変死に乗じて、松前殿はわれらアイヌをみな毒殺しようとしていると檄を飛ばしたところ、各地騒擾に至ったというのである。だから、事の起りはまったくシャクシャインという風雲児の松前藩へのうらみないし疑心暗鬼にあったのだが、彼の煽動がいかに巧みでもそれだけで各地のアイヌが決起するはずはない。問題はシャクシャインが火をつけるに足る不満の温床が十分に育っていたということにある。

松前藩が城下貿易から商場知行へ移行するに従って、アイヌは交易の主導権を奪われ、次第に不利な交易条件を押しつけられるようになっていた。これは乱後、西蝦夷地のアイヌが津軽藩が派遣した隠密に申し立てたことだが、公広のころ百本の干鮭は二斗入の米一俵と交換されていたのに、このころは一俵の中身が半分以下の七、八升に減らされていた。これは松前藩主に若死する者が続き、蠣崎蔵人広林が執政してこの挙に及んだというのだ。[24] そればかりではない。商場の知行主はアイヌと交易するだけではあき足らず、河口で大網を使って鮭を大量に捕獲するので、アイヌの鮭漁は圧迫され、生計が立ちがたく、それに不満を述べると打ち叩かれるという。

しかし、松前まで攻め登って、松前殿を踏みつぶすと壮語したにしては、シャクシャインの最

---

(21) 則田安右衛門『寛文拾年狄蜂起集書』（『日本庶民生活史料集成』第四巻＝三一書房・一九六九年）六六〇頁
(22) 同右
(23)『蝦夷蜂起』（『日本庶民生活史料集成』第四巻）六四二頁
(24)『津軽一統志・巻第十』一八七頁

後はあっけなかった。一時は渡島半島の国縫《クンヌイ》まで迫りはしたものの、松前軍が渡海して日高の本拠を衝くと、シャクシャインはあっさりと和に応じ謀殺されたのである。和人の常套手段であって、アイヌ・日本人間に繰り返されるこのだまし討ちの話は何度聞いても胸が悪くなる。松前兵の戦死者は四名にすぎなかった。

幕府はアイヌ挙兵を知ると東北諸藩に出兵を命じ、松前藩主矩広がまだ少年であったので、松前氏親戚の旗本松前泰広を指揮官として送りこんだ。しかし、松前に着いた津軽藩兵はそのまま留めおかれ、泰広の率いる松前兵六百が鎮圧に当った。アイヌ民族全体が決起したのなら、たかが六百の軍勢で鎮圧できるはずがない。あきらかにシャクシャインは孤立していたのである。なるほど各地のアイヌは日頃不満が溜まっていたからシャクシャインの呼びかけに応じて日本人を襲撃したが、これは一時の鬱を散じただけで、松前藩と決定的に手切れし、日本人を島から一掃しようという強くまとまった意志は存在しなかった。アイヌの生活は日本産物品に深く依存しており、日本人との交易を断ち切るのは困難だったのである。

しかし、民族の気概というものはある。石狩川一帯の大首長ハウカセはシャクシャイン蜂起前の二月、交易のやりかたがわがままなので今後は船をよこさないと恫喝する松前藩通詞に対して、「松前殿は松前の殿、われらは石狩の大将に候えば、松前殿に構い申すべき様もこれなく候。または松前殿もこなたへ構い申す儀もなるまじく候。商船こなたへお越しなられべくも、なられまじくにても、わけて構いござなく候。惣じて昔より蝦夷は米、酒下されず候。魚、鹿ばかり下され、鹿の皮を身につけたすかり申す者にござ候。商船お越しなされ候義もご無用[25]」と答えた硬骨漢だった。

シャクシャインが殺されたあと、償いを出せと要求する松前藩に対して、寛文一〇（一六七〇）年五月、ハウカセは石狩川のほとりに傘下のアイヌを集め、三百の茅舎を張って松前の使者を待った。彼はシャクシャインの呼びかけに一応同意はしたが、部下を抑えて一人の日本人も殺させなかった。従って償いを出すいわれはないが、近辺の同朋がみな償いを出す以上、自分も同調しようというのが彼の考えだった。しかし、シャクシャインのようにだまし討ちにあうのはいやだし、松前勢が津軽勢の助けを得て石狩アイヌをみな殺しにするという噂もある。もしそうならば、かなわぬまでも一合戦する覚悟でハウカセは陣を張ったのである。余市まで出て来て松前家来に償いを出せという要求を彼は拒否した[26]。だが、そういうハウカセも大勢には抗せず、結局は松前殿に償いを出す。償いというのはアイヌの慣習法のひとつで、紛争が生じた場合、弁論または武闘の結果、非があると認めた方がその証拠として所持する宝を相手に差出すのであって、いわゆる賠償とは性格を異にする。松前藩はこのアイヌの慣習に従って、償いを差出させることで、日本人殺害を自らの非としてアイヌに認めさせたのである。

津軽の隠密に対して、各地のアイヌ首長は不利な交易条件を押しつけられることへの不満をぶ

（25）同右一八六頁
（26）同右一八二頁

ちまけ、以前のように松前へ出かけて交易したい、また津軽へも交易に出かけたいと述べている。すなわち、彼らがシャクシャインの呼びかけに応じたのは、城下交易から商場交易への転換による交易の主体性の喪失という背景があったからだった。だが、商場交易はまだ在地のアイヌの生活を完全に破滅させるようなものではなかった。乱後の関係修復過程でアイヌ首長が次々と償いに応じて行ったのは、たとえ主体性の喪われた状況であれ、松前藩との交易が彼らにとって望ましいものであり、また不可欠ですらあったことを示している。

松前藩は寛文一一年、東西蝦夷地の首長を集めて起請文をとった。殿様からいかなる儀を仰せかけられても逆心しないという第一条以下、松前藩の統制を強化する内容である。またこれ以後、松前藩は蝦夷地の各所に毎年役人を派遣して制法を申し渡すようになった。しかし、このことによってアイヌモシリのすみずみまで松前藩の支配が貫徹したとはいえない。統制はまだゆるやかで形式的といってよかった。藩はアイヌとの紛争が再発することをおそれて、蝦夷地での金の採掘をいったん中止し、金掘りを引き揚げさせたほどである。もっとも礦床はすでに涸渇していたのだったが。

商場知行制は一八世紀の前半、商人による場所請負制に変った。これは商場を商人に請負わせて運上金だけ収納するもので、藩主ならびに知行主はこれまでのように商場へ船を仕立てる必要もなく、居ながらにして場所請負人から運上金、すなわち請負権利金をいただいておればよい。場所とは、商場つまりアイヌとの交易地点の呼び名がこのように変ったのである。これは藩主や上級家臣にとってはいいことずくめのようだが、場所を商人にゆだねるというのは在地アイヌからほしいままに収奪を許すということにつながりかねず、幕府から委託されたアイヌ統治という点で重大な問題を生じさせることになった。

このような変化が起ったのには、近年蝦夷地からの出物が少なくて、船を送っても損失がかさむようになったとか、商人への借金が滞ってそのかたに交易場所を渡すようになったとか、いろいろ説明はあるが、もっとも大きな原因は商場において、アイヌとの交易よりも鮭を主とする漁業の方が重要視されるようになったからだろう。そもそも商場の形で与えられる知行（藩主自身の蔵入も含む）は、アイヌとの交易権であって、現地において漁業をいとなむ権利ではなかった。しかしシャクシャインの乱のころになると、アイヌの愁訴によって明らかなように、河口に大網を建てて鮭を大量に捕獲することが行われていた。この場合、商人の関与がすでにあったものと思われる。

河口での鮭漁には大網の使用など、一定の資本を前提にしている。さらに、河口に殺到する鮭はあぶらがよく乗っているので、アイヌ流に日干しで干鮭《からざけ》にしても保存が利かない。だからアイヌは鮭を河口では採らず、鮭のあぶらがすっかり抜けてしまう上流で採って干鮭にした(27)。河口で採った鮭は塩漬けにするほか商品化の手立てはない。その大量の塩を用意できるのが資本力に富

（27）瀬川一一二、三頁

んだ大商人であった。商場の河口での鮭の大量捕獲が軌道に乗り、従来のアイヌとの交易に代って場所経営の主流になると、藩主以下松前の侍は資本力や労働力調達の点で、とても商人に太刀打ちできぬ状況が生まれたものと思われる。彼らが商場を商人に委託したのはそうした事情もあったのではなかったか。

場所を請負ったのは江戸や上方《かみがた》の大商人である。彼らは大規模な漁業を展開して現地アイヌの生活資源を奪い、また彼らを労働力として酷使して怨嗟の的となりがちだった。一方彼らは松前藩とたびたび紛争を起こした。松前藩は彼らに多大の借金をして返さず、場所請負の権利をめぐって術策を弄したからである。彼らの介入によって、蝦夷島の天地は次第に騒がしさを増して行く。大商人が蝦夷地の産業開発に参入したのは、蝦夷地の産物が従来のような異国の珍品ではなく、全国市場で求められる流通性の高い商品に変化したからである。その代表は鮭であり材木であったが、一七世紀末から鰊《にしん》という重要な産物が登場する。鰊はもちろん食用にもなるが、綿作地などの肥料としての用途が重要で、やがて関東産の干鰯《ほしか》にとって替る勢いを示す。

和人地では従来の松前（福山）のほか、江差、箱舘の二港が繁昌し、旅人がおどろくような賑やかで華美な都市生活が展開した。蝦夷地の産物が全国市場において比重を増すにつれて、松前地は以前のような「日本ではない」辺境ではなく、旅人をひきつける異郷趣味たっぷりの名所とすら感じられるようになる。とくに天明五（一七八五）年、田沼意次が主宰する幕閣が蝦夷地へ本格的な調査隊を送ると、世人の関心はにわかに蝦夷地に集まり、こののち世紀末にかけて数々の渡島記が書かれることになった。その渡島記は松前という藩の特殊なありかたや三港の繁昌ぶりをおどろきをもって伝えている。そのいくつかを通して、当時の松前という異郷に降り立ってみよう。

『東遊記』(28)の著者平秩東作《へづつとうさく》は江戸内藤新宿の馬宿の主人で、狂歌師として名があった。天明三(一七八三)年、江差の名主を勤める知人を頼って渡島したが、まず彼の眼をおどろかしたのは、「江戸より行く人の目にも奢りの様に思わるる」町人百姓のゆたかな暮しぶりだった。居宅といい諸道具といい、ゆたかなこと京・江戸に譲らない。椀や重箱は会津ものはいやしいとして用いず、能登の輪島塗りをよろこぶといった具合だ。江差湊から上方へ行くのは「隣あるき」のような感覚である。長崎へだって、江戸から行くよりずっと早く楽に行ける。船方の話しているのを聞くと、先月は下関にいたとか、石見国《いわみのくに》の浜田ではこうだったとか、まるで隣国のようだ。この交通の便のよさは東作にはよほど印象的だったらしい。つまり松前はけっして田舎ではないのである。

松前三湊の繁華を輪にかけて吹聴したのは地誌学者として令名ある古川古松軒である(29)。天明八(一七八八)年、幕府巡見使の一行に加わって来島した。まず松前(福山)に上陸して屋宅が奇麗で都めいているのにおどろく。人びとの風俗容躰、衣服にいたるまで上方筋に少しも劣らない。

(28)『日本庶民生活史料集成』第四巻所収
(29) 古川古松軒『東遊雑記』(平凡社東洋文庫・一九六四年)

一行は秋田・津軽の貧窮地帯を通ってきたばかりだから、こんな北の果てで「上々国の風俗」にお目にかかるとは意外千万だった。古松軒には全国を廻りながら、その土地を上国・下国とランクづける習癖があって、上々国は最高ランクである。江差は家数千六百余り、貧家と見える家は一軒もない。浜通りには蔵が並び、港に泊る諸国廻船は五十隻。町に入れば呉服店、酒店、小間物屋など、物の自由なること上方筋に変らぬし、人びとは衣服・言語ともによろしく、田舎めいたところがない。上方からの出店が多いのでその影響と思われる。奥羽地方は寒くて瓦がもたぬというので、瓦ぶきの家はなかったが、ここには瓦ぶきの家がある。念の入った上方焼なので寒気にも損じない。松前は昆布で屋根をふくなど、とんでもない与太話だ。

この古松軒の松前・江差礼讃については、買いかぶりと評する人が絶えない。巡見使について廻ったから、いいところばかり見せられたのだろうというのだ。しかしこれは、日本各地を巡歴してつねにその土地の生活水準に注意してきた古松軒の眼力を無視した評言だろう。むろん観察の誤りは誰にでもあることだが、ことその土地の民度に関しては彼には観察のキャリアがあった。松前・江差のゆたかさについては、彼の記述は基本的に平秩東作のそれと一致しているのである。東作と古松軒の記述の要点は、松前は北のいや果ての田舎だと思うのはとんでもない間違いで、上方の匂いがたちのぼる都会だということだ。その理由は京・大坂と海上交通で結ばれていることにある。つまり、力強い経済的動脈が両者間をつないでいるのだ。彼らはその点も抜かりなくつかんでいた。

だが、都市の繁昌は旅人の眼をおどろかせはしても、松前という小邦国の本質を尽すものではない。東作は「諸士の風、運上金の多少をあらそい、商人同様の心がけにて、節儀甚だ薄し。甚だしき者は市中に見せ店をもち、手代名前にて売買をなすものあり」という。松前藩の松前藩たるゆえんは実はここにあった。そもそも松前の侍は百姓の貢租には依存せず、アイヌとの交易と諸国から来航する商人の管理からあがる収益によって、侍の体面を張って来たのである。商場を知行として受けとるというのは自らアイヌと交易することで、所業は商人と何ら変るところはない。一方、諸国商人は家老・用人の家に出入りし寝泊りして、商いをすませて帰帆する。まるで武家屋敷が船問屋のような有様である。

場所請負制になって自ら交易することがなくなっても、家屋を商人に貸したり、商人の名義で実は自分が商いに手を出したり、商人気質は抜けない。天明五（一七八五）年、蝦夷地見分に派遣された幕吏佐藤玄六郎は、翌年提出した報告書で「志摩守役人も、一体商人気質につき、諸事商人どもの申し立て候旨に任せ、取り扱い来り候儀にあい聞え申し候」といってる。同報告書によれば、問屋大黒屋茂右衛門はもとの家老蠣崎三彌の持株で、三彌自身も大黒屋に同居している。また厚谷新下という藩士は、浜屋庄右衛門名儀で問屋商売を営んでいる。現家老の松前監物はさすがに問屋商売はしていないが、鰊漁の時は自分の持場所に赴いて売り捌きを差配する。[30] 問屋と

（30）『蝦夷地一件』（佐藤玄六郎報告書）（『新北海道史』第七巻）三三五頁

いうのは商船の宿をつとめ、貨物の売買を仲介して手数料をとるのだから、これでは武家即商人といってもは過言ではない。

くだって寛政一〇（一七九八）年、幕府の東西蝦夷地見分に加わった武藤勘蔵も次のようにしるす。「旅宿蠣崎将監屋敷は居宅およそ四、五千石位の御旗本衆も及びがたきほどの普請にて、間数広狭とりまぜ三十間もあり。（中略）船繋りの船頭どもの宿を渡世にいたし、将監家内は旅籠屋同様のよし。下女なども道中筋飯盛同様の風聞あり。いかにも不取締の事どもなり」(31)。道中筋飯盛とはむろん街道筋の旅宿が置いた売女のこと。蠣崎将監家は代々家老を勤め、当主は藩主道広の弟で将監家を継いだ広年、すなわち「夷酋列像」の作者として名高い画人蠣崎波響であった。

寛政五年ラクスマンの来訪の際、水戸藩の彰考館総裁立原翠軒から探索を命じられて渡島した木村謙次はいう。「士人も皆旁《かたわ》らを商売の事をして別に商人の名を作りおき、市肆の利を綱す。故に人物温弱にして交接応対の間甚だ恭敬にして士気威猛の色なし。老圃子父子など侯家親族の大臣なれども、吾儕賤人に対して坦懐慇懃、破格謙遜を用いらる」(32)。老圃子とは藩主道広の叔父で『松前志』の著者松前広長である。

『東遊記』によれば、先代資広までは「賞罰正しく、文武の芸術もはやり、士風も武ばりたる事」で、蝦夷地上乗など命じられたら、足軽の仕事だといやがったものだが、近頃はわれ勝ちに上乗役を望む有様だという(33)。上乗役とは交易場所へ赴く請負商人の船に監察として乗りこむ役人のことで、ついでに自分の交易品を持ちこみ、大いに利を上げるのである。古松軒の『東遊雑記』によると、この収入は一度で三〇両ほどになる。(34)

各種の旅行記を読むと、松前の侍がみな商人というのはよいとしても、女はみな売女のように書いたものがある。武藤勘蔵の『蝦夷日記』には「すべて亭主の有無にかかわらず、夫なきものはなおさらにて、呼び迎え候客あらば、売女の勤めをすること、土風にて恥とも思わざるさまなり(35)」とあり、『北行日録』には「庶人の少女などは入津の船子を迎えて酒の相手となり、金銭を得て婚儀の装具を用意し、その親の費用を欠くことなしと云う(36)」とある。『新撰北海道史・第二巻』には「平民は勿論、中流以下の士族の婦女は、入港する旅客を迎えて金銭を得、毫も恥とはせず、娼婦と選ぶ所は無かった(37)」とあるが、これは書中に引かれている『蝦夷物語』なる一書に「旅人などの内、もし右家中の妻室などに心をかけ候えば、媒酌を頼み、賄賂すれば、たちま

(31) 武藤勘蔵『蝦夷日記』(『日本庶民生活史料集成』第四巻)一五頁
(32) 木村謙次『北行日録』(山崎栄作発行・一九八三年)七九頁
(33) 平秩四一八頁
(34) 古川一八六頁
(35) 武藤一五頁
(36) 木村七九、八〇頁
(37) 『新撰北海道史』第二巻二四六頁

ち来りて心に随うこと、夫も随分承知にて、（中略）娘・下女の類、また町人体の類に至っては、なおさら天下晴れて密夫す」とあるのにもとづくのだろう。[38]以上のような旅行記の記述は戦前から松前藩の士風の廃の証拠とされてきた。これを贅沢で女癖の悪い道広の代になっての頽廃とした『新撰北海道史』の記述を信じる人は、いまでもなお少なくないようである。だが、記述された事実を士風頽廃と断罪してよいのか、大いに問題は残る。佐藤玄六郎や武藤勘蔵など幕吏系の記述は、それ自体正確であるけれども、そこに書かれている事実に対する判断は幕藩制下の武家の価値観に濃く染めあげられている。幕府は天明五年に蝦夷地見分に乗り出し、やがてそれは蝦夷地の幕府直轄につながっていくのだが、現地の事情を初めて知った幕臣たちは、松前藩士の商人とまがうありかたに開いた口が塞がらなかった。それは彼らの通念とする武家のありかたとあまりにも異なっていたので、彼らの胸中に強烈な拒否感、すなわち軽侮と不信が生じたのは無理からぬことだった。だが、そういう彼らと軽侮や不信をともにせねばならぬ義理は今日の私たちにはまったくない。

侍が商売と深く関わっているありかたが士風の頽廃だというのなら、松前藩はそもそもの初めから頽廃していたのである。しかし、武人が商人を兼ねる人間類型は、人類をはるかに遡る古代から連綿と存在してきた。その人類史的普遍のなかに置くならば、松前的な武士のありかたがどうして士道頽廃といえるのか。そういえるのはただ幕藩制下の武家の観念に束縛されるかぎりでのことであった。一七三〇年代に渡島した江戸金座の坂倉源次郎は「武家はゆたかにしてせわせわしからず。音曲はやらざれば遊興にふけらず、国法は慈悲を専らにして収納もゆるやかに、罪科ある者とてもかろきにとり国を追払うまでにて、死罪の沙汰なし[39]」という。松前藩の統治は高く評価されているのだ。

源次郎が来た元文（一七三六〜四一年）のころはまだ藩政も士風もしっかりしていたので、それが天明年間（一七八一〜八九年）になると堕落して来たのだという人がいる。歌舞音曲という点ではそうもいえるだろう。侍が歌舞音曲に心を奪われるのは、松前に限らずこのころ一般の趨勢であった。だが、源次郎の着目しているのはそんな藩士の道徳や紀律ではない。侍がゆたかでおっとりしていて、収納も刑罰も緩やかだというのは、藩風が一種のゆとりある自由さを特色としているということだ。紀律や道徳で締めあげるのと反対である。これこそ商人国家の特色でなくて何だろうか。

女たちが船乗りたちの伽に出て恥じないというのは、実は全国の港町でかなり見られる風俗だった。菅江真澄の遊覧記など、そうした事実を伝える旅日記は少なくない。これは海上交通にまつわる一種の民俗であって、徳川期を支配した儒教道徳からすれば許しがたいことだとしても、実は徳川期の社会にはそうした民俗を許容する寛容な性文化の底流が存在した。女たちが船乗り

---

(38) 同右三七六頁
(39) 坂倉五八頁

の旅情を慰めたのは、『新撰北海道史』がいうように道広の遊蕩に下が習ったのではなく、おそらく松前開府以来の伝統であったろう。

古川古松軒も松前藩の統治を高く評価しており、「武家の風俗よく制度も正しく、たのもしきこと多し」(40)と述べている。古松軒の記述を買いかぶりと評する人びとは、『東遊雑記』のこうしたところに不信の念を抱くらしい。というのは松前藩の藩政は商人との癒着といい、風俗の淫蕩といい、アイヌの虐待といい、ロシアへの警戒心の欠如といい、ろくなことがないというのが常識になっているからだ。その常識からすれば古松軒のいうところは奇想天外で、正気の沙汰とは思えぬことになる。だが、この常識は天明年間の幕府の蝦夷地見分以降、幕府系統の者たちが述べ立てた松前藩糾弾を真に受けたところに成り立った偏見といっていい。この点については先で改めて検討するつもりだが、幕吏たちの蝦夷地調査の報告が世に出廻って「常識」が成立する以前の旅行記で、松前藩の統治を悪しざまに言っているものを少なくとも私は見ていない。平秩東作は藩士が商売に精出すのに呆れているだけで、秕政が行われているとはいっていない。先代のころは侍がこんなに利に走ることはなかったというが、それは東作の住むお江戸とておなじことで、時は田沼のバブル時代だったのである。

古松軒が「武家の風俗よく制度も正しく」というのには、それなりの観察の根拠があってのことだ。鰊漁のさい、船や網にも制限を設けて、富家も貧家も平等に漁獲が得られるようにしている。古松軒はこのことに感心した。「この外松前侯の制度には、何に寄らず感ぜること多し。よき役人のあると思われ侍《はべ》るなり」(41)と彼はいう。外のことのひとつに松前藩吏の人足の使いかたがある。「荷物軽重によりて老若強弱をわかちて、今日荷物の重きをかつぎしには明日軽きを荷い、一組一組に付属せし足軽体の小役人にても、人馬をいたわること至ってふかく、昼の食事は大勢なりといえども領主松前侯より下され、その食事の奉行たる役人、法を以て人足に渡すこと、陣中兵粮配りの法を以てするゆえに一椀も混乱せず、見る人感ぜずということなし」(42)。古松軒は江戸発足以来、各藩の人足の使いぶりを見て来たのである。その人が松前藩吏の人足指揮を賞賛しているのだから莫迦にしてはならない。

古松軒はしきりに松前領の庶民の人品のよろしさを賞めるが、これとて彼の買いかぶりではなく、東作の『東遊記』もこの点では古松軒とまったく一致している。東作は江差では賭博は一切行われないという。これも全国の状況からすれば特筆に値する事実だった。また東作は彼が逗留した年、米価が一俵金一五匁ないし二〇匁まで高騰したが、地役人の説得で江差の米屋は七匁五分で売り出すことにしたという話を伝えている(43)。これは大した働きで、こういった力をもつ地役人の存在も含めて、松前領の治政はなかなかのものと評価すべきではなかろうか。東作は上乗役

(40) 古川一八五頁
(41) 同右一三七頁
(42) 同右一八五頁
(43) 平秩四二一頁

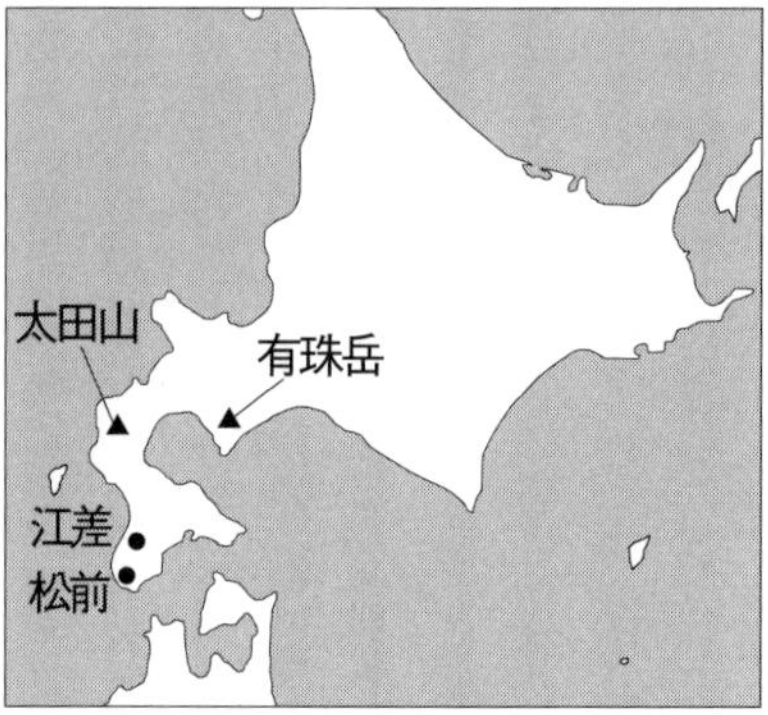

の利得に眉をひそめたが、古松軒はその利得が三〇両にのぼるといいながら、一向それが悪いことだとは思っていない。つまりこの人は藩士が個人的にアイヌと交易して利を得るのは、彼の生活がゆたかになるのだからいいことだと考えているのだ。東作の視座との決定的な違いであった。古松軒は商業と漁業によって立国している北の異界ともいうべき小邦国に接して、幕藩制下の日本内地には存在しえない国柄を見とって感銘を受けたのである。

　古松軒が描き出すのはのびのびとしてゆたかな松前人《まつまえびと》たちの雰囲気である。彼は日本女とアイヌ女が立ち話している様子にも目にとめている。[44] 大旅行家菅江真澄が寛政元（一七八九）年から同三年にかけて目にしたのも、おなじようにのびやかな松前の天地だった。真澄は社会・経済・風俗などの概況を述べ立てるようなタイプの文筆家ではない。旅の途上彼が目にとめて書きしるしたのは、ごくごく微細で何げない光景で、そこに彼のたぐい稀な感性が光った。彼は西は太田山《おおたさん》、東は有珠岳《うすだけ》にいたるまで、遠く和人地の外へ旅したのだが、彼の記述からうかがわれるのは、和人とアイヌがごく自然に混じりあって暮しているのどかな有様である。寛政元年はクナシリ・メナシアイヌの反乱が起った年で、真澄は乱を伝える急使の姿も書きとどめている[45]のに、その報らせがアイヌと和人間に緊張をもたらした様子はまったくない。アイヌと和人が平和に共存する様子を伝える真澄の記述を、松前藩の悪虐に憤起するアイヌといった常識にならされたわれわれはどう読めばよいのか。松前藩の藩政が見直されねばならぬのは、この点からも明らかであろう。

真澄が出会ったアイヌ

松前人のゆたかな生活を成り立たせているなりわいに鰊漁があった。旅行記でその有様にふれているものは多いが、菅江真澄が録した現地の人の語りを口語訳で紹介しておこう。「にしんが群来《くき》てくるころは、海は真白くしろみわたって、やす（銛《もり》）の柄、舟の櫂などを魚の群のなかに立てても、土にさしたようで倒れもしません。舟は木の葉を散らしたようにたくさん漕ぎだし、櫓梶の音が山もゆるがすように響き、昼夜をわかたず海と陸とを人が往来して忙しい。また火をたてるといって、ここの磯から火を高く焚いて、にしんの群が来たと、ほかの浦に知らせます。すると、あそ

(44) 古川一五四頁
(45)『菅江真澄遊覧記2』（平凡社東洋文庫・一九六六年）一八二頁

この浦に火が立ったぞなどといって急いで舟をとばせてくる。どこの浦からともなく漁師が漕ぎよせてきて、野にも山にも丸小屋をたてて住んでいる。魚場《なんば》うりといって、あれこれ物を商う人もくるが、銭もこがねもみな海から湧きでるようにあふれて山をなしているから、結構商売になります(46)」

『東遊記』によると鰊は二月彼岸過ぎから五〇日のあいだ、七日めごとに群来るという。一度に一万両の漁獲というから、あわせて四万両になるわけだ(47)。しかもこれは松前和人地内だけの話で、和人地の漁期が終われば「追い鰊」といって、さらに北の夷人地まで出漁する。漁をするのは漁師だけではない。古松軒はいう。「蝦夷及び松前の諸人は、鰊を以て一年中の諸用、万事の価とせることとゆえに、鰊の来《きた》れるころは、武家・町家・漁家のへだてもなく、医家・社人にいたるまで我が家は明屋《あきや》とし、おのおの海浜に仮の家を建て、我劣らじと鰊魚を取ることにて、男子は海上を働き、婦人・小童《こわっぱ》は鰊をわりて数の子を製することなり(48)」。東作によると、浜辺ですたりものを拾う寡婦でさえ七、八両を稼ぎ、他国からの出稼ぎ者は三、四〇両を得て国へ持ち帰るのであった(49)。このころふつうの庶民一家は一〇両で一年暮らせたといわれている。

鰊漁は漁師だけのあがりだったのではなく、なんと武士・町人を含め松前領民全体を潤したのである。これでは領民の暮しがゆたかになるはずだった。天明二、三年は鰊が不漁で、東作はさんざん愚痴を聞かされている。だが古松軒が漁師から聞き出したところによると、舟一隻で八〇両から一〇〇両とっていたのが、三、四〇両に減ったというのだ。舟一隻に三人乗るとして、三、四〇両をわずか七、八〇日間に稼ぐというのは、日本の海浜では絶えてないことだ、文句をいう筋合いではあるまいと古松軒は思った。(50)松前江差地方の鰊の不漁はこのあとも続き、文化文政年間（一八〇四〜三〇年）になってようやく回復した。だが不漁といわれる期間中も、西蝦夷地への出漁が年々増加して総漁獲量に変りはなく、価格騰貴のために収入はかえって増加したといわれている。

武家・町人が漁民にいれまじり、鰊をとって一年の暮しをたてる。この情景ほど松前という藩の異相さを示すものがあろうか。松前藩は無用の他国者が藩地へはいりこむことを厳しく制限する一方、現地の実情が幕府や他藩に伝わることを嫌った。古松軒は住民にその地のことを尋ねた際、彼らが口留めされているのを察知した。これは巡見使に対してどの藩もとった対応である。しかし松前藩の場合、幕藩体制における自藩の仕組みの異相さを自覚するゆえに、実情を守秘したい思いはとくに強かったのではなかろうか。

このことに関しては、正徳二（一七一二）年エトロフ島に漂着し、アイヌに送られてアッケシ

(46)同右一五八、一六〇頁
(47)平秩四二八頁
(48)古川一三六頁
(49)平秩四二八頁
(50)古川一三八頁

に帰還した大隅国船の乗組員の口上書(51)がおもしろい事実を伝えている。島に着いて上陸し、小屋をのぞいたところ、中にいたアイヌにいきなり刀を首に当てられた。殺されるかと思ったら、すぐに鞘に収める。何か祈禱のようなことらしい。船に帰って数日すると、百数十人のアイヌがやって来て、やがて一人は割木で頭など打たれて血を流し、ほかの者もなぐられるものだから櫓にのがれたところ、やがて立ち去った。これは高倉新一郎もいうように(52)、メッカ打と称する悪神祓いだが、船員たちにはそんなことはわからない。衣類などの積荷を相手のいうなりに渡さなかったから痛めつけられたのだと思った。

やがて上陸させられたが、長右衛門という男が行方知れずになった。さんざん探したが見つからず自殺した様子もない。残りの一四人は下帯まで全部衣類を剝ぎとられてしまった。積み荷を山分けし、船を破壊する。食物も最初のうちはくれたが、そのうち何もくれなくなったので、家にはいりこんで「乞食」しなければならなくなった。喰わせてくれる家もあれば、そうでない家もあった。

さておもしろいのは、松前に着いて事情聴取されたときの松前藩役人の態度である。書きつけにして出せというので、打擲されたこと、衣類を剝ぎとられたこと、食物を与えられなかったこと、長右衛門行方不明のことを仮名交りで書き出したところ、高橋浅右衛門というその役人機嫌が悪い。「エトロフは放れ島でこちらの仕置きも行きとどかぬが、まさかそんなことはあるまい」という。様子を見取って楫取りの三五郎が、おっしゃる通りで、島ではいろいろ介抱してくれましたし、船の積荷は離船のとき投げ棄てたのですし、長右衛門は病死したのだろうと申し上げると、「そうであろう、そうであろう」と高橋の機嫌は直った。むろん、彼はエトロフアイヌの行状が松前藩の責任として咎められることをおそれて、調書の変更を求めたのだ。しかし、高橋の言辞に、「うちの息子がまさかそんなことをするはずはない」といった口調の感じられるのが、この話のおもしろいところではなかろうか。

（51）『エトロフ島漂流記』（『日本庶民生活史料集成』第四巻所収）
（52）高倉『アイヌ研究』三三二、三三頁

第五章　アイヌの天地

アイヌ民族は白人種だという説が、日本でもヨーロッパでも唱えられたことがある。ことがあるどころか、戦後の一時期まで学界でも有力な学説だった。今日ではそういった主張はさすがに影を潜めたが、それでも日本人とは人種が違うという認識があとを絶たない。

人種というのはかなり曖昧で危険な概念で、うっかり用いると人種差別主義者の汚名を蒙りかねないご時世だけれど、人類だって生物なのだから、生物を亜種によって分類するように、人類をコーカソイド、モンゴロイド、ニグロイド、オーストラロイドの四亜種に分類するのは自然人類学の基本的な常識である。その分類によると、アイヌはまぎれもないモンゴロイド、今日の学界でより有力になりつつある呼称に従えばアジア人種に属する。いまからほぼ三千年以前の日本列島には、北は北海道から南は沖縄にいたるまで、縄文文化の担い手である縄文人が住んでいた。自然人類学者埴原和郎の説くところでは、彼らは多毛で、凹凸に富んだ顔つきの古モンゴロイドであった(1)。

古モンゴロイドというのは寒冷地適応を受けなかったモンゴロイドの古代型のことだ。最後の氷河期であるウルム氷期は二万年前が最盛期で、一万年前まで激烈な寒期が持続した。北方に居住するモンゴロイドはこの間に、寒冷に適応するため短足胴長の体型に進化し、顔が扁平になり、眼裂が細く一重瞼に変り、体毛も薄くなった。体毛が薄くなるというのは逆ではないかと思えるが、体毛が濃いくらいでは保温効果はないし、鬚は凍りついて凍傷の原因となる。このように変化した北方モンゴロイドを新モンゴロイドという。モンゴル人はその一典型である。

この新モンゴロイドが弥生時代から古墳時代にかけて、おそらく朝鮮半島を経由して北九州に上陸、東進して近畿地方に定着し、大和朝廷を開いたのだろうと埴原はいう。今日の形質分析によっても、近畿地方の人びとは朝鮮人に非常に近く、あきらかに北方人種の特徴を示す。大和は国のまほろばというけれど、近畿人は現代日本人においても形質上特殊な地位を占めるというのだ。新モンゴロイドである弥生人は縄文人と混血し、短足胴長、平らな顔面、細い一重瞼の眼、薄い体毛、張り出した頬骨などの新モンゴロイド的形質は次第に北へ南へと拡がってゆく。そして、多毛で凹凸に富んだ顔つきの古モンゴロイド的形質は北海道と南島に生き残ることになる。アイヌと琉球人はともに縄文人のレリック（生き残り）なのである。アイヌと日本人はすなわちもとをただせばおなじ縄文人であり、弥生時代から古墳時代にかけて流入した新モンゴロイドの影響を受けたか否かによって、身体的形質の差異が生れたのだった。以上の埴原和郎の所説は緻

（1）以下埴原と梅原の所説は梅原猛・埴原和郎『アイヌは原日本人か』（小学館ライブラリー・一九九三年）による。

密な科学的裏づけの上に立つもので、大筋において承認するしかあるまい。

自然人類学の知見はアイヌも日本人ももとは縄文人として同一のルーツをもつという事実を示すにすぎないが、一歩進めてアイヌと日本人は神観念を初めとする精神文化を共有するのではないか、いい換えればアイヌ文化には、日本の精神文化の原型がとどめられているのではないかという問題を提起したのは梅原猛である。梅原によれば、アイヌ語で霊を表す六つの単語はすべて古代日本語に存在する。従来は日本語からの借用と片づけられてきたが、アイヌが日本人と異なる民族として自己形成をとげたのちに、精神文化の根幹をなす言葉を日本語から借用せねばならぬ必然性がどこにあるのか。カムイというアイヌ語は日本語のカミが借用の過程で音韻変化したと考えるよりも、縄文期にカムイであったものがその後日本語ではカミに変化し、アイヌ語ではそのまま保存されたと考える方が音韻上自然である。しかも、アイヌはおそろしいもの、自分に危害を加える可能性のあるものを神霊として祀るのだが、古代日本でも神霊は害をなすおそろしい存在と考えられていた。つまり神霊の性格が一致しているのだ。

霊にまつわる言葉だけではない。アイヌ語には日本語に類似する語彙が多数あり、いずれも借用とされてきたが、借用が生ずるのはたいてい名詞の場合なのに、アイヌ語には動詞や感嘆詞に日本語と共通のものが多く、これらをすべて借用とするのは言語学の常識に反する。すなわち梅原の考えでは、日本語もアイヌ語も縄文語という共通のルーツから進化したからこそこのような語彙の一致がみられるのだ。

しかしこの点で問題となるのは、言語学上日本語とアイヌ語はまったく性格の異なる言語とされていることだ。つまり日本語はウラルアルタイ語系の膠着語とされるのに、アイヌ語はアメリカン・ネイティヴズやイヌイト（エスキモー）などの用いる抱合語に属する。だが梅原は、現行の言語分類のうち確かな根拠をもつのはインド・ヨーロピアン語系の屈折語だけで、あとの孤立語（中国語）・膠着語・抱合語の三つは確かな根拠のない便宜的な分類にすぎず、日本語には抱合語的特徴が多分に見出されると主張する。梅原の考えでは、縄文時代に話されていた言語が、新モンゴロイドが携えてきた言語の混入によって、列島中央部では記紀・万葉の古代日本語に変化したのに対して、北方縄文人はその影響を受けずに縄文語を用い続け、それがやがてアイヌ語に進化したということになる。

しかし、日本語とアイヌ語を同一起源とし、アイヌ文化のうちに日本古層文化の面影を探ろうとする梅原説は、まだ一般に受けいれられるには遠い現状にある。それは常の学者なら二の足を踏むあまりにも大胆な推論のせいばかりではなく、「アイヌは原日本人である」とか、「アイヌ文化は日本文化の基層だ」といった梅原の不用意な発言が、今日の民族に関する知見からしていかがわしいものに聞こえてしまうからだろう。日本人というのは民族概念であって、日本人という人種は存在しない。身体的形質からすれば、日本人・中国人・朝鮮人がまったく区別できないことは梅原との対談で埴原も明言している。民族《エトノス》とは言語を中核とする文化の共有によって成り立つ歴史的概念で、日本人という民族が成立するのは七、八世紀である。アイヌもあまり遅れずに、日本人から異族とみなされる一民族として自己を形成したのだろう。縄文時代には日本人もアイヌも存在しない。その前身としての縄文人の存在が認められるだけである。だからアイヌが原日本人だというのは、ナンセンスでなければデマゴギーなのだ。今日に通じるような日本文化が形成されたのは室町後期である。同じ意味でのアイヌ文化の成立もほぼ同時代と認められる。だから、アイヌ文化が日本文化の基層をなすこともありえない。アイヌを原日本人とし、アイヌ文化を日本文化の基層とするのは、アイヌとその文化を日本の領域にとりこんでしまうことを意味する。それはけっして日本人や日本文化の領域に、原型あるいは基層としてとりこまれるべき存在ではない。

しかし梅原説は、このような不用意な言辞にこだわらなければ、示唆と妥当性に富む有益な仮説でありうる。梅原説の大筋は縄文人を日本人とアイヌの共通ルーツとし、アイヌ文化が縄文文化の骨格を保ちつつ進化したのに対して、日本文化が大陸の影響によって縄文的性格をかなり失ったとする点にある。だとすると、アイヌの宗教的儀礼や習俗に、日本文化の最古層を読解する鍵を求めようとするのは正当な試みであって、梅原の真意は、日本では衰弱して基底に隠れてしまった縄文的伝統が、アイヌにあってはかなりよく保存されているのを強調することにあったのでなかろうか。梅原の仮説はアイヌを日本にとりこもうとするものではなく、むしろ既成の「日本」像を解体して新しい可能性を望見するものといってよかろう。日本語とアイヌ語の関係についても、彼の指摘の当否は真剣な検討に値する。かの最上徳内も「すべてえぞの風俗、境界および言語にいたるまで、わが神代の有様をそのままに伝へたらむとおもはるる事のみにして、見るもの聞くことにつけ思古の情を動かすこといはんかぎりなし（2）」と言っているのだ。

アイヌはわが国の弥生時代から古墳時代まで縄文文化を維持するので、アイヌ考古学ではこの時期を続縄文期と呼ぶ。アイヌが日本民族と異なる独自の民族として形成されるのは、七、八世紀に始まる擦文《さつもん》文化の時期である。擦文の名称は土器に縄文ではなく、幾何学的な擦痕がついていることに由来する。擦文文化は縄文以来の狩猟（漁撈）採集を生業の基本とするものの、それに畑作が伴っているのが注目される。農具あるいは武器として鉄器がさかんに使用されたが、それは日本から輸入されたものであった。東北地方で生産された須恵器の流入など、擦文文化は日本への強い依存が認められるという。研究者によっては東北地方の住民が北海道へ移住し、それが擦文文化成立のきっかけとなったという説を唱える人すらいる。擦文文化の範囲は北海道から東北地方北部にまたがっている。だとすると、その担い手は大和朝廷から蝦夷《えみし》と呼ばれた人びととどういう関係にあるのだろうか。

七世紀から九世紀にかけて今の東北地方に住み、大和朝廷からしばしば討伐された蝦夷の正体は、実のところいくら研究書を読んでもよくわからない。研究者によって見解が異なるだけでなく、それがアイヌなのか日本人なのかという議論が避けられる傾向があるからだ。研究者によっ

（2）最上徳内『渡島筆記』（日本庶民生活史料集成』第四巻）五二五頁

ては日本人・アイヌという後世の区分を過去にもちこむ議論は非歴史的だなどとおっしゃる。そして両属的とか境界的とか、今はやりの用語がもち出されて、結局何が何だかわからなくなってしまう。七世紀から九世紀にかけては、日本人もアイヌもそれぞれ言語を異にする民族として形成をとげているのだから、大和朝廷と戦った蝦夷が辺境の日本人なのか、それともアイヌなのかというのは揺るがせにはできない問題であるはずだ。もちろんそれは、この当時の民族《エトノス》のありかたが、近代国家成立を前提とする民族《ネイション》のそれとは異なることを踏まえた上での話である。

戦前は金田一京助に代表されるように、蝦夷をアイヌとするのが主流だった。戦後は一転して、大和朝廷に従わぬ辺境の日本人ということになった。いわゆる「辺民」説である。今はまたアイヌ説が復活して大勢を占めつつあるが、日本人ともアイヌともいいがたい両属的な集団とか、アイヌと日本人の混淆とか、複雑な議論も絶えない。要するに確かなことはわからないのである。考古学では秋田・盛岡・宮古を結ぶ線以北が擦文文化の範囲とされ、このライン以北にはアイヌ語地名が頻繁に見出される。しかも九世紀の初めに征夷軍が築いた城柵もまたこのライン上にある。征夷軍は蝦夷と交渉するのに通訳を伴っていた。こういった点を勘案すれば、このライン以北を当時のアイヌの天地と認めてよさそうなものだが、専門家たちはそう簡単に割りきってはくれぬのが現状である。

北海道は当時すべてがアイヌの天地というわけではなかった。サハリン（樺太）から南下したオホーツク文化が七、八世紀には北海道のオホーツク海沿岸部にひろまり、南千島にまで及んだのである。その担い手はギリヤーク（ニヴフ）と考えられている。当然擦文文化人との間に接触が行われ、混合的な文化が成立する一面、両者間には戦闘も含む対立が生じた。アイヌの英雄叙事詩ユーカラにうたわれるヤウンクル（内陸の人）とレプウンクル（沖の人）の戦いがそれで、前者はアイヌ、後者はギリヤークを指すというのが榎森進の説である。[3] いったん南千島まで達したオホーツク文化は、やがて進出の線に添って後退し、一二世紀ごろはサハリンへ追い返されてしまう。擦文文化人、いやもうこの時期はそう呼んでよいはずだが、アイヌは北海道全体へひろがる。蝦夷島はアイヌモシリ、すなわちアイヌの天地となったのである。アイヌの足どりはそこでとどまりはしなかった。一三世紀には、なんとサハリンへ渡って元軍と戦う。

アイヌはすでに一一世紀ごろからサハリンへ進出し始めていたらしい。元がサハリンに兵を送ってアイヌと戦ったのは、元に服属していたギリヤークをアイヌが圧迫したからである。戦いは断続的に四〇年ほど続き、元は手を焼いた。アイヌは間宮海峡を渡り、アムール河口でも元兵と戦っている。アイヌが元と和議を結び朝貢を約したのは一三〇八年のことだ。アイヌがサハリンでギリヤークと争いを起こしたのは鷹や鷲の捕獲をめぐってであったらしい。鷲羽はアイヌの重要な対日貿易品である。考古学上、擦文文化は一三世紀前半に姿を消し、一三世紀後半にはアイヌ文化期にはいる。アイヌ文化期は土器生産の消滅と、日本からの大量の鉄鍋・漆塗椀の輸入を

（3）榎森二二六頁

特徴とする。鷲羽はそのような輸入を可能にする対日輸出品のひとつだった。

アイヌは海を越えてサハリン、山丹《さんたん》地方、千島、日本本州へ赴く交易の民だった。彼らが狩猟採集に特化したのは、農業を知らなかったからでも、環境が農業を許さなかったからでもない。擦文文化人は農業をさかんに行っていた。瀬川拓郎によると、アイヌは狩猟採集の段階に停滞したのではなく、自ら狩猟採集に特化することを選んだのだという。それは主として日本から輸入する鉄器・漆器・米・麹の対価として、鮭、毛皮、鷲羽、昆布などの生産に特化してゆく方が有利だったからである。(4)

富良野《ふらの》盆地は縄文・続縄文時代の遺跡は発見されるが、その後無人の地となった。ここを流れる空知《そらち》川には鮭は遡上しない。つまり縄文人の生活には鮭はあってもなくてもよかったのに、アイヌにとって鮭の遡上は必須の生活条件と化したわけだ。瀬川拓郎はこの変化を、自然利用の多様性・分散性を特徴とする「縄文エコシステム」から、鮭漁に偏向し、流通手段としての丸木船の運航に規定される「アイヌ・エコシステム」への転換と呼んでいる。起こった時期は一〇世紀ごろという。この変化によって居住地も川筋に集まった。瀬川はアイヌを「川の民」と呼んでよいという。(5)彼らは河口には住まない。河口でとれる鮭は脂がのりすぎて保存が利かぬからである。遡上して十分に脂の抜けた鮭を捕獲して干鮭《からざけ》にするのだから、住むのは中・上流ということになる。干鮭は交易に当てられる。だから輸送するために、丸木船を運航できるところに集落を作らねばならない。特定の河川の漁業権はそれぞれの部族に属する。シャクシャインとオニビシの抗争もひとつは漁業権の争いが原因となっている。

アイヌ社会の階層分化がいつごろどんな形で始まったか定説はない。しかし、知里幸恵《ちりゆきえ》の『アイヌ神謡集』(6)に収録された「神のユーカラ」のひとつにも、金持ちと貧乏人の存在が明示されているのだから、階層分化はかなり早くから始まっていたとみてよい。日本の文献にオッテナと呼ばれる有力者の存在が記録されるのは正徳年間、つまり一八世紀の初めであるが、もちろんその存在ははるか以前に遡るにちがいない。アイヌ社会の有力者を便宜上地域の「首長」と呼ぶことがあるが、アイヌ社会には幕末にいたるまで、地域を支配する政治権力としての首長は存在しなかった。日本側の文献でどこそこの「大将」などと呼ばれているのは集落の第一人者というべき有力者で、それなりの威望と指導力を備えてはいても、他の有力者も含めて集落の成員に支配を及ぼすことはない。集落の重要問題は合議できめられ、有力者も一発言者にとどまる。

有力者たるゆえんは多くの宝、多数の妻妾とウタレ(従者)を所有することにあった。宝とは実体は日本産の刀剣や漆器、山丹人との交易でもたらされる蝦夷錦や青玉などであるが、最高位にあるのは鍬形《くわがた》と称する金属板である。瀬川は実体的価値の乏しい鍬形が最高の宝とされるので

(4) 瀬川九一、二頁
(5) 同前二四七頁
(6) 知里幸恵『アイヌ神謡集』(岩波文庫・一九七八年)

ウカルの図（村上島之允『蝦夷生計図説』より）

明らかなように、アイヌにとっての宝は霊力・呪力の表象だったという(7)。宝は所有者がためこんでほくそ笑むだけのものではなかった。岩崎奈緒子の整理するところでは、宝には契約と贖罪というふたつの社会的機能があった(8)。何か約束事を交わすとき、その「手印《てじるし》」として宝を相手に渡す。相手が受けとれば約束が成り立つし、受けとらねば約束を拒むことになる。約束は双方の協力関係を内容とすることが多い。川筋の漁業権が宝によって売買されることもあった。また妻をめとる代償として宝を与える場合もあった。

　宝は紛争の解決手段として用いられることが多かった。紛争が生じると双方がまず弁論で渡りあうが、これをチャランケという。チャランケは数日間にわたることもあり、長時間の弁論を闘い抜く雄弁家はヒーロー視された。敗けと認められた方はツグナイと称して宝を相手に差出す。殺人のような場合ですら、ツグナイとして宝を差出すことで和解が成立する。ツグナイという日本語がこの重要な社会的慣行に借用されているのは注目すべきところだ。チャランケの結果がウカルになることもあった。ウカルというのはシュトという棒で打ち合い、互いに鬱を散ずるのだという。ウカルにはまた悪魔払いの意味もあったらしい。

ツグナイはまた慣習違反、マナー違反の際にも要求された。死者に言及してツグナイをとられる日本人は多かった。アイヌは身内から死者を出すと、互いに傷つけあい流血して悲しむ。これは不吉を払う意味もあったのだろうが、とにかくそのようにして忘れた悲しみを思い出させたというのでツグナイをとる。また神を祀る側の窓を覗いたといってツグナイをとられた日本人の例も多い。

宝はこのように契約を交わしたり、紛争を解決するのになくてはならぬものだった。だから、それを多く所有する方が社会生活のあらゆる面で当然強者として優位に立つことになる。その強者は弱者に対し往々にして因縁を吹っかけてツグナイをとる。このようにして、宝の集積者である有力者はさらに多くの宝を集積することになる。宝を媒介とするツグナイという慣習は社会内の衝突を緩和する働きをもった反面、貧富の差を生むひとつの原因でもあった。

ツグナイとして差し出すべき宝をもたぬ者はわが身を提供してウタレとなるほかはない。ウタ

(7) 瀬川六五頁
(8) 岩崎奈緒子『日本近世のアイヌ社会』(校倉書房・一九九八年)一四六〜一五五頁

レは従者・下人《げにん》・家来などと訳されるが、要するに集落の長たる有力者に隷属する不自由民である。集落のうちに貧窮して自活できない者がいれば、長たる者はその面倒を見てやらねばならない。こうしてウタレになるものもいる。だから、ウタレは奴隷というよりも、家父長制的な共同体における下級メンバー、日本中世の所従《しょじゅう》・下人に近い存在と考えてよい。金田一京助によれば、ウタレは同族・同村の人を意味するウタルの語尾変化（被所有形）なのである。(9)有力者が多数の妻妾を抱えたのも、やはり集落の長として寡婦の面倒をみなければならぬことと関連がある。だから日本人が妻妾と解したとしても、それはいわゆる富人・権力者の蓄妾とは異なる現象であった。彼女らは男から囲われたのではなく、自立した働き手だった。アイヌは狩猟採集という生業の関係から移動して生活することが多いが、有力者は各所に女を配して活動の拠点とした。

　アイヌの社会はこのようにあきらかな格差の存在する階層社会であり、多数のウタレや妻妾を擁する首長と、ふつうの集落民との関係は平等ではなかった。しかし、集落を超えて広い地域を支配する上位の首長は出現しなかったし、集落の長たるオッテナも集落の集会では、有力者の一人としての発言権しかもたなかった。つまりアイヌの社会では、全体の王はもちろん、地域の支配権力も出現しなかったのである。財宝・ウタレ・妻妾の所有者は集落、あるいはそれを超えた一定地域での有力者ではあっても、けっしてその政治的支配者ではなかった。統治も行政も、ましてや国家もアイヌモシリには存在しなかった。(10)

　アイヌの社会には内在しない統治・行政・国家という枠組を外からかぶせようとしたのは松前

藩であり、さらにその背後にある幕府権力であった。しかし一八世紀中葉までは、幕府はアイヌモシリを実質的には統治の枠外にあるものとみなし、一方統制を委任された松前藩はアイヌ社会の内部にほとんど干渉しようとはしなかった。シャクシャインの反乱をつぶした松前藩が、藩地(和人地)をいささかたりとも拡大しなかったのは、植民史の常識からすればおどろきである。こういう場合、植民者は現住民の土地を接収するのがふつうなのではあるまいか。しかし、松前藩にとってアイヌの土地を奪っても何の得にもならない。藩地をアイヌモシリへ拡大すれば、統治の費用はたえがたいものになろう。それよりもアイヌモシリはアイヌに任せて、交易の形をとった収奪を続けた方がずっと得策なのだ。

このようにして、アイヌモシリは政治権力の統制が存在しない自由の天地として存続することになった。むろん、それは平和な理想郷だったのではない。アイヌがサハリンまで北上して元軍と戦ったのは先述した通りだが、アイヌ社会内部でもシャクシャインとオニビシの抗争に見られるように、武力紛争は珍しくはなかった。一六世紀から一八世紀にかけて、チャシと呼ばれる山塞がしきりに構築されたのも、アイヌ社会で武闘が日常化していたことの証拠といってよい。チャシは北海道全体で五〇〇以上の遺跡が確認されている。チャシは祭祀の場であったり財宝の倉

(9) 高倉新一郎『アイヌ政策史』(日本評論社・一九四二年)三三、四頁
(10) 岩崎九一頁以下

庫であったりする面もあったが、構造から見て軍事的な砦だったことに間違いはない。また伝承によると、財宝をねらって夜間に他の集落を襲撃する慣習があった。つまりアイヌの社会は財宝をめぐって強い欲望とねたみの渦まく社会でもあったのである。

登別のアイヌ長老の娘である知里幸恵が一九二二（大正一一）年、自ら訳した『アイヌ神謡集』の序文を次のように書き起した。「その昔この広い北海道は、私たちの先祖の自由の天地でありました。天真爛漫な稚児の様に、美しい大自然に抱擁されてのんびりと楽しく生活していた彼等は、真に自然の寵児、なんという幸福な人たちであったでしょう」。この序文は、今日では過去のロマンティックな美化として研究者たちの批判の的となっている。『アイヌ神謡集』の冒頭を飾る『銀の滴降る降るまわりに』自体が、貧乏人に落ちぶれたかつての富める者の復讐譚だと抜かりなく指摘される。アイヌ社会の階層性と財宝をめぐる争闘が明らかにされた今日、そのような批判が提起されるのは当然ではあるが、かといってこういうアイヌ社会の一面を不当に強調して、知里幸恵のいう大自然に抱擁されたのびやかな幸福をまったくの幻想であるかにおとしめては、アイヌ社会の重要な一面を見落とすことになるだろう。

松浦武四郎が安政年間、石狩川の上流で見た光景も知里幸恵の牧歌を裏切らぬものだった。松好貞夫は武四郎の記述に文飾を加えて次のようにまとめている。「この川を上って行くと、巣立ちしたばかりの黄脚の鴨が、やたらに川幅をふさいでおり、両岸には身のたけ一尺ばかりの子鹿が、それこそ蜘蛛の子を散らすがごとく、縦横に跳ねまわっていた。やがて、ひろびろとした高原には、数羽の丹頂鶴が人怖《お》じもせず、悠然と羽を伸ばして桃源の夢をいざなう。アイヌたちは、ちっとも手出しをしなかった(12)」。

いかに財宝の所有にもとづいた格差を内包していようとも、アイヌ社会は政治権力の統制を必要としない共同体社会だった。富める有力者は集落共同体の長老として成員すべての生活を成り立たしめる義務があった。ウタレといえども、家父長制大家族の一員としてその生存は保護されていた。生涯九度《くたび》も蝦夷地へ渡った最上徳内はいう。「昔よりえぞ飢をもて死したるものなしといえども、もしこれあらば蓄なき者には有もの分ちあたえ、尽る日に及びて富者貧者同じく斃るべし。平生にありて一杯酒といえども独りのむことなし。かならず友を引来りて分ち飲む(13)」。

しかもその生活形態は、日本との交易によって強く規制されていたとはいえ、自然環境との関係は調和的かつ共生的だった。というのはアイヌの世界観において、山川草木はもちろん、彼らの生活がよって立つ一切の生きものが神霊の現れだったからだ。彼らの狩猟の対象となるけものは、実は霊がけものの仮面を着けて人の世を訪れているのだった。だから、彼らを射とめて殺すのは、霊から仮面を剝いで霊の国へ送り帰すことなのだ。このようなアイヌの霊観念が儀式化さ

(11)『松浦武四郎紀行集』下『石狩日誌』(冨山房・一九七七年)二八一、二八三頁
(12)松好貞夫『北涯の悲劇』(雄山閣・一九六〇年)七一頁
(13)最上徳内『渡島筆記』(『日本庶民生活史料集成』第四巻)五二八頁

れたのが、幼い熊を捕獲し飼育したのちに、殺して霊の国へ送り帰す熊送り儀礼である。

藤村久和の説明(14)を借りて、この間の機微をもう少し詳しく述べてみよう。霊Aと霊Bがあって、熊の形をとってこの世に現れるとする。霊Aは人間に殺されることもなく自然死をとげてあの世へ帰る。一方霊Bは人間に出会い、とらえられて殺される。肉は食われ皮は剝がれてしまうが、それはこの世での仮装で霊自体が傷つくことはない。どうなるか見ていると、人間どもは自分が宿る頭骨を上座に飾り、その前で感謝の言葉を述べ、唄や踊りまで披露し、沢山の供物をあの世への土産として捧げ、また来て下さいと願っている。霊Bは土産をもってあの世へ帰る。供物はあの世に行けばもとの六倍になるという。この話はあの世で評判になる。この世から手ぶらで帰ってきた霊Aはいかにもくやしい。もう一度熊の姿でこの世を訪れて、ぜひ人間につかまりたいものだ。霊Bはもちろんのこと、またこの世を訪れ、人間につかまって供物をせしめるつもりでいる。

熊のようなけものだけではない。アイヌは生活に役立つすべてのものを霊の訪れと理解し、使えなくなるとその霊を送る。舟とかお椀でも送る。藤村によれば、この送るという行為は「もう一度その霊がこの世へ戻ってきて自分たちの周りに現れ、役立つものとして再生してほしいという願い(15)」の表れなのだ。アイヌの自然への態度は、このような霊界と現世との相互浸透ないし循環への強い信念によって支えられている。万象を霊の恵みと感じているから、鮭なら鮭にしても必要以上のものをとらない。川を汚すのを嫌うのもおなじ心性の表れである。汚れたものを川で洗うことをしないし、川へ放尿するのは論外である。酒を飲む際にも、アイヌは必ず最初の一滴を天地の神に振り注いだ。

藤村久和によると、宇宙のすべての現象で人間の力が及ばぬものはひとつもないというのがアイヌの考えかただという。自然災害、流行病、飢饉といった一見人力を超えた事態に直面しても、人間は祖先に祈り神と語ることで主体的な姿勢を保つことができる。これは実に肯定的な世界観ではなかろうか。アイヌにとってこの世はよいもの楽しいものなのだ。しかし、それはすべてこの世があの世によって支えられていてこその話だった。アイヌはふりかかる苦難を自分への試練ととらえていると藤村はいう。「だから、ひとことで言うと、アイヌの人たちは聖人というものを一生涯の大目標に置いているのである」[16]。アイヌモシリを一八世紀の末葉から訪れ始めた本土の日本人、一九世紀末葉から訪れ始めた西洋人は一様に、アイヌの落ち着いた威厳ある風格に深い印象を受けた。その根拠はいまや明らかだろう。国家権力に従属しない自立的な生のありかた、あの世とこの世の循環のなかに正しく位置づけられた心の落ち着き、自然の恵みを感謝するにとどまらず、災害すら自然の悪意ではなくて、自分を徳ある人として完成せしめる善意とみなす世

(14) 藤村久和『アイヌ、神々と生きる人々』(小学館ライブラリー・一九九五年)二一〇〜二一一頁
(15) 同右二一三頁
(16) 同右五七頁

界観——このゆたかな精神文化こそアイヌ社会の重要な一面だったのである。

天明五（一七八五）年から翌年にかけて、幕府は蝦夷地に調査隊を派遣した。いわゆる蝦夷地見分《けんぶん》で、開府以来初めての壮挙である。事の起りは例の『赤蝦夷風説考』が老中田沼意次の目に触れたことにあった。田沼の側用人が著者の工藤平助と懇意で、その線から意次に奉呈されたのである。意次は一読して意が動いたとみえて、腹心の勘定奉行松本秀持に調査を命じ、天明四年一〇月にいたって調査隊の派遣が幕議決定をみた。平助は先述した通り、ロシア南進の脅威を警告し、蝦夷島の金鉱の開発を主張したのであるが、さらにもうひとつ重大な問題として抜け荷が広く行われていることを指摘していた。抜け荷とはロシアとの密貿易のことだ。平助はこのことを松前藩の前勘定奉行湊源左衛門から吹きこまれたのである。この男は不正を働いたため天明元年に幕府から重追放、松前藩からは知行没収の処分を受けていた。藩にひと泡吹かせてやろうとの魂胆があったのはいうまでもない。

田沼としては、ロシア南進の実情についてもむろん関心があったことだろう。ただこの点に関して、平助はロシアの意図は貿易にあるのだから、それに応ずればよろしいとの意見で、この交易の可否が田沼の関心のひとつだったにちがいない。交易が成立すれば抜け荷の問題は解消する。しかし、何よりもまず調査することだ。松前藩は本当に商人どもがロシア人と交易するのを見逃しているのだろうか。だとすれば事は国是にかかわる。だが、田沼の本当の関心は金鉱も含めて、蝦夷地の開発の可能性にあったというのが通説である。印旛沼《いんばぬま》の干拓への執心からしても、これ

晩年の最上徳内

は妥当な見かただろう。田沼というのは田中角栄みたいな人物で、開発によってどんどん景気をよくすることが肝心で、賄賂横行など気にすることはないという方針だったようである。

調査は勘定奉行所所属の普請役たちによって行われた。普請役とは通常は幕府の河川を監督し、土木工事を司り、時として密命を帯びて各地の事情を探知・報告する役職である。彼らは使命感に満ち、困難にたえて実に立派な仕事をした。天明五年の調査は西蝦夷地は宗谷から樺太に至り、東蝦夷地はクナシリに及んだ。庵《い》原《はら》弥六は宗谷で越冬中、病を得て死んだ。翌天明六年は千島と樺太に重点を置いた調査が行われた。この調査隊について特筆すべきなのは、普請役青島俊蔵の従者として最上徳内が加わっていたことである。徳内は出羽国の百姓の子で、奉公に出て煙草切りをしていた。江戸へ出て来たのは天明元年で、医術や算術を学ぶうちに、民間の識者として知られる本多利明の門人となった。利明は蝦夷地開発論の急先鋒であったから、天明五年の見分隊出発に当って、友人の青島のもとに徳内をもぐりこませた[17]。彼は竿取りという低い地位にあったが、調査

(17) 島谷良吉『最上徳内』(吉川弘文館・一九七七年)による。

に従ううちに実力を認められた。当時、松前藩の手はクナシリまでしか延びていなかった。その先のエトロフへ初めて渡った日本人は徳内だったのである。彼はさらにウルップへ渡ってロシア人の足跡を確かめている。

松前藩の役人は調査隊に対して、実情を隠蔽しようとしてできるかぎりのことをした。アイヌは「人外」の者で強欲であり、どんな無礼を働くかもしれぬから近づけないようにと警告してみたり、(18)千島アイヌがもたらしたロシアの物品を隠匿したり焼き捨てたりした。(19)だが、実情は露《あら》われずにはおかなかったし、調査隊は松前役人の同伴を断って独自の探検を行った。アイヌも松前役人の目をかすめ、調査隊員の宿舎をひそかに訪れて実情を訴えた。

その結果明らかになったのは、松前藩が蝦夷地の経営をまったく場所請負商人に任せっ放しにしていることだった。商人たちは日本本土から松前へ寄ることもなく交易場所へ直行している。これは松前殿に断らずに勝手にアイヌと交易してはならぬという、家康の黒印状違反ではないのか。松前藩は保護すべき責任のあるアイヌを商人の非道な収奪にゆだねていると調査隊員たちは思った。

また、ロシア人の進出に対しても松前藩はしかるべき注意を払っていない。安永年間（一七七二～八一年）にシャバリン一行が来島して交易を求めた事実も彼らはこのたび初めて知った。だが彼らはまた、ロシアの進出がいまのところそれほど切迫していないこともつかんだ。エトロフのアイヌのいうところでは、天明四年に五、六〇人のロシア人がウルップへ来たが、翌年、アイヌや日本人が大勢押し寄せるという噂におどろいて帰国したという。事実、天明六年に徳内がウルップを一巡したとき、島内にロシア人の影はなかった。

ただし徳内は、エトロフで三人のロシア人と出会った。[20] これは天明五年に帰国したロシア人一行のうち、仲間割れでエトロフにやって来たもので、徳内はこの三人を保護し、いろいろと事情を聞いた。しかしアイヌ語による会話なので意を尽くせぬことが多い。日本中を旅行して、長崎から船に乗って帰国したいなどというが、実は日本探索の命を受けているのではないかと徳内は疑った。三人はこのあと一七九一年までには帰国してしまう。徳内の疑いはうがちすぎで、彼らは他意なく日本を見物したかったのだろう。もし幕府に雅量があって彼らを長崎まで道中させていたら、どんなに面白い見聞記が残されたことか。彼らのうち徳内がイジュヨと呼ぶ男はかなり教養のある人物だったようだ。なお、一七七五年、レーベジェフの派遣したニコライ号でウルップに到着した九五人の植民団は一七八二年に全員が退去した。そのあと一七八四年にやって来たのがイジュヨたち五〇人余りだったのである。これも逃げ帰ったのだから、ロシアのウルップ経

(18)『蝦夷地一件』(佐藤玄六郎報告書)三三四頁
(19)同右三四一頁
(20)最上徳内『蝦夷国風俗人情之沙汰』(『日本庶民生活史料集成』第四巻)四六九~四七〇頁、『蝦夷地一件』四〇五頁

営は挫折の連続だったわけだ。

さて工藤平助が警告した抜け荷の一件はどうなったか。ラッコ猟のためにウルップへ出かけたアイヌが、当地のロシア人に米や煙草を与え、替りにロシアの物品を受けとるという事実はあるけれども、量も少なく交易というほどのことはない。請負商人がロシア人と直接取引きをしている様子も認められない。抜け荷の横行など幻影にすぎなかった[21]。ロシア人がもたらす物品は羅紗や砂糖の類で、長崎でオランダ人がもたらすものと同様であるから、当地で交易を開いても得るところはなく、かえって長崎交易の妨げとなるだろう。

田沼の期待する開発はどうか。金銀の産出がないのはこの世紀の前半にすでに確認されていたことだ。その替りに、調査隊は新田開発の可能性に注目した。蝦夷島で米作は可能で、全島では一一六万六千四百町歩の新田開発が見こまれる。産高は五八三万二千石にのぼるだろう。勘定奉行松本秀持はこの数字に興奮した。彼は労働力として被差別民を送りこむことを思いつき、非人頭弾左衛門に相談したところ三万人の移住が可能だという話だった[22]。まさに壮大な計画が浮かびあがったのである。もちろん、この計画がすんなりと実現できるわけがなかったのは、明治になってからの北海道開発の困難と紆余曲折ぶりを見てもわかる。だが、北海道の農業開発が一八世紀末葉に幕府官僚によって立案されていたことは注目に値する。開発に被差別民を用いるというのも、後日の囚人労働の先駆をなす発想である。弾左衛門は移住を承諾する替りに身分の解放を求めた。計画が実現したら、名ばかり解放された被差別民の骨が蝦夷の山河を埋めたことだろう。

しかし、肝心の田沼意次が将軍家治の病没によって後ろ楯を失い、天明六年一〇月失脚した。計画は宙に浮いたのである。調査隊員たちも任を解かれた。代った松平定信政権は、蝦夷島には手をつけず従来のまま放置して、ロシアとの間の緩衝地帯とした方がよろしいという考えだ。松本秀持も処罰され、部下の調査隊員は二年間の労苦が泡と消え去る有様に息を呑むばかりだった。

にもかかわらず、天明五、六年度の蝦夷地見分は、北海道・千島・樺太の実情を初めて明らかにしたという点で絶大な意義があった。彼らの報告で注目すべきなのは、アイヌを日本国民と認定し、千島・樺太を固有の領土とみなした点である。近代ナショナリズムはすでに彼らの胸中に芽生えていたのである。彼らは新井白石が『蝦夷志』で、アイヌを男女上下の別なく禽獣に近いとしたのに憤激し、「至って正直なるものにて、おのずから慈敬・仁愛・礼儀等も厚く、別して女は貞実にあい見え、すべて神を尊信仕り候[23]」とアイヌを弁護した。このように彼らはアイヌに同情したが、それゆえにこそ日本国民として教化すべき存在とみなしたことを忘れてはならない。アイヌを日本の国風に同化せずに放置しているのは、その方が「掠め安きため[24]」であり、松前藩

(21)『蝦夷地一件』(松本伊豆守上書)三二一九頁
(22)同右三三三〇～三三三一頁
(23)『蝦夷拾遺』(『北門叢書』第一冊＝国書刊行会・一九七二年)二七四頁、『蝦夷地一件』三三二四頁
(24)『蝦夷地一件』(佐藤玄六郎報告書)三三三五頁

と悪徳商人の結託の結果なのだ。彼らの手からアイヌを救い出さねばならない。彼らのこのような松前藩と請負商人への不信は、こののちの幕府の方針はもちろん、明治以降の歴史観にも大きな影響を与えることとなった。

第六章　アイヌ叛き露使来《きた》る

幕吏たちが蝦夷地を見分した三年後の寛政元（一七八九）年、クナシリ・メナシ地方で突如アイヌの暴動が起り、七一人の日本人が殺された。殺された日本人は、松前藩からクナシリへ目付として派遣されていた足軽の竹田勘平を除けば、クナシリ・キイタップ両場所を請け負う飛騨屋久兵衛の使用人である支配人・通詞・番人・船頭・水夫たちである。事件はクナシリの「惣長人《そうおとな》」サンキチがかねて病臥中のところ、支配人勘兵衛が与えた酒を呑んで死に、また「長人」マメキリの女房が運上所で食事後死亡したところから起った。このふたつの死をいずれも毒殺と解したマメキリとサンキチの息子ホニシアイヌが、仲間を語らってクナシリ場所の日本人を襲撃し、続いてメナシ地方へ渡り、同地のアイヌを巻きこんで、飛騨屋の持ち船大通丸を襲うとともに所在の日本人を殺害した。マメキリはサンキチの弟である。一味したアイヌは一三〇人ほどだった。メナシとは根室半島と知床半島の間のクナシリに面する地域をいう。

この事件は従来、場所請負商人の非道な取り扱いと苛酷な収奪に対するアイヌの抗議であり、ひいては松前藩の支配に対するアイヌの民族的な抵抗運動であると位置づけられてきた。このよ

うな通説に対して、一九九〇年代に史料を洗い直した岩崎奈緒子は、この事件を「アイヌと和人の間に形成されていた相互規定的な関係が乱されたために起こった」異文化摩擦だとする画期的な見解を示した(1)。岩崎の考察を加味しながら、事件を再構成してみよう。

事実に即くかぎり、この事件はまず何よりも、身内二人を毒殺されたと信じたサンキチ一族の復仇である。アイヌ社会では殺人さえ、ツグナイとして宝を差し出すことで解決されたが、そうはいかぬ場合もあった。たとえば、アッケシで威を振るっていた有力者イコトイは酔興のあまり、自分のウタレでもないアイヌの頭を脇指で真っぷたつにしてしまったことがある。怒った息子にイコトイはツグナイを差し出してなだめようとしたが、息子は復仇を叫んでやまず、他の有力者の仲裁でやっと収まった(2)。サンキチ一族の場合、もはやツグナイですむことではないと決断したのだろう。それにこのクナシリ・メナシ地方では、飛騨屋の使用人はツグナイというアイヌ社会の慣行を踏みにじって

（1）岩崎二〇〇〇頁
（2）同右九二頁

いた。運上所の番人はアイヌの人妻と密通して、ツグナイを要求されると逆に難癖をつける。殴打されて死んだアイヌについても同様である。

飛騨屋は飛騨国の長《おとな》百姓久兵衛（初代）が、元禄一三（一七〇〇）年に奥州下北半島の大畑で開業した木材商で、元禄一五年には松前の福山へ渡り、有珠山のエゾ松を切り出したのを初めに、松前藩と結んで蝦夷地各地で山林の開拓にたずさわった。飛騨屋の経営は合理的で進んだものだったといわれる。江戸・大坂に送られる材木は規格化された寸甫《すんぽ》材《ざい》で、造材に当っても分業が行われた。杣人《そまびと》の養成、諸工具の整備、飯米の調達、労務管理等についても万全の措置がとられ、全国各地の支店には独立採算制をとらせるなど、経営の面でも進んでいた[3]。労働者に原始的な圧制を強いて利益をむさぼるようなタイプの経営者ではなかった。初代久兵衛は殉職した人夫の法名をしるした過去帳を膚身はなさず持ち歩いていた[4]。

アイヌとの交易は藩への貸金を放棄する代りに、安永三（一七七四）年、クナシリ、アッケシ、キイタップなどの場所経営を請け負ったのが初めてである[5]。しかし、安永三年にクナシリへ派遣した交易船は、「脇長人《わきおとな》」ツキノエの荷物を奪うなどの乱暴によって目的を達せず、翌安永四年もおなじくツキノエの妨害で交易は成立しなかった。飛騨屋はやむなく安永五（一七七六）年から天明元（一七八一）年までクナシリ派船を中止し、天明二年にやっと交易を開始したものの、天明五、六年は幕府が見分隊を派遣するとともにこの方面の交易を直轄したこともあって、クナシリで漁業を開始したのは天明八（一七八八）年、すなわち騒動の起る前年にすぎなかった。

つまり、飛騨屋の使用人は商場《あきないば》におけるアイヌとの交易について経験を積んでいなかったし、彼らを漁業に雇傭する上でも、それまでアイヌと和人の間に成立していた相互了解を踏まえない言動が多かったものと考えられる。松前藩士や場所請負人はアイヌの慣行やタブーを無視して、一方的に自分の意志をアイヌに押しつけることはできなかった。タブーを知らずに侵犯してツグナイをとられた話が数多く存在することから明らかなように、日本人は一歩和人地を出れば、アイヌの慣行を尊重しながら彼らとの関係を築くしかなかったのである。飛騨屋の使用人たちには、このような和人側に蓄積された経験的な知恵が著しく欠けていたようなのだ。

騒動が収まってのち、松前藩と幕府は騒動の原因についてアイヌ側から聞きとり調査をしたが、アイヌが申し立てたのは、密夫しながらツグナイを拒否するといった慣行無視のほかに、クナシリ・メナシで始まった鮭・鱒の〆粕《しめかす》生産に関する苦情だった。〆粕は綿などの商業作物の肥料として重要性を増していたが、副産物として魚油が得られる。アツケシ場所ではその魚油の半分をアイヌにくれるのに、クナシリ・メナシではそのことがない上に労賃も至って少額だという。しかも運上所で毎日召し使われるので「自分稼《じぶんかせぎ》」もできず、このままでは冬場になると食物がなく

(3) 飛騨屋久兵衛研究会『飛騨屋久兵衛』(下呂ロータリークラブ・一九八三年)九八〜一〇一頁
(4) 同右九五頁
(5) 飛騨屋は漁業にまったく関係しなかったわけではなく、宝暦三(一七五三)年には石狩の場所いくつかを請負ったことはあった。しかし本格的な場所請負は安永三年が初めてだったのである。(同右二六〇頁)

て餓死しかねない。

さらにアイヌたちが訴えたのは、松前藩の足軽竹田勘平や飛騨屋の手下たちの日頃の言動である。「不働いたし候節は男女に限らず夷共残らず当年は粕と共に〆殺申すべき由」とあるが、これは運上所での労働を拒否した場合はということだろう。大釜を三つすえつけ、男・女・子どもに分けて煮殺すのだと言ってみたり、子どもをつかまえて釜に投げ入れる真似までする。また「不働いたし候えば」、アイヌをみな毒殺し、あとには日本人を招致するともいう(6)。サンキチとマメキリの妻が死んだとき、一族が毒殺と思いこんだのにはこれだけの素地があった。

これまでの通説が、事件を松前藩と商人が一体となった収奪に対する民族的蜂起としたのは、以上のようなアイヌの申し口に基づいていた。もちろん前提として、交易場が商人によって請負われるようになって以来、アイヌに対する低賃銀の労働強制が行われ、交易の際も数々のごまかしや不正があったとする「常識」が存在した。この常識は一八世紀末より幕吏によって形成され、明治以降のナショナリズム史学、戦後のマルクス主義史学にいたるまで継承されてきたものである。

しかし、このような通説は実は客観的根拠に乏しい神話だったのではなかろうか。たとえば例のアイヌ勘定といわれるのもそのひとつである。アイヌ勘定とは鮭なら鮭を数えるときに、「はじめ、一、二、三……九、一〇、おわり」という具合に、一二本を一〇本として扱う数えかたで、和人は一〇本ごとに二本得をすることになる。アイヌは数の観念が乏しいので、こうして商人からごまかされたというのだ。だが藤村久和はアイヌにはちゃんと数の観念はあるし、いわゆるアイヌ勘定は鮭と鱒の勘定のときにしか使われないという。こうした輸送中にいたみやすい品物は一二本をもって一〇本とするのが一般の商慣習だったのだ。なにも相手が無知なアイヌだからごまかしたわけではない。(7)アイヌ勘定とは無知なアイヌを悪質な日本人商人が瞞着し搾取する典型的な神話で、その背景には文化的に劣ったアイヌを悪徳商人から保護してやるという、幕吏や明治官僚の使命観があった。むろんそれはアイヌを未開の劣等民族とする文明側の優越感とセットになっている。アイヌはろくに数も数えられぬ哀れな存在というわけだ。

それほど交易が一方的に不利であり、漁場での雇傭労働が苛酷なものだとすれば、アイヌは交易場や漁場の開設をなぜ歓迎したのだろうか。これは東蝦夷地が幕府によって直轄されていた寛政一二(一八〇〇)年のことだが、クナシリのオンネトウというところに漁場を開きたいという商人の出願を受けて、幕吏は同所のアイヌに「差障《さしさわり》も無之哉《これなきや》」と問い合わせたところ、アイヌとしては、これまで開くには人数も少なく捨て置いた場所であるから、日本人が漁場を開いてくれれば甚だ好都合だという返事だった。その年の夏から漁を始めると、もよりのアイヌが大勢見物に集まり、そのうち「老壮男女子供までも残らず罷《まか》り出て」漁を手伝い、手当を支給されて大い

(6) 新井田孫三郎『寛政蝦夷乱取調日記』(『日本庶民生活史料集成』第四巻) 七〇八頁、七一〇頁
(7) 藤村 一二〇頁

にありがたがったという。このことを報告した幕吏はクナシリ巡回中、同地のアイヌの乙名《おとな》たちから漁場開設を感謝されている(8)。

この史料は岩崎奈緒子のいうように、漁場が日本人によって勝手気儘に開発されたのではなく、アイヌ住民の同意を得た上で開発がなされていたことを示すものだろう。つまり、日本人は海浜についてもアイヌの領域用益権を無視できなかったのである。

交易場がアイヌ側から要望されて開かれた例もある。知床半島の北側のつけ根に位置するシャリは天明期まで交易場所がなく、六五〇キロも北へ離れたソウヤ場所へ毎年六〇隻ほどの船が交易に出かけていた。寛政元年に飛騨屋久兵衛がシャリへ交易船を派遣したとき、同地のアイヌ首長から場所の開設を懇望され、翌二年シャリ場所がソウヤ場所から独立して開かれることになったのである(9)。

交易場所や漁場の開発がアイヌにとって有利だったことを、岩崎奈緒子は魚油を例にとって立証している。これは一一年後のエトロフの事例であるが、魚油の産額は寛政一二（一八〇〇）年には米に換算して二七〇〇石、翌享和元年には五二二〇石にのぼっている。アツケシの場合のように、この半額がアイヌに与えられるとすれば、それぞれ一三五〇石、二六一〇石の収入となる。寛政一二年というのはエトロフに新たに漁場が開かれた年であった。漁場が開かれ〆粕《しめかす》生産が開始されることで、アイヌはこれまで存在しなかった産物を得た。彼らはこの魚油を対日交易品として用いる。従来の対日交易品である毛皮類の産出額は寛政一二年度で米換算八〇〇石にすぎない。アツケシの事例が一般的であるとすれば、新たな産物である魚油は一・五倍から三倍の交易品の増加を彼らにもたらすことになる。(10)

寛政元（一七八九）年のクナシリ・メナシでは〆粕生産の「割合の手宛《てあて》」、すなわち魚油の半分を与えるという慣行が守られておらず、これがアイヌにとって大きな不満だった。労働の手当は長人《おとな》には米一俵、煙草一把、ウタレには煙草半把、マキリ（小刀）一丁といった具合で大したものではない。この手当だけで漁期一杯こき使われては、自分稼ぎができず飢えるしかないというのが彼らの言い分である。(11) 自分稼ぎの時間がないと、毛皮など交易品が調達できない。とすれば「御土産」、すなわち日本人がアイヌに提供する米、衣類などの交易品を入手できぬことになる。飢死するという表現を誤解してはならない。アイヌは米・衣類などの日本産物を入手する道を断たれて困窮すると言っているのだ。

クナシリ・メナシのアイヌにとって、魚油半分が得られない場合、とるべき選択肢があった。それは〆粕生産に従事するのをやめて自分稼ぎに専念することである。そうしようと思えば、そ

（8）『休明光記』八〇一、二頁
（9）ロバート・G・フラーシェム／ヨシコ・N・フラーシェム『蝦夷地場所請負人』（北海道出版企画センター・一九九四年）七四頁
（10）岩崎一七四頁
（11）新井田七〇八頁

れは可能なことだった。アイヌは日本人商人の奴隷だったのではない。アイヌが〆粕生産に従事するのを忌避した場合、労働を強制するような暴力装置を商人たちは持っていなかった。しかし、アイヌが作業に出てこないとなると〆粕生産は成り立たない。そこで飛驒屋の使用人は、作業に出て来ないならばアイヌをみんな毒殺するとか、釜で煮殺すとか、できるわけもないことを放言して脅迫したのである。アイヌに〆粕生産作業を強制する手段はないのだから、商人側としてはあくまで利をもって誘うしかない。魚油の半分を与えるというのがそれであった。飛驒屋はなぜそうした方法をとらずに、児戯に類する脅迫的言辞を使用人に弄させたのだろう。前述したように飛驒屋は、一七七四年からこの方面の場所を請負っていたのに、アイヌとの関係がうまく行かず、クナシリで漁業を開始したのは一七八八年、つまり蜂起の前年にすぎなかった。投資を早く回収したい事情もあったろうし、とくにアイヌとの協力関係を設定するのが拙劣であったようだ。あるいは、毒殺とか煮殺すというのはアイヌ側の誤解もあったかもしれない。いずれにせよ、クナシリ・メナシ方面でのアイヌとの軋轢は、全島にわたって一般化できぬ特殊な事例だったことは明らかである。

松前藩の事件の対応は慎重かつ巧妙だった。二六〇余りの藩兵を率いた新井田孫三郎は、現地に着くまで要所要所のアイヌ有力者の協力をとりつけて、極力現地の事情を把握するようにつとめ、根室半島のノッカマプに到着すると、クナシリのツキノエ、アッケシのイコトイ、ノッカマプのションコといった長老たちを招いて、徒党したアイヌの氏名、それもただ徒党した者と手を

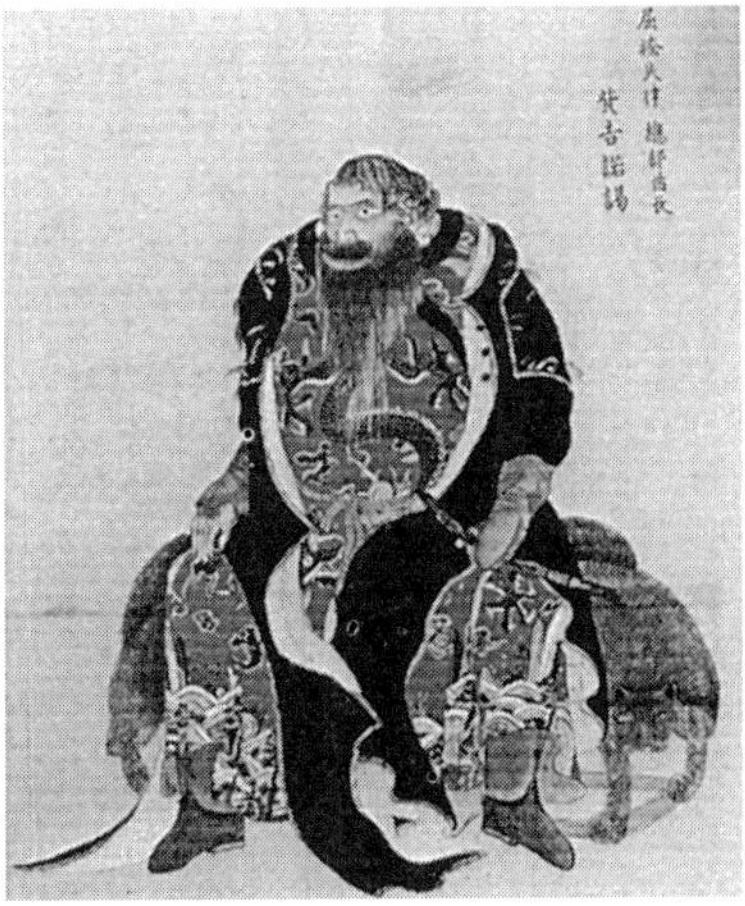

蠣崎波響画　ツキノエ

下して和人を殺した者を区別して申告させ、しかも彼らの斡旋で三一四名の参加者をノッカマプへ呼び集めたのである。蜂起の参加者の中には、山にたてこもって松前勢と一戦しようとする者もあったが、結局は長老たちの説得に応じて出頭した。彼らとしては、自分たちの行動は毒殺やツグナイの不履行といった日本人の非行への報復であり、殺人については相応のツグナイを出せばよいと考えたらしい。しかし松前藩は、手を下して日本人を殺害したことが明らかな三七名を特定して斬罪に処した。そもそも、サンキチとマメキリの妻が毒殺されたというのが、そう疑う事情があったとはいえ、アイヌ側の誤解であるのは明らかである。その誤解にもとづいて七一名の日本人が殺された。松前藩としては過剰な報復を慎しみ、殺人罪に対しては死刑という当時の法観念を遵守したものと考えられる。

イコトイらのアイヌ有力者が新井田孫三郎一行に協力したことを、戦後の左翼史学は民族の戦いに対する裏切り行為と位置づけてきた。岩崎奈緒子は、当時のアイヌ社会は血縁・婚姻関係によって結ばれた集団が分立し、ときには同盟しときには敵対する仕組みになっていて、「民族」

といった近代的概念を適用して、「裏切り」などと評価するのは誤りだという。[12] 事実に即するかぎり、蜂起はサンキチ一族の私憤に発していて、イコトイ、ツキノエらの有力者は、彼らの行為に連帯すべき理由がなかったと解される。馳せ参ずべき民族的大義などなかったのである。

当時の文献で「長人」とか「乙名」などと呼ばれているのは、多数のウタレと妻妾を擁する有力者のことであって、「惣乙名」と呼ばれている場合もその勢力の大きさを表しているだけで、別に惣乙名―乙名といった序列があるわけではなく、松前藩が任命した役職でもない。あくまで現地の有力者の現勢を追認しているだけなのである。アイヌ社会には地域支配者は存在しなかったから、クナシリの「惣乙名」といっても、クナシリ全島を支配する長老というのではなく、島内の最有力者というにとどまる。当時の日本農村の庄屋とか総庄屋とはまったく異なる存在なのだ。

岩崎はアツケシのイコトイを例にとって、彼らの実像を描き出している。やや後年の記録になるが、イコトイは妻妾一八、九人、ウタレ三、四〇人を所有し、彼らを労働力として駆使してエトロフ・ウルップに出漁し、ウルップではロシア人や、ロシア支配下の北千島のアイヌと交易を行っていた。[13] この活動形態は蜂起が生じた寛政元年も同様だったと考えられる。蜂起当時イコトイはエトロフに滞在しており、クナシリのツキノエもウルップに出漁中だったのである。イコトイは脱走する者を切り殺すなど、おのれのウタレに対しては絶対的な支配者だったが、同様の支配をアツケシ一帯に及ぼしていたわけではない。アツケシにはほかにもウタレを所有する有力者が七名いて、イコトイはその最有力者というにすぎず、相互の力関係の中で状況に応じた対応を行ったのである。彼が威を振るったとされるエトロフにおいても、事情は同様だった。(14)彼を含めて有力者は一般のアイヌに対して、おのれのウタレに対するような支配権を持たなかったことも記憶しておかねばならない。

幕府はもちろんクナシリ・メナシのアイヌ蜂起に重大な関心を寄せ、先年の蝦夷見分隊のメンバーだった青島俊蔵と最上徳内を派遣して実情を探らせるとともに、松前藩と飛騨屋を糾問した。松前藩は一件は飛騨屋の非行から起ったものと主張し、飛騨屋は責任を否認した。たとえば、サンキチに酒を与えたのは支配人勘兵衛ではなく、松前藩の足軽竹田勘平だというのである。松前藩が責任を飛騨屋に帰そうとすればするほど、現地を一切請負人に任せっぱなしにしている松前藩の責任が浮かび上った。だが、幕府は結局松前藩を処罰はしなかった。審理の途中で松前藩が『蝦夷地改正』と称して今後の蝦夷地管理の改善を誓約したので、それを諒として、これまでの不行き届きを戒告するにとどめたのである。

松前藩が提出した届書『蝦夷地改正』は、(一)蝦夷地の場末(クナシリ・メナシもそれに含まれる)は今後商人に請負わせず、藩の直営にしてアイヌを帰服させる、(二)交易場所では従

(12) 岩崎二〇〇頁
(13) 同右六〇頁、八四頁
(14) 同前九一～九五頁

来他領の日本人が番人等を勤めていたが、今後は松前領の百姓に勤めさせる（これは運上屋の番人は他領からの無頼な流れ者が多く、非行の温床となったことの反省である）、（三）アツケシ、ソウヤを始め要所に番所を設けて藩士を詰めさせる、（四）外国船警備のため烽火を要所に設けるというのであった。

しかし、この改正案は形をとりつくろっただけだった。アツケシ、メナシ、クナシリ等の場所は飛驒屋からとりあげられたが、藩の直営は名ばかりで、「支配」に任じられた村山伝兵衛が請負ったのが実態である。

幕府は改正案を丸飲みしたわけではない。寛政三年から四年にかけて「御救《おすくい》交易」と称して、アツケシ、キイタップ、ソウヤ、イシカリなどへ幕吏を出張させてアイヌと直接交易したのは、松前藩の「改正」が信用できなかったからで、ゆくゆくは蝦夷地の幕府直轄を視野に置いてのことだろう。果せるかな、最上徳内らの幕吏は、「改正」がほとんど実行されておらず、アイヌも蝦夷地も旧態依然たるまま放置されているのを発見したのである。

すでに勘定奉行所の普請役となっていた最上徳内は、寛政四（一七九二）年樺太へ渡り、シラヌシで山丹《さんたん》交易の実態を目にした。山丹とはいまでいえば沿海州のアムール河口一帯を指すのだが、その地に住むギリヤーク人らが毎年樺太北部のノテトへ渡来して、寛政二年以来交易場に指定されたシラヌシに錦段切れ、十徳・青玉・鷲羽などをもたらし、替りにアイヌから毛皮類を得て帰る。錦段切れとは錦織の布をつないだ反物、十徳は龍が刺繡された見事な清国の官服で、ともに蝦夷錦と称された。ギリヤークらは清国がアムール下流のデレンに設けた交易場で、満州官人に毛皮類を貢納し、替りにこうした布帛《ふはく》を支給されるのである。

アイヌから入手した蝦夷錦・青玉・鷲羽を松前藩は軽物《かるもの》と称し、幕府・諸大名への贈答に用いた。アイヌはこの軽物を松前藩のために調達する重任を負わされていたのである。徳内はアイヌがこの交易で山丹人に多額の負債を抱え、そのかたに同朋を奴隷として連れ去られていることを知った。徳内は山丹人の横暴を憎むとともに、アイヌがこのような窮境に陥ったのも、軽物の調達を督促されたからだとして、松前藩に義憤をおぼえた。彼の見解ではアイヌは日本国民であり、松前藩は国民が異郷に売られている現状を見て見ぬ振りをしているのだ。(15)

徳内はこの情報を、借財のかたに山丹人に通訳として使われている宗谷アイヌの青年から得たのだが、さらに彼は満洲沓《まんしゅうぐつ》を徳内に見せて、「これは松前平角殿の注文で満州婦人に作らせたものだ」と告げた。首を鳳凰の形に造り、全体に五色の糸で桐の縫い取りを施したみごとな沓である。しかも、松前平角はこのアイヌ青年に満州官人への書簡まで託したという。(16) これは完全な国法違反ではないか。松前藩吏の無自覚ぶりに徳内は愕然たる思いだった。平角は藩主の側衆《そばしゅう》を勤める重臣なのだ。むろん、松前藩は山丹人と直接交易をしているわけではない。合法的な交易相

---

(15) 最上徳内『蝦夷草紙』(時事通信社・一九六五年) 一八一、二頁
(16) 同前一八八頁

手のアイヌが山丹由来の品々をもたらすだけであって、事情はクナシリやメナシのアイヌがロシア人と交換した品々をもたらすのと変らない。幕府もこれが国法に違反する抜け荷だとは認定していないのである。しかし、アイヌを介して外国へ品物を注文したり、外国の官人と文通したりするとなれば話は別ではないか。徳内が憤慨したのは松前藩全体にみなぎる対外危機感の薄さ、ひいては国家意識の欠如だった。

幕府はこののち蝦夷地への関与を深め、数多くの幕吏がそれぞれの任務を帯びて渡島することになるが、彼らは徳内同様、松前藩および請負商人に強い不信感を抱き、松前藩のアイヌ愚民化策と商人のアイヌ収奪を糾弾する記録を書き残した。明治以降の史学は彼らの観点に強く影響されている。彼らは松前藩がアイヌに農業を禁止し、日本語の使用、日本人風の衣服・履物の着用をも禁じていることに憤慨した。彼らの見るところでは、これはアイヌを未開の状態にとどめて、収奪しやすい対象とするための奸策だった。しかし、高倉新一郎が『アイヌ政策史』で論じているように[17]、松前藩は以上の諸点を家法としたことは一度もなかったし、農業についてはかえって奨励した事実さえあり、松前付近のアイヌには日本語に通じる者が多く、服装・履物の点ではむしろアイヌの方が日本化を拒んだのが実情だった。

アイヌと日本語については、松浦武四郎が伝えているおもしろい話がある。安政四年、武四郎が山越内領の山中深く分け入った時のことである。宿泊したアイヌの家にメノコがいたので、武四郎が伴のアイヌ・メチャシに「この女は和語がわかるか」と問うと、メチャシは「こんな山中にいて和語がわかるはずがない」と答え、「あなた、今宵はひとつ夜這いしてはどうか」とからかう。武四郎も冗談半分「お前が先にゆけ。そのあと自分も行こう」と答えると、女が明瞭な和語で「さような事は御免なされ」と言ったので、二人はおどろいて赤面した。彼女は山稼ぎに来る和人から和語をならいおぼえたのだという(18)。

あるいは幕吏たちは運上所周辺で、請負商人の使用人たちが、アイヌが農業に従うのを彼らを労働力として使用する妨げとして嫌ったり、日本の笠や履物を使用するのを生意気だとして叱ったりするのを見聞きしたのかもしれない。だがそれ以前に、彼らには松前藩への強烈な不信感があった。彼らを主導していたのは何よりもロシアに対する切迫した危機感である。その点でたるみ切っている松前藩はすべての点で信用が置けないのだ。

彼らがアイヌに対する人道的な同情心を抱いていたのは否定できない。その意味で彼らは徳川期の良吏と言ってよかった。だが、彼らは近代ナショナリストのはしりでもあったのである。彼らは何よりもアイヌを日本国民として把握しようとした。日本風に生活や風俗を改めさせれば、アイヌは良民すなわち立派な日本国民になりうるものと彼らは考えた。日本への同化こそ彼らを未開状態から救い上げる途なのだ。日本国民である以上、彼らは公正に扱われねばならない。御

(17) 高倉『アイヌ政策史』八五、六頁
(18) 松浦武四郎『蝦夷日誌』(時事通信社・一九六二年)上巻三四、五頁

救交易は従来の請負人任せの不正な交易をただして、アイヌに公正な交易条件を保証しようとするものだった。しかし、アイヌを日本人として教化して救済しようとするのは、当のアイヌからすればどういうことになるのか。幕吏たちは松前藩がアイヌを未開状態に放置したと憤慨するけれども、アイヌ自身にとっては彼らの生活はけっして「未開」ではなかったし、放置されることが幸せだったのである。幕吏の国防意識にとらわれる必要のない今日の私たちからすると、松前藩のアイヌ不干渉政策は、アイヌの自立した社会を温存した点で評価に値するのではなかろうか。

第一、幕吏が考えたように千島・樺太を含めて蝦夷地が日本領であり、その地に住む全アイヌが日本人であるのなら、アイヌがロシア人や山丹人と交易すること自体が国法に違反することになる。幕府はその交易を国法に反するとしたことはなかったし、それを介して流入するロシア産品・満州産品が抜け荷であるかどうか、ちょっと首をひねっただけだった。アイヌが山丹人やロシア人と交易するのに幕府が何ら不審を覚えなかったのは、アイヌを日本国民などとは考えていなかったからである。のちに近藤重蔵も論じたように、家康の黒印状は松前藩の支配が蝦夷地とアイヌに及ぶとは認めていなかった。(19) 徳内をはじめとする蝦夷地のエクスパートには、この点できわめて早激的な国家意識が芽生えていたと言える。松前平角が満州沓を求めたのは誰のためだったろう。妻のためか、あるいは愛人のためか。今日では、これは愛すべき挿話のように思える。このような異国との通い路が開けていたことに、少なくとも私はほっとした思いを抱く。徳内らが怪しからぬこととみなした松前藩のたるみようは、近代国民国家の観念にいまだ縛られぬおおらかな心意のありかたに見えるのである。
　場所請負人のアイヌに対する不正や収奪についても、幕吏の認識には偏ったものがあったようだ。もちろん、クナシリ・メナシ地方のアイヌが飛驒屋の使用人について訴えたように、彼らのうちにはアイヌを侮蔑する言動も見られたことだろう。しかし、場所請負人をすべて、血も涙もない金もうけ本位の悪徳商人のようにみなすのも、当を得たものではあるまい。フラーシェム夫妻が明らかにする山田文右衛門の事績は、従来の場所請負人のイメージに訂正を迫るものである。彼は昆布生産の新方法の考案といい、道路開通といい、蝦夷地住民の生活向上に意欲を燃やしたあとがある。[20]
　なるほど、アイヌ人の労賃は日本人に較べてもかなり低かった。これは文政元（一八一八）年のアッケシ場所の記録だが、アイヌ漁夫の日当は三〇文ないし四〇文で、これを物品で示すなら、煙草一把をうるために三日の労働、清酒一本には五日から七日の労働、白木綿一反には一カ月の労働が必要だった。しかしこの労賃の廉さは、フランクやウォーラーステインの中心・周辺理論を適用すれば、周辺の低開発地域が中心の先進国経済に巻きこまれる際の一般的現象であり、もちろん不当な不等価交換であるにはちがいないが、一商人の恣意や貪欲に帰すべきことではなか

(19) 榎森三〇五頁
(20) フラーシェム九三、四頁、二〇一～二〇七頁

った。

さて、幕吏が御救交易に従事して蝦夷地への認識をあらたにしていたこの寛政四（一七九二）年、しばらく鳴りをひそめていたロシアの足音が、にわかに蝦夷地に響き渡った。ロシアの使節ラクスマンが漂流民大黒屋光太夫らを伴って、この年九月五日（露暦では一〇月九日）根室港に入ったのである。ラクスマンの来航は事前に予知されていた。前年エトロフへ渡った最上徳内が、来年ロシア人が日本人の漂流民を送って渡来するという噂を現地で聞きこんでいたのだ。

大黒屋光太夫一行の漂流から帰国にいたる経緯については、小説にもなり映画にもなっていることだからここで詳説するまでもあるまい。むしろこの漂流という現象について、おくればせながら簡単に述べておこう。日本の太平洋岸を流れる黒潮は幅は一五〇キロに及び、時速四、五キロで東へ流れている。いったん台風や冬期の北西季節風に痛めつけられてこの黒潮に乗ると、帆柱は沈没を防ぐため切り倒されているから、そのまま漂流のコースに従うことになる。当時の和船は弁才船《べざいせん》と呼ばれる型が一般で、これは操縦性も積載能力もすぐれ、沿岸航海を行うかぎり優秀な船であった。だが、気密甲板も隔壁ももたぬ上に、楫は固定されず、河川に入る場合引き揚げるため可動式になっていて、外洋で強い波浪にあうとすぐ破損する。帆も楫も失った船は、ただ成り行き任せに漂流するしかない。ただし船体は頑丈であったから、長期の漂流になる可能性は強かった。このようにして光太夫を船頭とする伊勢国白子の神昌丸は、八カ月の漂流にたえて、天明三（一七八三）年七月、アレウト（アリューシャン）列島のアムトチカ島に漂着した。

当時ロシア政府は、漂流日本人をロシアにとどめて帰化させ、イルクーツクの日本語学校の教師として用いる方針をとっていた。光太夫のイルクーツク到着時、日本語学校の教師を勤めていた仙台・多賀丸の漂民はすべて死亡し、そのうちの一人久助から日本語を習ったトゥゴルーコフが数人のロシア人少年を教えている現状だった。

イルクーツクには、多賀丸漂民がロシア婦人との間になした子が三人住んでいた。そのうち久助の子イワン・トラペーズニコフと、三之助の子アンドレイ・タターリノフ、日本名サンパチが光太夫らの到着を聞いて会いに来た。光太夫一行は久助の子の家へ招かれ、イワンの母や妹たちから歓待された。その様子を、のちに光太夫とともに無事帰国を果した磯吉がこう語っている。「さまざま饗応して、久助生涯の物語など細々とし、日本の事も尋ね問い、夫の今までながらえ給わばさぞや悦び給わんに、寿命の短きこと無念なれとて、あるいは歎きあるいは悦ぶ。兄弟もただ親の事のみたがいに物語して、磯吉にすがりて泣きさけび、あるいは悦びてもてなせる有様、さてさてかくまでに人情の厚き事かやとて、ともに感涙を催しけり」[(21)]。

しかし、光太夫はロシアにとどまって日本語教師になる気などなかった。仕官すれば下士官待遇とし、先は大尉にまで昇進させてやると言われてもいやだった。彼は断乎として帰国の意志を貫くつもりだったのである。だが、キリル・ラクスマンと知りあうことがなければ、彼の願いが

(21) 山下恒夫『大黒屋光太夫』(岩波新書・二〇〇四年)一〇五頁

光太夫と磯吉

果たされたかどうか疑わしい。キリル・ラクスマンは権威あるペテルブルグ・科学アカデミーの一員で、シベリアの植物や鉱物の研究で広く名の知られた学者だった。五年前からイルクーツクに住み、郊外でガラス工場を経営していた。彼は安永四、五(一七七五、六)年に長崎蘭館に駐在した植物学者ツュンベリと交わりがあり、日本に関心を抱いていたばかりでなく、クリル交易を試みのちにアレウト(アリューシャン)経営に転じたイルクーツク在の商人シェレホフから、日本との交易の見こみを聞かされてもいた。

光太夫はラクスマン家で家族同様の扱いを受けた。彼はたんなる船乗りではなく廻船業にたずさわる商人で、それなりの気概もあれば、極めて魅力にもとむ人物であったようだ。カムチャツカで、同地方の司令官オルレアンコフ少佐宅に寄寓していたときも、とても気随に振舞っていたらしい。たまたま同地に立ち寄ったフランス人のバルテレミー・レセップスが、彼についてこんな記述を残している。ちなみに彼はスエズ運河を開いたかのレセップスの伯父に当る。「彼が入り込んだところでの自由な振舞いは、司令官のもとでも、他の場所でも同様だった。それは我々の間では無礼とされ、少なくとも無作法とされるものだった。彼は休みなく煙草をふかした。彼はあらゆることに好奇心を持つ優れた観察者のように見えた。彼は思っていることを隠さず、誰もがそれ以上にはできないほど率直に説明した」[22]。

光太夫はむろんロシア語で喋ったのである。レセップスによると、彼は聞きとるに十分なロシア語を話したが、ひどく口達者なので発音に慣れる必要があった。光太夫はおそらくレセップスのいうような態度で、ラクスマン家に楽々とはいりこんだのだろう。一方ロシア人には、異国人を同朋のように受けいれる心の広さと、独特の人なつこさがあったこともこの際心にとめておこう。ラクスマン自身がフィンランド生れで、当人は身も心もロシア人と自任してはいたが、光太夫同様ロシア人社会に受けいれられた異邦人だった。

ラクスマンは宮廷に伝手《つて》があったから、結局は光太夫らを連れてペテルブルグへ登り、直接エカチェリーナ二世に漂流日本人の送還を訴えた。一七九一（寛政三）年のことである。ラクスマンの陳情書の中には、日本人漂民の送還は日本との貿易を開く端緒となろうという一文が盛りこまれていたし、シェレホフらイルクーツク商人も、光太夫を通訳として日本との通商を交渉するプランを別ルートから上申していた。光太夫が女帝に気に入られ、破格の好遇を受けたことはよく知られていよう。彼は宮廷で一種の人気者になった。物怖じせぬ堂々たる態度も好感を呼んだようだ。並みいる厚化粧の女官たちから次々と抱擁接吻されて、「とりのぼせ悶絶」した[23]という

（22）亀井高孝『大黒屋光太夫』（吉川弘文館・一九八七年）八九頁
（23）山下 一三一頁

真偽保証しかねる話もある。遊女屋でももてた。ラクスマンが遊女に貢がせて暮したらどうだとからかったほどだ。ただし、離宮の御苑長の娘が彼のために唄を作ったというのは光太夫の思い違いで、彼女が歌ってくれたのは当時流行っていたウクライナ民謡にすぎなかった。(24)

光太夫はただ遊び呆けていたわけではない。ドイツ人学者パラスが官命で編纂した『一般言語比較辞典』の日本語の部を頼まれて改訂するということもあった。「書中の語多く南部辺の言葉にてしかも下賤の語多し」と彼はいう。また耳を「ミミノコト」目を「メノコト」と、みな「ノコト」をつけている。漂民から聞きとったそのままを記したのである。

エカチェリーナは九月になってイルクーツク総督ピーリに勅令を下した。オホーツクで船を仕立て、光太夫、磯吉、小市の三名を日本へ送還する。送還の使節はラクスマンの息子の一人とする。イルクーツクの商人も同行させる。ピーリの名で漂民送還の趣旨と日本との通商の希望を述べた書簡を作成し、日本政府に伝達する。以上がその要旨で、前文には「これら日本人を祖国に送還する機会をもって、日本との通商を開かんとす」と明記されていた。注目すべきは、エカチェリーナがおのれの名で使節を派遣せず、国書も携帯させなかったことだ。一切はイルクーツク総督がやったことという計らいだった。おそらく彼女は日本との通商開始が極めて困難な事情を知った上で、失敗した場合国家の威信に傷がつくのをおそれたのだろう。だから「日本との通商を開かんとす」と言っても、断乎たる意志があったのではなく、けだし打診の範囲を出なかったのである。

このとき生き残っていた神昌丸乗組員には、他に庄蔵と新蔵がいた。庄蔵はオホーツクからの旅の途中で凍傷にかかった脚を、イルクーツクの病院で切断してもらい、その恩義からか帰化して正教名を得ていた。新蔵はロシア人の後家と結婚しておなじく正教名を得たが、まだ若く俊敏でもあったので、のちに漂流船若宮丸の一行がレザーノフ遣日使節の船で帰国するに当たって大いに働いている。またドイツの言語学者クラプロートが、林子平の『三国通覧図説』を仏訳したときも彼を援けた。庄蔵と新蔵は九月のエカチェリーナの勅令で、イルクーツク日本語学校の教師に任命された。

日本人送還使節にはラクスマンの次男アダムが選任された。アダムは陸軍中尉でこのとき弱冠二六歳、カムチャツカ半島の付け根近いギジギンスクの警察署長をしていた。船はシェレホフが新造したものを使う予定だったが、使命には不向きというので、官船のエカチェリーナ号が選ばれた。この間にはシェレホフとキリル・ラクスマンの暗闘もあったと伝えられる。キリルは光太夫の送還を第一義に考えており、光太夫の帰化を画策したシェレホフを警戒していた。彼は女帝の勅令によって遠征隊の編成について大きな権限を与えられていた。

アダム・ラクスマン以外の主な遠征隊員は次の通りである。船長ワシーリー・ロフツォフはかのベニョフスキーの反乱に与してのちに脱落した男。アダムは帰国後、ロフツォフはまったく航

(24) 同右一二五頁

海術を知らなかったが、いくらか航海術を知る二人の航海士オレーソフとムホプリョフの酒癖が悪かったので、ややしらふに近いロフツォフを船長にするしかなかったのだとぼやいている。水夫長はチーホン・サポージニコフ。これは一七七〇年、ウルップでアイヌに残虐を働き、アイヌのロシア人襲撃の因をなした一人である。通訳はエゴール・トゥゴルーコフ。彼は先述したように漂流日本人から日本語を習った男だが、ちょっとした日常会話はともかく、こみいった話はまったくできなかった。やや日本語ができるのはもう一人、イワン・トラペーズニコフがいて、アダムの補佐役を命じられた。先述したように彼は漂民久助の子で、測量を職業としていた。水先案内人のドミトリー・シャバリンは安永年間（一七七二〜八一年）にアッケシを訪れて交易を申し入れた人物。この物語にも以前登場した。商人も二人乗り組んでいる。このうちバービコフはシエレホフの手代だった。

アダム・ラクスマンは出航前、ピーリ総督からこまごまとした訓令を受けた。それによるとエカチェリーナ号はまずアッケシへ向かうものとされた。アッケシで日本当局と接触できぬ場合は、遅滞なく日本の首府へ直行せよ。ただしそれが困難であれば、他の都市・港湾でその地の官府と折衝して漂民を引き渡し、文書を首府へ伝達してもらってもよろしい。最後に、全員飲酒を慎み粗暴にわたることなく、ロシア人の真面目で温雅なることを日本人に示せとある[25]のには苦笑を禁じえない。

エカチェリーナ号は、寛政四（一七九二）年九月三日ネムロの北西パラサン沖に到達、五日にネムロに入港した。ネムロはキイタップ場所に属し、夏期の漁業は行われているが、冬になると海は氷結し、外との連絡も断たれてしまう。運上所があるだけの寂しい所である。ネムロにはたまたま松前の役人が出張して来ていたので、アダム・ラクスマンは彼と接触すると、訪日の趣旨を綴った書簡とその訳文を松前藩に送達するよう依頼し、この地に冬営するつもりで日本役人の了解を得て工事にかかった。彼らはなぜネムロにやって来たのだろうか。ロシア人の知る北海道、当時の彼らの呼び名ではマツマイ島への海路はクナシリ経由のものだった。水先案内のシャバリンは以前アツケシを訪れたことはあるが、それはアイヌの皮舟に乗せられてのことで、彼自身アツケシへの海路を把握してはいなかったようだ。彼はともかくクナシリを経て、マツマイ島の海岸まで船を導いた。ネムロへ入ったのは接触した日本人やアイヌのすすめによったのである。

ラクスマンはピーリからまずアツケシへ赴くよう訓令されていたが、日本人と接触できた以上、ネムロならネムロでよかった。というのは松前へいたる航路は知られていなかったし、江戸ならば以前シュパンベルク探検隊の一隻がその近傍まで航海していて、行こうと思えば行けぬことはないものの、いきなり長途江戸を衝くのは冒険に過ぎる。ネムロに入ったとき、彼は当地で予備折衝を行うことを決心し、そのために冬営の準備にかかったのだろう。江戸行は折衝のなかで要求すればよいことである。光太夫ら漂民は追い返されぬための保障であるからまだ引き渡さない。

(25) 木崎良平『光太夫とラクスマン』(刀水書房・一九九二年)七〇~七三頁(以下「木崎B」と表記)

ラクスマンは光太夫らが脱走することのないよう警戒せよと訓令されていた。

露使到来の報は陸路によったから、十月一日（一説では六日）に松前へ着いた。松前藩ではこの年六月に藩主道広が隠居し、一七歳で襲封した章広はちょうど江戸参覲の途上にあった。道広は気概に富む英雄肌の人物であったが、英雄何とやらのたとえ通り身が修まらず、彼の治世にはクナシリ・メナシの反乱や、飛騨屋をはじめとする商人との訴訟沙汰が起り、しかも京の公卿と親しいところから、光格天皇が父のために太上天皇号を得ようとして幕府と対立した尊号宣下一件にも関わったというので、幕府に睨まれて三八歳の若さで退隠に追いこまれたのである。しかし隠居は名ばかりで、藩政は依然として彼の掌握するところだった。

松前藩はラクスマンの来航を江戸へ急報するとともに、接待役として加藤肩吾と鈴木熊蔵をネムロへ派遣した。加藤は昌平黌に学んで蘭語の素養もある医師で、道広の側近である。彼らは一一月一〇日ネムロに着き、ラクスマンの日記によると「自分たちも冬季中はこの地に滞留するから、今後たがいに往来し懇交を重ねることを希望する」と述べた[26]とのことである。彼らは道広からロシア人を好遇するよう指令されていた。

二人の接待役はラクスマンと地図を交換した。鈴木はラクスマンの地球図を借りて、「薄く透明な日本紙をあて、日本筆で写していたが、きわめて精巧ですこしの狂いもなかった[27]」。ラクスマンも日本人の製作した松前島と樺太島の地図を借りて写した。秋月俊幸によると、これは寛政の初めに松前藩が行った地理的調査にもとづいて加藤肩吾が描いた『松前地図』で、北海道に関するかぎりかなり正しい地形が示されている。のちには日本地図を外国人に与えるのは重大な国禁とされ、いわゆるシーボルト事件もこのことから起ったのだが、この時点では松前藩士にとって、それは知識の国際的交換であって、情報漏洩などの意識は露ほどもなかった。鈴木は銃猟でロシア人と腕くらべをするなど、無邪気な人柄がロシア人に好かれたという。しかし、まもなく幕府の先遣隊として三人の日本人がネムロに到着すると、松前藩の二人はロシア人の宿舎にめったに顔を出さなくなった(28)。あきらかに、ロシア人と親しんでいる有様を幕吏に知られたくなかったのだ。

この三人の幕吏は、樺太探検から松前へ帰った最上徳内が、ラクスマンの来航を聞いて、一行のうちから田辺安蔵と田草伝次郎を選び、それに医師の今井元安をつけてネムロに送ったのである。三人はラクスマンに対し「貴下ロシア人の来航を松前で知りこの地に下向したのであるが、これは単に自分の好奇心からで官命によるものではない(29)」と述べたが、これは正式に幕府から派遣されたのではない事情をこう表現しただけで、単なる好奇心であろうはずがなかった。三人の幕吏は質問魔だった。地図はもとより目についた器具を反復して調べて質問し、ロシアへの距離、

(26) ポロンスキー一〇一頁
(27) 同右一〇二頁
(28) 同右一〇四頁
(29) 同右一〇三頁

ロシアの人口、物産、工業、学術、軍備などについて詳細に尋ねた。彼らはエカチェリーナ号の模型まで作製した。その際船具の構造が判らないというので、ラクスマンは操舵士をやって手伝わせた。松前藩士はおのれの知的好奇心を満たすとともに、ロシア人との人間的な交流を楽しんだのだが、幕吏はあきらかに国防の見地から情報の収集に努めたのである。

当時の幕閣を主宰していたのは松平定信である。彼は同僚の老中や勘定・寺社・町の三奉行と協議して対応策を定めた。まず何よりも、ロシア使節は蝦夷地にとどめ、江戸へ来航させてはならない。実は、ラクスマンがネムロでしたためた松前藩主宛の書簡には、春になれば貴地に航行するつもりだとはあったが、この貴地が松前を指すのか江戸を指すのか定かではない。ところがこの訳文なるものは次のようになっていた。「この方の公方様（すなわちロシア皇帝）御申渡しには、すぐに日本江戸表え、すぐに入津いたし候て、三人のものどもすぐに、江戸御役人えじき渡しに、この方の公方様御申しつけにござ候(30)」。

これを読んで老中たちは恐慌をきたした。江戸などにやって来られたらたまったものではない。当時江戸湾には何の防禦も施されていなかった。むろん、定信はエカチェリーナ号の火力を恐れたのではない。エカチェリーナ号が千石積みの和船にも及ばない小型船で、砲口三寸ほどの大砲を二門しか装備していないことはすでに松前藩士が確かめていた(31)。こんな船が江戸湾に入ったからといって、恐れおののくことは何もないのである。堂々たる戦列艦を率いて来たペリーとはわけが違うのだ。だが異国船が江戸表に現れ、その地で外交交渉を行うとなれば、これは大事件でその反響は計り知れない。定信はロシア船来航を何としても辺地の小事件にとどめておきたかった。ラクスマンは江戸へ行くように訓令されていたが、それもできうればといった程度のことで、このあとの松前での幕吏との会談でも、けっしてそのことを強く主張してはいない。訓令にはほかの地でもよろしいとあったのだから、一応打診してみて江戸行が困難なようなら、あえてそれに固執することはなかったのである。だが、定信はそういう事情は知らない。ラクスマンを江戸に来させないためには、懇切丁寧に応接してぜひとも現地で話をつけねばならぬと考えた。

漂民受けとりには問題はない。これはロシアの人道的な行為であるから、正義は彼らの側にある。その意味でも、何が何でも追い払うという無礼な態度をとってはならない。しかし、ラクスマン書簡の訳文には「この後は、その方の公方様（徳川将軍）とずいぶん音信たがいになされくださるべく候と、この方の公方様（ロシア皇帝）御申し渡しにござ候」とある。これは国交樹立の要求である。この要求には従いがたい。万一、彼らが漂民送還を国交・交易の要求とからめるようなら、漂民受けとりを拒むしかない。国交・交易の問題と漂民受けとりは切り離すべきである。

国交・交易は国是からすれば認めがたい。だが剣もほろろにそう言い渡せば、彼らに不服の念

---

(30) 木崎B八九頁

(31)『通航一覧』第八巻一四四頁（巻三百十六）

が生じよう。ことに今回は、漂民を世話してわざわざ送り還《かえ》したという点で理は彼らにあるのだし、腹を立てて直談判しに江戸へやって来られたりしたら一大事だ。彼らを納得させるためには、交易の件は長崎で議することになっているのでそちらへ廻ってもらいたいというのが一番よろしい。こちらの誠意を示すために長崎への入港許可証を与えることにしよう。そうすれば、今回はよもや長崎まで足を伸ばすことはあるまい。

定信は以上のように考えて、「宣諭使」つまり応接使に任じた目付石川忠房と西丸目付村上義《よし》礼《あや》に、長崎に来れば、もちろん交易の可否はそのときに評議することにはなるが、見こみはないでもないといった趣旨をラクスマンに対してほのめかすように指示した。彼は国防の備わぬ現状で、ロシア使節に不快な思いをさせ、その結果紛争をひき起すことを最も恐れていたというのが通説である。とにかく彼はラクスマンに機嫌よく蝦夷島から引き揚げてもらいたかった。

定信がラクスマンに長崎入港許可証を与えた真意については従来議論のあるところだが、井野辺茂雄は定信はロシア使節が長崎へ来れば通商を許すつもりだったと断じる。[32] 定信は寛政四年一一月八日の宣諭使石川忠房の伺に対する指令で「已来《いらい》交易の義好まざる義に候えども、これまたあい成らずと申し候せつは、かえって隙《げき》を生じ候あいだ、長崎にて願わせ、代口物がえ等の義長崎にかけ合い、その上、已来長崎にて交易仰せつけらるべきか、または蝦夷地にて交易仰せつけられるべく候か、おってゆるゆる評議いたし、もっとも然るべく候」と当方の方針を説明し、さらに翌五年一月二一日の伺に対しては「日本にても、ヲロシヤと交易の義、望み申さざるにはこれなく、長崎へ来《きた》らずしては、日本の国法たちがたきにつき、この度宣諭使申し渡しこれある事にて候」と伝えよと言い、ラクスマンがさらに突きこんでくれば、蝦夷地で交易するのか、長崎で行うのか、また交易は日本のためにもなるのか、自分のような軽い身分にはわからないと「かろく咄して然るべき事」と指図し、宴会の際は向こうの宗旨などたずねるのは無用で、気候のこととか、交易にはどんな品を用いようとか、そんな話をしておけと注意している。

さらに井野辺は石川将監の談話として伝わる文書に、「蝦夷地アツケシにおいて、ロシア人と通商いたし、彼地に板蔵を作りて」米を備蓄しておく計画があったと忠房が語ったとあるのを引用し、また後年プーチャーチンとの交渉に当った川路聖謨《としあきら》が、自分が調べたラクスマン一件の文書中に「交易を□□にて行わんとまで書かれた」楽翁公（定信）の自筆があったと語ったのを、箕《み》作《つくり》阮甫が『西征紀行』に記録していることと併せて、□□とあるのは厚岸で、定信が予定した交易地はかの地であったろうと判断している。以上のような論拠を挙げて井野辺は「定信に、露国に対して通商を許す用意と決心のあったことは、最早疑う余地がないように思う」と述べる。みごとな論証というほかはない。ただしそれは「避戦の目的を達するが為めに、余儀なくされた開国」であった。

ラクスマンはネムロ滞在中、幕吏からいろいろな情報を得た。勘定奉行所普請役の田辺安蔵は

（32）井野辺『新訂維新前史の研究』第五編第二章「ラクスマンの渡来」

長崎に勤務したことがあり多少オランダ語がわかったが、オランダ人がかねてロシアに漂着した者はどこの国民であれ残虐な扱いを受けていると語っているので、このたびのロシア人渡来についても日本政府は疑念をもっているのだと彼に告げた。そういえば鈴木熊蔵も、松前からネムロに出張する際に生還を期せず家族友人と涙のうちに別れて来たと自分に告げたことをラクスマンは思い出した。安蔵の話では、オランダ人は通商の独占を失うのをおそれて、日本がロシアと通商を開始するのを妨げたい一心なのだという。

またラクスマンは三年前のクナシリ・メナシの反乱について、真相を確かめるようにピーリから訓令されていた。この事件は不正確な形ではあるがロシア側に伝わっていたのである。日本人官吏はロシア人がアイヌと直接接触するのを嫌い、病人のためにアイヌから薬草を得るにもいちいち日本人の仲介を経ねばならなかったが、それでもラクスマンはアイヌの口からこの事件についてくわしい情報を得ることができた。「こうした暴行（日本人殺害）が行われた原因は、日本人が残酷で彼らの労苦を顧みることなく酷使し、あるいは努力して獲得した物も無償で取り上げたりするために怨恨が深ま」ったからだと彼は日記に記した。(33) 正確な説明とはいえないが、それがアイヌの言い分だったのだろう。

明けて寛政五（一七九三）年四月、徒目付村田兵左衛門ら、幕府からの正式の使節出迎えの一行がネムロに到着した。松前藩士やアイヌも交え二〇〇名の大部隊である。ようやく春を迎えて、ラクスマンらロシア人を松前まで案内しようというのだ。陸路をとるつもりだから、輸送人員を

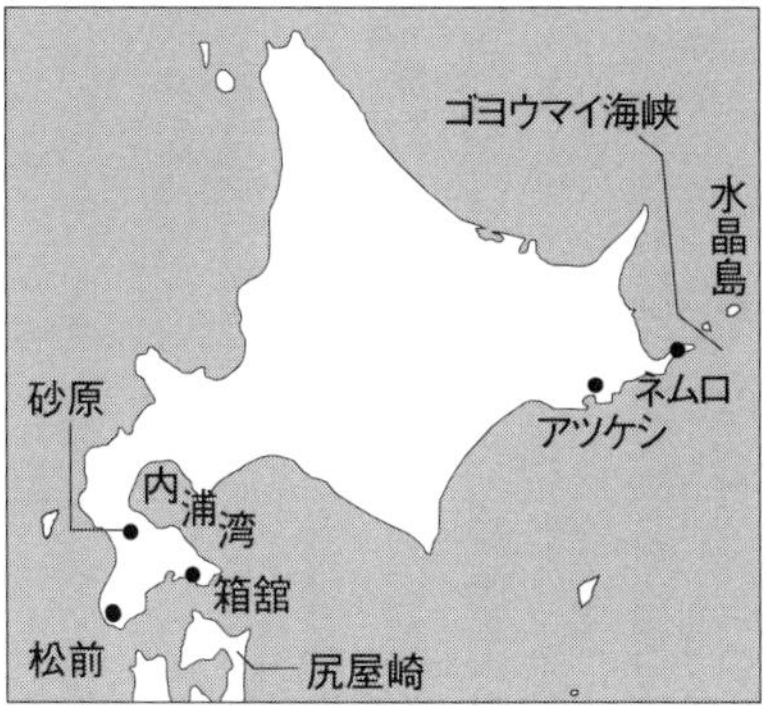

加えて大部隊になった。ネムロは時ならぬ賑《にぎ》わいである。長い越冬生活であった。冬も終ろうとする三月には、水盃をして家族と別れてきたという鈴木熊蔵が病死し、幕吏到着の翌日には日本人漂民の一人小市が帰郷を目前にして死んだ。ロシア人水夫にも一人死者が出た。みな壊血病に苦しんでいたのだ。

幕府はラクスマン一行を陸路で松前まで導くつもりだが、ラクスマンは海路を主張して譲らない。もともとは船で江戸へ直行せよと命じられているのだと言い張る。それならさっさと行けばよさそうなものだが、江戸行きだけはやめてくれという幕吏を前に、ラクスマンもそこまで事を荒だてるつもりはない。だが、松前までは断じて船で行く。このやりとりにひと月かかった。結局、内浦湾の西岸砂原《サワラ》まで海路をとり、砂原から松前までは陸路によるという妥協案が成立した。砂原までは松前藩の官船が回行する。幕府は津軽海峡へロシア船を入れたくなかったのである。

エカチェリーナ号と禎祥丸は五月七日ネムロを出港した。根室半島と水晶島の間のゴヨウマイ海峡を抜けて太平洋側へ出る。禎祥丸は新造の弁才船とて楽々と海峡を走り抜ける。ところがエ

（33）ポロンスキー九九頁

カチェリーナ号は逆風と濃霧に悩まされ、この海峡を突破するのになんと二週間もかかった。日本側ははじめからアイヌの曳き舟を用いるようにすすめていたのに、船長のロフツォフはロシア人の面目にかかわると思ったか、頑として聞かない。結局は日本側の再三の説得でアイヌの曳き舟に頼り、やっと海峡を抜けてアッケシへたどりついた。アッケシを出てからも、エカチェリーナ号は迷走を続けた。禎祥丸は翌日には砂原に着いたが、エカチェリーナ号は姿を現わさない。アッケシを出てからやっと六日目になって、なんと箱舘に入港した。エカチェリーナ号には日本人の水先案内が乗っていたのだが、風と濃霧で針路を失い、下北半島の尻屋岬まで流されてしまったのだ。それから北上して、出会った漁師たちのすすめで箱舘へ向かったという次第で、幕吏は約束違反を咎め立てしたものの、故意にしたことではないし、既成事実を認めるしかなかった。

松前での幕府応接使との会談は三回にわたって行われた。第一回の会談では、日本側から「国法書」が手交された。これは異国人に国法を教え諭す形をとった文書で、第一項は、国交のない異国船が来航すれば打ち払うのが国法であるが、わざわざ我が国の漂民を送り届けてくれたことであり、また国法を知らずしてのことだから、今回は無事帰国を許す、重ねて来《きた》ることなかれ、という高飛車なもの。第二項は、国書を持参しても受けとりがたい、国王の名もわからず言語も不通なので、礼に適った応待ができぬからだと述べる。第三に、江戸へ来ることも許しがたいとする。強いて江戸へ来ようとすると紛争が生じ、それでは親善を求める王命に反することになろうと、これはおためごかし。第四項は、ロシア使節は江戸官府の人に漂民を渡せと命じられている由だが、それなら当地でわれわれに引き渡しても問題はないはずだ、それでは不服で漂民を渡さぬというのなら、当方も強いて受けとらずともよろしいと、これもまた高姿勢。しかし以上では、日本人漂民を好遇しわざわざ送り届けてくれたのにあまりにも無愛想で、かつ相手を怒らせてはまずいというのだろう。最後にとってつけたように通商の可能性をほのめかせた。「通信・通商の事定め置きたるほか、みだりにゆるしがたき事なれども、なおも望むことあらば、長崎へいたりて、その所の沙汰にまかすべし」。

この「国法書」中、国交のない異国船は見かけ次第打ち払うのが古くよりの国法とした点については、先にも述べた通り、そんな国法は存在せず、定信政権が新たに創り出したものだというのが、近年の史学界のはやりの言説となっている。寛永年間(一六二四~四四年)の「鎖国令」とはポルトガル船の渡来を禁じたものにすぎず、その他の外国船はたまたまその後やって来なかっただけだというのだ。だが、これは甚だバランスを欠いた極論ではないのか。詳論は避けるけれども、ベニョフスキーやシュパンベルクが日本沿岸に接触したときの状況からしても、オランダ船以外の外国船の来航を国禁とする意識は定信政権の出現のはるか以前から存在していた。それは遅くとも一八世紀当初には確立していて、定信政権はそれを明文化したにすぎないと見るのが妥当だろう。

「国法書」を手交されたのち、ラクスマンは自分が日本と友好条約を結ぶことを提議したイルクーツク総督ピーリの文書を持参しており、かつ日本人漂民を江戸の高官に直接引き渡すよう訓令されていることを申し述べた。だが、このラクスマンの言述への回答はすでに手交された「国法書」のうちに含まれており、漂民受け渡しと国交樹立に関する日露の交渉は事実上このとき終了したものと考えられる。

第二回会談ではラクスマンがピーリの書簡を提出した。日本側はピーリ書簡の受理を拒否していたので、それをどう扱うか事前に細かく打ち合わされていた。まずラクスマンがピーリ書簡の要旨を演説し、通訳トゥゴルーコフが日本語訳文を朗読したあと、ラクスマンが石川忠房・村上義礼の両応接使に書簡を示した。両使はそれを手にとらず視認するにとどめ、書簡は受理できぬが、強いて提出したいとあれば長崎へ行くがよい、そのために入港証を与えると告げて一件は落着した。なおトゥゴルーコフが朗読した書簡訳文には「エンドのクボサマ御慈悲深い。イトシイ交易をゆるして下され」などとあり、並みいる幕吏は横を向いたりうつむいたり、笑いをこらえるのに苦労したそうだ。

光太夫と磯吉はこの会談終了後の夜、日本側に引き渡された。ロシア人との別れは情を尽くしたもので、その有様を見た松前藩士は感動した。ラクスマンは出迎えの日本官吏に「かの国にても厚き世話をつかまつり候て送り候義ゆえ、なにとぞ已後《いご》は御憐み下さる」よう涙声で語ったという。(34) 翌日、二人は応接使に引見された。石川は長年の労苦をねぎらったあと、公儀もお前たちのことは大切に思っているから、今後無用の心配をするでないと語り、村上もかたわらで頬笑んでうなずいていた。なお木村謙次は「光太夫年四十ばかり、雄壮なる人物。日本に来り日本を避くるようにみゆるは、十年来故郷に帰り偏《ひとえ》に郷人に恋々たるも未練にみゆ、赤人の笑を恥てなりという。常に赤狄の書を読みて居る[35]」と、松前における光太夫の様子を伝えている。

第三回会談はお別れパーティーで、長崎入港の信牌がラクスマンに手交された。和気藹々の雰囲気だったと伝えられる。ラクスマンは肝心の国交樹立に成功しなかったにもかかわらず、日本側の対応に非常に好感を得て帰国した。饗応もいたれり尽くせりで、様ざまな物品を贈られ、出帆に際しては薪水食糧を支給されたと帰国後に語った。ロシア政府もラクスマンをよく使命を果たしたものとみなして、ラクスマン父子をはじめ関係者に褒賞を与えた。これは、長崎入港証を与えられたことをもって、日本との国交樹立に明るい見通しがえられたと考えたからで、このロシア側の期待はこのあとまったく裏切られることになる。

松前の前藩主道広はラクスマン来航の三年のちに、ロシア人の印象について『地北寓談』の著者大原左金吾にこう語っている。この書物は甚だ信用できぬ性質のものだけれども、談話については疑う理由がない。「官使応待の日にいたって彼等が挙動を見るに、わずかの人数にて剣戟《けんげき》森然《しん ぜん》たる中を通行して、いささか恐るるの色なく、かえって彼が下官のもの共は、或は足をふみ出し、或は仰臥して傍若無人の躰をなす[36]」。「彼等が大量なる、なかなか他邦の及ぶ所にあらず。そ

---

(34) 山下二〇六頁
(35) 木村九三頁
(36) 大原左金吾『地北寓談』(『北門叢書』第三冊=国書刊行会・一九七二年)一二二頁

の一、二を挙げていわば、赤夷等わが夷地に越年せしとき、わが侍臣に命じてかの邦言語を学ばしむるに、少しも秘する色なくこれを伝え、また彼が蔵する所の地図等をもとむるに、さらにいなむことなく、諸州を数度乗り廻りたる海路の図と、カムサツカよりわが領までの詳図まで、ことごとく請いに随いてこれをかし与えり。また彼らが乗り来《きた》る所の舟を模造せしむるに、家士らが縮造するを赤夷らうち見て、それはかくぞすべく、これはこの巧みなりと、ともどもにたすけて異同をあらため、利害を示してこれをつくらしむ。誠に大量というべし」[37]。

道広はラクスマン一行と会ってはいない。ラクスマンは松前藩主との会見を望んだのだが、幕吏は藩主は幼少であり会見は無用として拒んだ。だが道広が松前にのりこんだロシア人一行の姿を見物したことは確かだ。またネムロ越冬中の出来事も家臣の報告でよく承知していた。

道広はロシア人の大胆さと度量の広さに感服しているが、ロシア人からすれば、これは何もことさらほめられるようなことではなかった。こうした態度はラクスマン一行が、訓令に従って日本人に対して敵意や警戒心を示さず、努めて友情を表そうとしたことを語っているだけだ。逆に日本人は、ロシアに対する過剰な警戒心のゆえに、彼らの平和使節として当然な振舞いを大胆・宏量と受けとったのである。それにしても、道広がロシア人に対して意外の感を抱き、敬意と好感をおぼえたことは間違いない。これは彼の側近の加藤肩吾なども同様だった。道広は家臣がロシア人を賞揚するのを好んだという。後述するように左金吾は、これらのことから道広がロシアと内通しているものと見なして幕府に上書し、それがやがて道広の蟄居処分につながってゆく。

なお道広は左金吾との会話中、ロシアに対して「官より一度の交易を容《ゆる》し給うた」と言っている。(38)

当時ラクスマンへの信牌授与は一般にこのように受けとられていたのである。

光太夫・磯吉の二人は江戸へ送られて、将軍家斉《いえなり》に拝謁する光栄に浴し、番町薬草園中に住居を与えられ生活も保障された。従来このことをもって、万事秘密主義の幕府が海外情報の洩出をおそれて二人を軟禁したようにいわれてきたが、これはまったくの誤りである。幕府が二人を手許にとどめたのは、ロシア使節再来に備えて彼らの知識と経験を活用しようとしたからにすぎない。後日レザーノフが長崎へ来航したとき、光太夫は幕府要人からロシア人の好むものは何かと諮問され答書を差出している。またレザーノフが長崎奉行へ与えた「魯西亜本領全図」につけられた長崎通詞の地名訳の訂正にもたずさわった。そのほかにも、彼がロシア語の知識を幕府に用立てた例は少なくない。光太夫と磯吉の行動は監視されていたわけではなく、外出して人と会うのも自由だった。光太夫は乞う者にはロシア語も教えた。のちにゴローヴニン事件の際通訳に当たった足立左内と馬場佐十郎も彼の教え子である。馬場がロシア語を習得するよう官命を受けると、光太夫は彼の官舎へ二年間通い詰めた。光太夫と磯吉は幕府の許しをえて故郷も訪れている。

幕府は漂流民を異国の文物に感染した保菌者のように扱ったというのが従来の通説だったが、

(37) 同右一二四頁
(38) 同前一七九頁

そういう事実もまた認められない。幕府がネムロで亡くなった小市の遺品を遺族に送り届けたところ、小市の遺族はそれを方々へ持ち廻って展観に供した。文化一三（一八一六）年にロシア船で送還された尾張国督乗丸の沖船頭重吉は、これまた持ち帰った外国の物品を方々で展観し、漂流譚も語った。もちろん見物料を取ったのである。[39] 摂津国永力丸の乗組員は漂流中アメリカ商船に救われ、やがて清国を経て帰国したが、アメリカに滞在したことが明らかになると、必ず永く牢舎にとめ置かれるから言わぬ方がよいと清国人から知恵をつけられ、長崎奉行所でも清国に漂着して救助されたように申し述べた。嘘が結局は露れてしまったとき、幕吏は「元来漂流のことゆえ、どこへ行こうとお咎めがあろうはずはない。憎いのは救けたのは自分たちだとあざむいて謝礼をせしめようとする清国人である」と憤慨し、永力丸の者たちにはまったくお咎めがなかった。[40] これは嘉永七（一八五四）年の事例であるが、幕府は海外渡航禁止令とキリシタン禁令の建て前上、漂流者を厳重に取り調べはしたものの、道理をはずれた取り扱いをしたわけではけっしてない。

ラクスマンは長崎入港許可証を持ち帰ったのであるから、ロシア側がその活用を計るのは当然である。イルクーツク在のシベリア総督ピーリは、ラクスマン帰国の翌年一七九四年に、日本へ再び使節を送ることを献議した。ピーリはいう。日本政府は長崎入港証を与えたからには、われわれが長崎へ遣使すれば、突然議を変じて拒絶することはないはずである。日時を移さず事を行うなら、必ず成功が得られよう。使節は佐官以上の人物を選び、日本では商人を賤視するから、同行する商人も役人格に任じ帯剣させるべきだ。オランダの妨害が予想されるが、北からもたらす商品の方が南廻りの商品より変質することが少ないのを日本人が知れば、オランダとの競争にうち勝つことができよう。ロシアの対日輸出品はヨーロッパ産品では利益は期待できないが、クリル・アレウト（アリューシャン）の諸島で産する乾魚、塩魚、鯨油、獣油の類は生産量も多く日本で大きな需要がみこまれる。日本から輸入する織物・米麦・銅鉄器などは、シベリア各地で広く販路が見出されるだろう。日本との貿易はアレウト・クリル・アラスカの開拓にとっても有利で、同地方におけるロシアの基盤を強化するにちがいない。また、しばしば紛争に悩まされているロシア・清国間の貿易にしても、清国から輸入する絹・木綿・織物類を日本から得られるとすれば、清国もこれまでのように勝手放題なことは言えなくなるはずだ(41)。

このピーリの書簡は極東ロシアの官民が日本貿易を切望していた事情をよく物語るものだろう。だが、エカチェリーナの関心は長く東方へはとどまっていなかった。革命政府のもとフランスはヨーロッパ諸国との戦争に突入し、やがて砲煙のなかからナポレオンが雄姿を現そうとしていた。

(39) 川合彦充『日本人漂流記』（文元社・二〇〇四年）二四五頁
(40) 同右一八四～一八六頁
(41) ポロンスキー『千島誌』（『蝦夷・千島古文書集成』第七巻）一八五～一八七頁。ポロンスキー『ロシア人日本遠訪記』は、ロシア駐在日本公使館員が明治八年に訳した本書『千島誌』を、林欽吾が口語文に直したものであるが、前後を省略しているので、このピーリの文書は掲載されていない。

エカチェリーナはヨーロッパのパワー・ゲームから片時も眼が離せなかったのである。

一七九四年仙台の若宮丸がアレウト列島へ漂着し、一六名の日本人漂民がイルクーツクに出現するに及んで、彼らの送還にことよせて日本と通商を開こうとするシェリコフらイルクーツク商人の企てが再燃した。イルクーツクの新シベリア総督ナゲリは彼らの要望を受けて、一七九五年一〇月にこのことを建議し、エカチェリーナは翌九六年七月に、トボリスク在のシベリア副総督セリフォントフに、諸事前回の使節と同様の振り合いで官船または商船を日本へ送るべしとの勅令を下した。前回と同じやりかたでという一点を見ても、エカチェリーナのやる気のなさがうかがえる。しかも彼女はその年の一一月に六七歳で死去した。

あとを継いだパーヴェルは母エカチェリーナを憎み、廃位された父ピョートル三世を神聖視していた。エカチェリーナもパーヴェルを愛さず、帝位は孫のアレクサンドルへ譲るつもりだった。パーヴェルが実はピョートル三世の子ではなく、エカチェリーナの情夫で、ピョートル廃位の急先鋒だったオルロフの子だという噂があったのは皮肉というほかはない。パーヴェルは母親憎しの一念から、いちいち母親のやったことと反対をやろうとした。遣日使節の件も立ち消えとなった。こうしてラクスマンのもたらした長崎入港信牌も、一一年間むなしくイルクーツク政庁に眠ることになったのである。

もしロシアがラクスマン遣使のあと時を過すことなく、再度このたびは長崎へ遣使していたならば、事態はどう展開しただろうか。松平定信が老中職にあったのは寛政五（一七九三）年七月までだから、再度の遣使の際は下野していた公算が大きい。定信自身はロシア使節が長崎へ来れば、蝦夷地で交易を許す考えだったといわれる。他の老中たちもこの点は同様だっただろうから、定信辞任後であってもあまり遅れずにロシアが遣使していれば、日露国交がこのとき樹立されていた可能性は大きい。しかし、長崎交易と同様制限・管理された交易である以上、それが日本の国情に変動をもたらす要因になりえたかどうか、疑問とされるところだ。

第七章　幕府蝦夷地を直轄す

ラクスマンが退去して三年後、寛政八（一七九六）年九月、英国のコルヴェット艦プロヴィデンス（四〇〇トン）がエトモ（現室蘭）に来航した。艦長ウィリアム・R・ブロートンは王命を受けて、エゾ・サハリン（樺太）とアジア北東岸を含む海域の探検の途上にあった。

北太平洋は当時残された唯一の未知の海域だった。ベーリングの二次にわたる探検もアジア・アメリカ両大陸の分離の確認とアレウト（アリューシャン）列島の発見にとどまり、大航海者クックの第三次航海（一七七六〜七九年）も当人のハワイにおける奇禍のために、アラスカ沿岸の一部を明らかにしただけだった。地理学上の混乱は蝦夷島北方の海域において甚だしかった。サハリンがアジア大陸の張り出した半島であるのか、島であるのかも不確かだったし、蝦夷島とサハリンの位置関係も明らかではなかった。ルイ一六世から派遣されたラ・ペルーズは一七八七年、二隻の探検船を率いて日本海を北上し間宮海峡近くまで迫ったが、水路を発見できずに引き返し、宗谷海峡を抜けてカムチャツカへ向かった。彼はヨーロッパ人として宗谷海峡を航行した最初の人で、そのためこの海峡はラ・ペルーズ海峡と呼ばれる。ラ・ペルーズは沿海州岸のデカストリ湾で原住民から聞きとりを行い、その結果、サハリンと大陸間には浅い水道が存在するものと判断した。『ラ・ペルーズ航海記』に掲載された地図には、サハリンは島として描かれている。[1]

ブロートンの寄港の報に接した松前藩は急拠藩士を派遣して来訪の意図を探らせた。会見はプロヴィデンス艦上で行われ、雰囲気はすこぶる友好的だった。藩吏たちはプロヴィデンスが英艦であることをすでに知っていた。会話はラクスマン一行と親しんだ例の加藤肩吾と、ロシア生まれのプロヴィデンス乗員との間でロシア語で行われた。加藤はラクスマンたちからロシア語をある程度習得していたのである。ラクスマンの場合とおなじく地図が交換された。日本人側からは加藤肩吾作図の「松前地図」が与えられ、お返しにブロートンがキャプテン・クックの航跡図を贈ったところ日本人は大よろこびだった。日本人はロシア製と思われる世界地図もブロートンに見せた。これは加藤らが根室でラクスマンから借りて写した地図だったにちがいない。加藤たちがあらかじめこうした地図を用意してきたことは注目に値する。彼らは初めから英人と世界地理の知識を交換するつもりだったのだ。[2]

このあとブロートンは千島のマカンルル島まで船を進めたものの、北海はすでに冬にはいろうとしているので探検を中止し、南下してマカオで越冬した。翌一七九七年四月、プロヴィデンス

（1）秋月俊幸『日本北辺の探検と地図の歴史』（北海道大学図書刊行会・一九九九年）一九一～一九三頁
（2）同右一九七頁

号はマカオで購入した八七トンのスクーナーを伴って北上を開始したが、沖縄の宮古島沖で座礁して沈没、乗員はスクーナーに移乗してマカオへ引き返した。

二カ月後マカオを出たブロートンのスクーナーは八月再びエトモに入港した。前回とおなじ顔ぶれの松前藩士が駆けつけ、ブロートンの今回の船が小さいのにおどろいたという。藩士たちの態度は前回とはがらりと変って、警戒心を露わにし早々に立ち去ることを求めた。ただ加藤肩吾はブロートンに日本全図を贈り、このことが露見すると処罰されるので他言せぬように頼んだ。彼らのロシア人や英人への友好感情はもはや許されぬものとなっていたのだ。この日本全図は長久保赤水の「改正日本輿地路程全図」だったと考えられている(3)。ブロートンの再訪に当って、松前藩は三百の兵をエトモへ送った。一年の間に松前藩は幕府からネジを巻かれていたのだ。ブロートンは松前兵の到着以前に出港し、津軽海峡を抜けて松前の沖合に姿を現した。松前藩は恐慌をきたし、スクーナー艦上からもものものしい警戒ぶりが見てとれた。ブロートンの津軽海峡通過は幕府に報告され、事態を重視した幕府は翌年、津軽藩に命じて箱舘警衛のため藩兵五百を派遣させることになる。

ブロートンは蝦夷島西岸に沿って進み、左にタタール地方右にサハリン島を望みながら北上を続けたが、実は右に見える陸地がサハリン島だとは自覚していなかった。ラ・ペルーズの航海記は一七九七年に刊行されたものの、ブロートンの目に触れるよしもなく、従って彼は宗谷海峡の存在も知らなかったのである。彼の脳中では現に右方に見える陸地と蝦夷島との関係は曖昧模糊たるものにとどまっていた。

彼はラ・ペルーズが到達した地点からさらに一五マイル北へ進んだが、水深も浅くなり、派遣したボートも前方に水路を発見できなかったので、ここを湾の行きどまりと考えて船を返した。結局彼は、右に見えるサハリン島をアジア大陸から張り出した巨大な半島の一部と考えたのである(4)。

ブロートンの蝦夷島来航は純然たる探検航海であったにもかかわらず幕府はこれを重大視し、翌寛政一〇(一七九八)年蝦夷地へ調査隊を送った。幕閣は蝦夷地の防衛を松前藩に任せておくことに強い懸念を抱いていたのだ。幕閣が報告にもとづいて東蝦夷地の直轄を公示したのは寛政一一年一月である。蝦夷地取締御用係には書院番頭松平忠明、勘定奉行石川忠房、目付羽太正養《はぶとまさやす》、御使番大河内正寿、勘定吟味役三橋成方が任命された。この度の東蝦夷地召し上げはあくまでも仮上知で期間は七年にかぎり、松前藩には代地として武蔵国埼玉郡に五千石が与えられた。

従来蝦夷地御用には勘定奉行所と目付から起用されるのが恒例で、武官の代表たる書院番頭の松平忠明がその筆頭に任じられたのは異例だったが、彼は実は豊後国岡城主中川修理太夫の次男で、かねて蝦夷地警衛に一家言をもち、しばしば老中に献言していたという。武官たる彼が責任

---

(3) 同右一九八頁
(4) 同右二〇〇頁

者に任じられたのを見ても、東蝦夷地直轄が何よりも防衛の見地から行われたことは明らかである。石川忠房はラクスマン一行の応接に当たった人物であり、羽太正養はこののち東蝦夷地経営の中心的存在となり、幕府直轄時代の厖大な記録『休明光記《きゅうめいこうき》』を著した。

御用係に任じられた五人は合議して経営の方針を定めた。今日の蝦夷地防衛の要点はアイヌの人心を日本とロシアのどちらが掌握するかという一点にある。ロシアは戦争に訴えようというのではなく、アイヌを手なづけて進出を計ろうとするのだから、日本がアイヌを手厚く撫育してその信頼を得さえすれば、武備の点では従来通り南部・津軽の両藩に松前藩を支援させて不足はない。問題は松前藩がアイヌとの交易を商人に請負わせて任せっきりにしていることにある。姦商どもは何よりも利を計るために「蝦夷人共と交易の時、米酒煙草その外の諸品にいたるまで、升目を掠め、秤目をくるわせ、或は腐れ損じたる品を渡しなんど、あるとあらゆる非議を行う」ので、アイヌは衰微し松前の治政を恨むこと久しい。ロシアはそこにつけこむのである。だから、まずは交易場所に役人を置いて、「かれが方より出《いだ》す所の産物のかえものとしてあたうる品々ことごとく改めて、いささかも悪しき品を渡さず、また升目秤目等を厳にして些少の不正をも施さざる様」に厚く心を用いることが肝要である。夷人が漁業の具に乏しければ、網などを常備して貸し与え、働きの抜群なものに賞を与えるのもよかろう。しかし肝心なのは、夷人を日本国民として同化することだ。松前藩は夷人が日本の風俗を用いることを禁じたが、こういった禁令を撤廃し、衣服・住居・言語など和風化を奨励し、五常の道耕耘の道も教えて、百年ののちは蝦夷地一円をことごとく本邦に同化することを目指すべきである。ただし風俗の改変については、こちらから促せば反抗が生じるおそれがあるので、彼らの方から望むように気長に仕向けるがよろしい。(5)

以上の方針は幕閣の承認するところとなり、御用係以下幕吏は続々渡島して東蝦夷地の経営に乗り出した。その第一の眼目はアイヌ交易を幕府の直営としたことである。運上所の通詞や番人はそのまま雇用されたが、請負商人は一掃された。幕府の直営といっても、アイヌに渡す交易品の調達には商人の力を借りねばならないし、アイヌから受け取った交易品の売り捌きもおなじく商人にゆだねなければならない。しかし、とにもかくにもアイヌ交易は幕吏の管理下に置かれ、従来の請負商人の不正がただされたことは認めるべきだろう。直捌き制下の収支を見ると、寛政一一年から文化二年にいたる七年間は年平均二万両の黒字が出ている。ただ、アイヌ交易の直営は利益を生み出すために行われたのではなく、あくまでアイヌ撫育が目的だった。アイヌ撫育は蝦夷地防衛策の主要な一環であって、天明年間の蝦夷地開発が幕府財政のために立案されたのとは大いに趣旨を異にする。東蝦夷地直轄の全体経費を考えれば、幕府の収支は赤字だった。

蝦夷地警衛の焦点はいうまでもなく南千島である。幕府はロシアの千島進出をエトロフ島の先のウルップ島で喰い止めるつもりだった。ウルップはもともと無人の島で、その南北の諸島に住

(5)『休明光記』三二五〜三二七頁

むアイヌがラッコを求めて出猟するだけである。一七七五年にウルップへ入植したロシア人たちは八二年に退去し、八四年に再渡来したロシア人も翌年には引き揚げて、天明年間幕府が蝦夷地見分を行ったとき、ウルップにロシア人の人影はなかった。そのウルップへまたもやロシア人が来住したのは、ラクスマン一行が帰国した二年後の一七九五年である。イルクーツクの豪商シェレホフは千島経営に興味を失い、アレウト列島からアラスカにかけて狩猟植民地を建設するのに専念してきたが、ラクスマンの訪日に刺激されて、ズヴェズドチェトフを長とする五八名の植民団をウルップへ送りこんだのだ。(6)

幕吏はその事実を把握していた。彼らはウルップを日本の固有の領土と認識していたから、ウルップに来住するロシア人は説諭して退去させる方針だった。しかし、退去せぬ場合はどうするか。まさかウルップをめぐって戦端をひらくわけにはいかない。武力衝突を避けるというのは幕閣の根本方針である。こちらで早々とウルップを占拠し開発してしまえば、それが既成事実となる。だが、それではロシア人入植者と紛争を惹起するおそれがある上に、まだエトロフが手つかずの現状のまま、ウルップまで進出する余力はない。いまはウルップを監視しつつ、エトロフにおいて地歩を固めるのが良策である。かくしてエトロフ開発は東蝦夷地直轄事業の最優先課題となった。

エトロフ島には寛政一〇（一七九八）年の蝦夷地巡見の際、近藤重蔵と最上徳内が渡島し、「大日本恵登呂府」の標柱を建てていた。重蔵は御先手与力という下級幕臣の家に生れ、湯島聖堂の学問吟味に最優秀の成績で及第した秀才で、この年数えて二八歳、身の丈六尺に近く英傑の風があった。エトロフ開発はこの重蔵と山田鯉兵衛の担当のもとに行われた。エトロフには当時七〇〇余りのアイヌがいたが、エトロフ・クナシリ間の海峡は激浪で名高く、日本の船が通うこともないので、交易の機会に恵まれぬ島民は住いは穴居、衣服も煮炊きの道具も漁具も乏しく、重蔵や鯉兵衛からすれば悲惨な生活に見えた。彼らは島民の生活状態を改善することが急務で、そのためにはエトロフへの航路を開くのが先決と考えた。船さえ通えば、漁場を開くことが可能なのだ。そこで起用されたのが高田屋嘉兵衛である。

嘉兵衛は淡路島の生れで、兵庫へ出て樽回船の水夫となり、やがて船頭に出世した。樽回船とは主として酒荷を上方から江戸へ輸送した回船グループである。兵庫は上方と蝦夷地を日本海経由でつなぐ北前船の本拠である。彼は北前船の沖船頭となり、寛政七（一七九五）年には出羽国庄内で千五百石の辰悦丸を建造、海運業者として蝦夷地との交易にたずさわることになった。辰悦丸で箱館へ乗りこんだのは翌寛政八年である。寛政一〇年には箱館に店を構えて手船五隻を動かし、享和元（一八〇一）年には一一隻の千石船を持つようになった。(7) 幕府が東蝦夷地を上知した前後のことである。

（6）アダミ九九頁
（7）嘉兵衛の閲歴については柴村羊五『北方の王者・高田屋嘉兵衛』（亜紀書房・一九七八年）による。

嘉兵衛は箱館詰の幕吏高橋三平と知り会った。高橋はのちに松前奉行、長崎奉行を歴任する逸材で、ただちに嘉兵衛の人物を見こみ上司の三橋成方に紹介した。折から三橋ら蝦夷地御用係はエトロフ航路を開く船頭を求めていた。嘉兵衛がアッケシで初めて近藤重蔵と会ったのは寛政一一年六月、重蔵はエトロフ渡島の機会を窺っていた。ときに嘉兵衛は三〇歳、重蔵より二歳年長だった。重蔵は図合船でエトロフへ渡れるかと尋ね、嘉兵衛は直ちに渡れると断言した(8)。図合船とは蝦夷地で用いられる小舟である。前年、重蔵がエトロフへ渡った折はアイヌ舟を用い、ほとんど溺没する思いだった。

嘉兵衛はクナシリの北東端アトイヤ岬で、エトロフを望みながら水道の潮流を観察し、その結果、水道には樺太から、西蝦夷地から、北海からの三つの潮流が流れこんでぶつかり、激浪を巻き起していることを看取した。アイヌはアトイヤからまっすぐ対岸のタンネモイに渡ろうとするので、この狂瀾怒濤に巻きこまれることになる。三潮流の出会うところを避けて迂回すればよろしいのだ。嘉兵衛は一〇トンばかりの和船で渡海に乗り出した。濃霧のために先も見えぬなかを北へ進む。一、二里ほど進むと、同乗の番人やアイヌは針路を東へ変えるようにしきりと頼む。嘉兵衛は無視して四里ばかり走ったところで船首を東に向けた。さらに八里あまり走ったろうか。霧が薄れ首をあげて望むと、わずか十間(一八メートル)ばかりのところに山が迫っている。「蝦夷人みな喜躍欣帰して、既にエトロフ嶋に着したりという」。ところはアイヌが常に渡り口とするタンネモイたった。この日海上は穏やかで危いことはまったくなかった。用意してきた船側の波よけも用いずにすんだ。「番人夷人等皆驚駭して、嘉兵衛は鬼神に通ずるかなとて尊信すること大方ならず」。帰りは八里ほど東北のナイボから船を出した。この日の霧はさらに濃く、船中の者の顔も見分けられぬほどだったが、海上は穏やかなること平地を行くがごとく、無事にアトイヤへ帰着した(9)。

クナシリからエトロフへ渡る航路の問題はかくして解決した。寛政一二(一八〇〇)年三月、近藤重蔵、山田鯉兵衛は高田屋嘉兵衛の手船辰悦丸に物資を満載してエトロフへ渡った。このとき辰悦丸は日章旗以下旗幟をはためかせ、重蔵は甲冑を着こんで武威を張ったので、島民は恐慌をきたしたが、やがて重蔵・嘉兵衛など旧知の顔を見出して安堵したという。これが大船のエトロフへの渡りぞめだった。米塩衣服などの物資がアイヌに与えられ、一七の漁場が選定されてエトロフ開発は緒についたのである。エトロフが開けるにつれ、ウルップ以北に出稼ぎをして居ついていた者たちも帰島し、人口はやがて一二〇〇人に達した。

ついで問題となったのはウルップのロシア人である。ズヴェズドチェトフの植民団のうち、まだ十数人がウルップに「安居」しているらしい。蝦夷御用係は老中からその処置をどうするつもりか尋ねられて商議した。松平忠明は説諭しても立ち去らないなら、捕えて箱舘あたりに監禁す

(8) 同右七六頁
(9) 『休明光記』(「エトロフ嶋渡海の記」) 一二七五、六頁

べきだという。石川忠房はさらに強硬で、帰国を拒めば全員打ち殺してしかるべしとの意見。それに対して羽太正養と三橋成方は、そのような事がましい手段に訴えずとも、ウルップのロシア人はアイヌとの交易によって渡世しているのだから、エトロフからウルップへ出猟するアイヌに交易に当てる品々を持参せぬよう厳しく検査すれば、ロシア人は交易の途を失いやがて退島にいたるだろう、また退島せずとも、わずか十数人のことゆえ国家の憂いとするに足りぬと主張し、議論は決着がつかぬので、この三様の意見をそのまま具申することにした。老中たちは羽太と三橋の意見を採用した。そもそもロシア人がカムチャツカからくだって来たのも、松前の政事が行き届かぬためで、先年松前でラクスマンに蝦夷地へ来ることを禁じたといっても、外国人のことだから果してどの程度理解したかおぼつかない。されば、退島の命をきかぬからといって手荒に所置すべきいわれがなく、急速に解決しようとするのは幾重にもよろしくない。たとえ今年中に退島させられなくても一向かまわないので、急がずに事に当るべきである。(10)

　老中の指示を受けた御用係は富山元十郎と深山宇平太をウルップへ派遣し、ロシア人と問答させることにした。富山らは享和元（一八〇一）年六月の末にウルップへ上陸、折からエトロフより出猟していたアイヌにロシア人の動静を尋ねたところ、トウホという場所に居住していて、首長をケレトフセという。この男気が荒く部下を四人打ち殺したとのことである。富山はまずこのアイヌをケレトフセのところへやって面会の意を通じさせた。アイヌが帰り報じるには、ケレトフセは大変恐怖した様子で、何かわが身にかかわることではないかときくので、ラッコ猟見廻り

エトロフ島のロシア人住居

のための来島だと答えると安心した様子で、当方へ来られたら邪心なき証拠として鉄砲を放つから、日本人も鉄砲を放って答えてもらいたいと申したとのこと。そのあと数日は風波が荒れて舟を出せぬので、富山らは「天長地久大日本属嶋」と彫った木標を小高い岡の上に建てたりして日を過した。

七月四日、富山たちは十数里の海路を経てトウホに着いた。数十発の銃声が鳴り響いたので、こちらからも数発打ち返す。ロシア人たちは海岸に現れ、上陸する富山たちを迎えた。ケレトフセは五〇歳あまりで身の丈六尺、帽子を脱ぎ砂場に片膝ついて、頭を下げ礼を示した。ロシア人の住居は土手に穴蔵をうがっているのであった。高さ一間、幅四尺ほどの入口がある（一間は一・八メートル、一尺は三〇センチ）。中は廊下になっていて、進むとまた脇に入口がある。それをくぐれば穴蔵で、そこが居間らしい。ガラスを張った窓ひとつ、天井に煙抜きがある。両側に長椅子が置かれ、萌黄色の羅紗がかかっている。そこへ座れという

（10）同右三六〇～三六二頁

のであった。

富山らはアイヌ人を連れており、ロシア人側にもシモシリ島のアイヌがいて、通訳をつとめようとするのだがうまく行かない。富山は先年松前でラクスマン一行を応接して少しロシア語を覚えている。ためしに遣ってみるとこれが通じた。まず、何のために来島したかと尋ねる。「ラッコ猟のために来れり」との答。本国に帰らないつもりかと問うと、「本国へは度々書簡を贈るといえども、一切音信なきゆえに帰らず」という。実は、彼らを送りこんだシェレホフはその直後に死亡しており、以来植民団は孤立無援の状態に置かれていたのだ。「六年以前六〇人ほどにて来り、引き別れここに残れり」という。いま残留しているのは一七名、男が一一名で、六名の女のうち三人は子どもだった。段々と問うと、出身はイルクーツクで、先年松前に来た「イコロ・イワノヌチ」の近隣の者だという。これはラクスマン一行の通訳エゴル・イヴァノヴィチ・トゥゴルーコフのことだろう。蝦夷地はアツケシへ行ったことがあるという。これは意外な発言で、いつどういう折に行ったものやら。しかし、富山はこの点を問いただすことはしていない。女帝は崩じて、王子のアヘヲン・ヘトロヌチが今の国王だという。パーヴェル・ペトロヴィチがかくなまったのである。

富山が交易は制禁であるといい渡すと、ケレトフセは「心得たり」と答えながら、ラッコ皮を二枚取り出し、これを贈るから米と酒を少し賜われという。それでは交易になるからラッコ皮は受け取れない。しかし米・酒に不自由しているというなら無償で与えよう。富山は四斗入りの米一俵、二斗入りの酒一樽を贈った。それだけのものを用意して来ていたのである。ロシア人は事のほか悦び、それから酒宴となった。酒はむろん富山が与えた日本酒である。女が二人給仕に出て来る。色白で背が高く、化粧はしていないが美人だ。鱒のつみれの吸物、魚の油揚三、四種が肴である。六、七歳と三、四歳の女児が出て来て、臆することもなく富山たちの手足に顔をすりつけて親しみを示す。二人とも可愛く愛嬌があり、親の言にもよく従うと見えた。

夕方になって辞去しようとすると、ケレトフセはもう一、二日逗留するようしきりにすすめた。ロシア人たちも人懐かしかったのである。その夜は海岸に小屋掛けして泊った。翌朝、ロシア人たちが四、五人訪れて、富山一行のアイヌ人と話して行った。ケレトフセが日頃あまりに乱暴でたえがたいので、自分たちをエトロフへ連れて行ってくれるか、さもなくば今後手荒にせぬようケレトフセに日本役人から説諭してくれというのだ。アイヌがそれはこちらの所置には及びがたいと答えると、そのまま帰ったとのことだった。出船の折は、ケレトフセ以下ロシア人が全部出て来て浜辺で見送った。ケレトフセは今日一日でも逗留せよとしきりにすすめた。

ウルップのロシア人女性

富山はケレトフセにウルップから退島せよとは一言もいわなかった。ただエトロフへ帰ってアイヌたちに、ウルップへ渡る際、酒煙草を自己用以外に持参して交易することをせぬよう厳しく言い渡しただけである。すなわち彼は羽太と三橋の方針を忠実に守ったのだった。ケレトフセは人名ではなく、先導者を意味するペレドフシチクの訛音である。富山は彼の名を「ワシレイ」と聴きとっている。たしかにケレトフセはワシーリー・スヴェズドチェトフその人であったろう。[11]

ウルップのロシア人のその後は、思わぬところから明らかになった。富山たちの会見から四年たった文化二（一八〇五）年六月、エトロフ島のシベトロへ異国の小舟が着いた。捕らえて会所で糾問すると、露領ラショワ島のアイヌ一四名だとわかった。頭はマキセンケレコウリツというロシア名である。彼の話ではカムチャツカの役人から、近年日本人がエトロフに大勢はいりこんでいるというから様子を見て来いという命があり、それによって来島したが、同島の惣長夷が交易の可能性があるか調べよというので鷲羽なども持参したという。[12] 幕吏は彼らを会所内に監禁し、箱舘奉行へ処置を問うた。箱舘奉行は享和二（一八〇二）年幕府が東蝦夷地を永久上知したときに設けられ、羽太正養と戸川安諭が任に当っていた。二人は協議の結果穏便に帰国させるべきだと上申し、幕閣もそれを承認した矢先、翌年文化三年三月、ラショワアイヌは囲みを破り、闇に紛れて脱走してしまった。[13]

ウルップのロシア人の運命は彼らの口からわかったのである。一八〇五年、ラショワ島を出てレフンチリホイ島に立ち寄ったら、ウルップにいたロシア人一四人が居合わせたというのだ。彼らのいうには、本国から何の便りもなく、持参の衣服や道具も損じ果て、しかもこの一、二年はエトロフのアイヌも来島せず交易の途も断たれたので、いつまで島にいても仕方がないと思い定め、去年の秋この島まで来たのだが、季節おくれて先の島へ渡れないので、またウルップへ引き返して越年したところ、今年の春ケレトフセが病死、ほかに二人の死者が出て、残り一四人がウルップを引き払い、ここで風待ちをしているとのことだった。富山が調べた人数は一七人だったから、数はちゃんと合っている。富山の手に顔をなすりつけたあのナタリヤもこの中にいたはずだ。ラショワ島人はエトロフへ向かう途中ウルップに寄ってみたが、ロシア人住居跡は空家となり人影を見なかった。(14) エトロフアイヌにロシア人との交易を禁じて、ロシア人を徐々に乾しあげる羽太たちの策はみごとに当ったのである。

幕府が享和二(一八〇二)年二月、東蝦夷地の永久上知を決定したのは、蝦夷地御用係たちの強い上申による。御用係たちは仮上知の期間中の経験から、もはや蝦夷地を松前藩にゆだねておくわけにはいかぬと痛感していた。松前の者どもはたとえばウルップにロシア人が居住している状況をまったくつかんでいないし、第一そういうことが気にならないらしい。クナシリ・メナシ事件のあとの「改正」一件もほとんど実行されておらず、藩士の要所要所の勤番も名目だけで、

---

(11)『休明光記』三六二〜三六八頁
(12)同右(「ラショア嶋蝦夷人エトロフ嶋渡来の事」)四四〇頁
(13)同右四四九頁
(14)同右四四四、五頁

彼らに任せておいたら蝦夷地は野放しになってしまう。そもそも、実収は四、五万石といいながら一万石格の松前藩に、この広大な蝦夷の天地を預けるというのが無理なのだというのが彼らの考えだった。御用係たちは三年間の東蝦夷地直営で自信を深めていた。交易は黒字であるし、道路の建設、船舶の配備、防衛・交通の要地の設備など、開拓は着々と進み、アイヌの気受けもよろしい。幕府の直轄は蝦夷地を内国化し防衛を強化する上で最善の策である。かくして御用係は西蝦夷地をふくむ蝦夷地全土を一括して上知するよう建議するに至った。しかし、幕閣はまだそこまでは踏み切れず、当初七年間と予定した東蝦夷地の仮上知を永久上知と決定するにとどめた。同時に箱舘奉行所が設置されたことは前述の通りである。全蝦夷地の幕府直轄はこの五年後に実現される。それは一七九九年に東蝦夷地の直轄を決めた時点で、論理的に内包された帰結だったというべきだろう。

翻って考えれば、江戸期の日本国家は蝦夷地の征服をなぜこの時期まで延引していたのだろうか。幕府成立の初期に蝦夷地の管理を、わずかに渡島半島の先端に地歩を築くのみの松前藩にゆだねたのは、日本の近世国家が当初北方領域に領土を拡大するような関心も利害も有しなかったことを意味する。蝦夷地は鷹・鷲羽・毛皮を産出し、それはいずれも徳川武家社会の武威を示す必需品である。だが、それは松前藩のアイヌ交易で入手できる。あえて蝦夷地を征服せねばならぬ理由にはならない。一方、松前藩は蝦夷地をアイヌにゆだねているからこそ交易の利をあげることができた。アイヌとの交易こそこの藩の生命線である以上、蝦夷地を全面的に征服するなど愚の骨頂である。蝦夷地を征服して藩領化しても、統治のコストを考えれば勘定が合わない。それより蝦夷地を異国として固定し、アイヌ交易の利をむさぼる方が利口というものだった。だから、幕府がこの時期に蝦夷地の幕領化に踏み切ったのは、経済的利潤を目当にした植民地獲得の一般則に従った行為ではない。それはロシアの南進という夢魔に脅やかされた防衛本能の発動であり、日本近世ナショナリズムの最初の血の騒ぎだったのである。

第八章　レザーノフの長崎来航

一九世紀にはいると、ロシアではふたたび日本と通商を開こうとする気運が高まった。そもそもラクスマンが派遣されたのも、シベリア経由でオホーツク海沿岸の極東領へ物資を輸送することの困難を踏まえて、日本から食料その他の必要物資の供給を仰ごうとしたのである。しかもその後、アレウトからアラスカにかけて拡がった狩猟植民地を維持するために、対日交易の必要はますます増大していた。対日交易を切望したのは何よりも、その一帯の商権を一手に収める露米会社だった。

ここで一応、露米会社設立の経緯に触れよう。イルクーツクの豪商グレゴリー・シェレホフが千島方面の開拓を見限って、将来性豊かなアレウトへ目を転じたことは先に述べておいた。一七八三年、彼は三隻の船を率いてアラスカへ赴き、カディヤク島を根拠として三年間毛皮の猟場を開拓した。この旅には妻のナタリヤも加わっていた。彼女はシェレホフの資金を提供したばかりでなく、北海の困難な環境をものともせぬ女傑だったのである。シェレホフはそれまで虐待されていたアレウト族との友好につとめ、濫獲による毛皮獣の絶滅を憂えていた。無法な狩人が勝手にはいりこんで住民や資源を絞りとる現状を改めるために、英蘭の東インド会社のように、政府から独占権を与えられた合同会社を設立するのが彼の夢だった。だが一七九五年、彼は四八歳の若さで急死した。彼を記念する碑はいまでもイルクーツクに建っており、それには彼を「ロシアのコロンブス」と称えた当時の大詩人デルジャーヴィンの詩句が刻まれている(1)。

シェレホフの遺志を継いだのは未亡人ナタリヤである。彼女には心強い片腕がいた。娘アンナの夫レザーノフである。彼は元老院書記官長として新帝パーヴェルに接近する機会があり、一七九九年になってついに露米会社の設立をパーヴェルから認可された。会社はアラスカ・アレウト・カムチャツカにおける狩猟・貿易・植民地建設に関する特権を認められ、軍隊を保有し拠点に築城する権限も与えられた。会社の株主には皇帝、皇族、大貴族、高位高官の名がずらりと並んだ。ニコライ・ペトロヴィチ・レザーノフは古い名門貴族の出で、裁判所・海軍省・元老院でキャリアを積んだ。官命でイルクーツクへ出張したとき、シェレホフと知りあって彼の雄大な事業計画に共鳴し、娘のアンナの婿となるに至ったのである。彼は新会社においては、政府との折衝を任とする代理人の地位にあった。露米会社の総支配人にはシェレホフの腹心だったアレクサンドル・バラノフが当てられた。一七九九年、彼は現地での本拠をシトカへ移し、以後二〇年間、露米会社の黄金時代を築いた。彼はアメリカ西岸のロスに砦を設けたり、ハワイ諸島の占領を策

(1) 加藤A一五二頁

したりして露米会社の勢威を張ることにつとめたが、それはむろんのちの話である。

　レザーノフは露米会社の北米植民地の維持が困難であるのをよく承知していた。問題は先に述べたように食料をはじめとする必需品の供給にある。折からクルーゼンシュテルンという海軍大尉の作成した極東露領に関する意見書が商工大臣ルミャンツェフ伯爵の目に触れた。伯爵はレザーノフと懇意であったから、この件はすぐ彼の知るところとなったにちがいない。

レザーノフ

　アダム・クルーゼンシュテルンは現エストニア共和国のタリンの生れで、海軍兵学校卒業後数々の軍務をこなしたのち英国へ留学した。この留学仲間にリシャンスキーがいた。彼らは英艦に乗ってインド・中国に航海し、一七九八年から翌年にかけて広東に滞在した。そのとき一〇〇トンほどのイギリス船がアメリカ北西岸から帰港し、ことごとく毛皮からなる積荷は六万ピアストルに売れた。しかも、この船はマカオから出港して広東へ帰るまでわずか五カ月しか要しなかったのだ。クルーゼンシュテルンの頭に天啓がひらめいた。ロシア人はアラスカ・アレウトで得られた毛皮をまずオホーツク港へ運び、そこから東シベリアを経て露清国境のキャフタへ回送して中国人に売る。その間二年以上の歳月が費されるのだった。そんな苦労をしなくても、アラスカからマカオへ直接運べばよいではないか。[2] ただしそのためには、バルト海から構造・装備ともに十分な船を太平洋へ回航し、アラスカからマカオへの航路を開くしかない。アラスカには遠洋航海にたえる船も造船所もありはしないのだ。

クルーゼンシュテルン

　従来カムチャツカ以東の露領植民地には、東シベリアのヤクーツクからオホーツク港へ物資が運ばれていた。その道中は長距離である上に難所にみちており、年間四千匹の馬を使用しても輸送量は微々たるもので、そのためたとえば、ロシアの欧州部で半ルーブリの裸麦粉がオホーツクでは最安値でも八ルーブリにはね上る。錨や錨索はそのままでは運べない。錨索は小片に切断して送られ、オホーツクでふたたびつなぎ合わされる。錨も部分にばらして送ってまた鍛え合わす。[3] しかも、オホーツク港からカムチャツカ、アレウト、アラスカへ運ぶのがまた大変だ。脆弱な船を無知な船長や航海士が指揮して、危険な北の荒海を航海するのだから、三隻に一隻が沈没し貴重な積荷も喪われる。[4] この惨状を何とかするには、バルト海からホーン岬を

（2）『クルウゼンシュテルン日本紀行』上巻（雄松堂書店・一九六六年）三〇、三一頁
（3）同右二五、六頁
（4）同右一九、二六頁

廻ってアメリカ北西岸へいたる航路を確立することが絶対に必要である。いったんその航路が確立すれば、アラスカで毛皮を積みこんだ船は広東でそれを売却し、インド、アフリカで交易を重ねて帰航できる。クルーゼンシュテルンはこの航路確立のため世界周航探検隊が組織され、自分が指揮官に選ばれるよう望んだ。

商工大臣ルミャンツェフはレザーノフから日本及びマカオへの通商を開くことの必要を説かれ、皇帝アレクサンドル一世に上奏して輸送船の派遣を裁可された。ロシア史上の謎といわれる奇人パーヴェルは一八〇一年に皇族・高官・近衛将校らの陰謀で暗殺され、息子のアレクサンドルがあとを継いでいた。

派遣される船は二隻とされ、指揮官にはクルーゼンシュテルンが選ばれた。彼が副指揮官として指名したのは英国留学仲間のリシャンスキーである。派遣する主体は露米会社で、国益をかねた事業だから政府から二五万ルーブリの低利融資を受けた。会社はリシャンスキーを英国へ派遣し、四三〇トン・備砲一六門の船と、三七三トン・備砲一四門の船を購入させた。前者はナジェジダ、後者はネヴァと名づけられた。価格はあわせて一七万ルーブリを越える。民間会社が派遣する船に海軍将校が乗務するというのは妙な話に聞えるかもしれないが、アレクサンドル一世はすでに海軍将校が現役のまま露米会社に勤務することを許可する布告を発していた。クルーゼンシュテルンは二隻の乗員をすべて海軍将校と水兵をもって当てた。けだし商船隊の未発達なロシアでは、遠洋航海に適する要員を提供できるのは海軍しかなかったのである。

当初クルーゼンシュテルンの船隊派遣には、日本に使節を送る計画は含まれていなかった。しかし、ラクスマンが長崎入港の信牌を持ち帰って以来、使節派遣は懸案となっており、露米会社が太平洋へ船を送るなら、これが使節派遣の好機であるのは誰の目にも明らかである。レザーノフはルミャンツェフ伯爵を説き、伯爵は一八〇三年三月、日本との国交開始、広東との直接貿易開始、アラスカ植民地視察の三任務を帯びた特命全権大使を、クルーゼンシュテルンの露米会社船に乗せて派遣することを上奏、アレクサンドルの裁可を得た。全権大使にはレザーノフが任命された。

当時ロシアでは再度使節を派遣すれば、日露国交の樹立は容易と考えられていた。ラクスマンがもたらした幕府の回答書は、その末節が「日露間の交渉は長崎駐在の日本国全権委員に商議の権限が与えられている」と訳されていたから、長崎へ行きさえすれば見通しは明るいとロシア人は信じこんだ。前回の失敗はラクスマンの地位が低く、また書簡がエカチェリーナ帝ではなくシベリア総督のものだったことが、格式を重んじる日本役人の感情を害したからだというのだ。今回は高官を送れば幕府もそれなりの対応をするだろう。当時侍従の地位にあったレザーノフは特派に当たって国務顧問官に任じられた。

レザーノフの日本派遣には、前回のラクスマンのときと同様、日本人漂流民の送還の問題がからまっている。当時イルクーツクには奥州石巻の若宮丸の生き残りが一三名居住していた。若宮丸は一七九四年アレウト列島中のアツカ島に漂着し、乗組員はシェレホフ＝ゴリコフ会社の支配人デラロフの保護を受けて、イルクーツクまで移されていたのである。イルクーツクには大黒屋光太夫と別れてロシア残留を選んだ新蔵が、日本語学校の教師として住んでいた。一行は新蔵に大変世話になった。彼はすでにロシア語が自由自在に遣えたという。

ロシア政府は前回の遣使のときと同様、レザーノフに伴って若宮丸漂民を日本へ送還することにし、一八〇三年三月シベリア総督に日本人をペテルブルグへ送るよう命じた。一三人の漂民のうち三名は旅中病を発して引き返し、ペテルブルグに着いたときは一〇名になっていた。通訳としてつきそったのはニコライ・コロトゥイギンこと新蔵である。彼らは新しく仕立ててもらった繻子の衣服を着てアレクサンドル一世に拝謁した。皇帝が各人に帰国を望むかどうか尋ねたところ、津太夫・左平・儀平・太十郎の四名が帰国を希望し、あとの六名は残留を望んだ。残留を望んだ者の方が多かったことは注目に値する。彼らはロシアという新天地で生きて行くことに望みを託すことができたのだ。アレクサンドルは帰国を希望する四人には肩に手をやりながら「もっとものことなり」とのたもうたが、あとの六人には言葉もかけなかったとのことだ。津太夫らの聞き書『環海異聞』には、「いかなる心にや」と述べられている。

レザーノフが皇帝から遣日特派大使に任命され、露米会社の極東植民地に関する全権を委任されるに伴い、露米会社は遠征隊の指揮権について新たに決定を下した。すなわち、レザーノフが指揮官として遠征隊全般を監督し露米会社の事業・人事を左右する権限をもたされたのに対して、クルーゼンシュテルンとリシャンスキーは遠征隊所属艦船とその乗員に関するかぎりの指揮権をもつものとされた。つまりレザーノフが艦隊の指揮官であって、クルーゼンシュテルンらは艦長であるというのだ。先に遠征隊の指揮官に任じられていたクルーゼンシュテルンは激怒し、レザーノフに対して深く含むところがあった。クルーゼンシュテルンとリシャンスキーはそれぞれ海軍からの俸給以外に会社より五八〇〇ルーブリの年俸と、一万ルーブリの成功報酬を約されていたのに、今回の地位変更とともにその契約が無効となったのも怒りに油を注いだといわれる。

クルーゼンシュテルンは会社の指令にもかかわらず、レザーノフの指揮権を認めるつもりはなかった。彼の考えでは指揮官は自分で、レザーノフは長崎まで送り届けるべきお客様にすぎない。リシャンスキー以下乗員はすべて自分の手勢で固めてあるし、いったん海へ出てしまえばこっちのものである。航海中彼はレザーノフの指揮権をまったく拒否し、無視・嘲弄の態度を貫いた。むろん乗員はレザーノフの随員と日本人を除き、みな彼の味方である。レザーノフは船室に引き籠ってしまった。

遠征隊には何人かの学者が同乗したが、そのうちで注目すべきはドイツ人のゲオルグ・ラングスドルフである。彼は人類学・解剖学・植物学を修めた優秀な学究であり、オランダ語をよくしたので長崎で通訳として力を発揮した。アレクサンドル一世の国書はロシア語正本に日本語訳文と満洲語訳文が添えられたが、長崎ではともに用をなさず、専らラングスドルフの解説で意を通じたのである。またナジェジダ号には残留希望日本人の一人善六が同乗していた。彼は洗礼を受けてキセリョフと名乗りロシア語に堪能になっていたので、通訳として同行させられたのである。

長崎港内のナジェジダ号

皇帝の承認を受けて、商工大臣ルミャンツェフからレザーノフに与えられた訓令はおどろくほど詳細かつ具体的であった。まず長崎へ入港したときから始まり、上陸後のことまで細々と注意を与える。駐露オランダ大使の線から、日本の異国船取り扱いについて情報を得ていたのだろう。入港後検使船がやって来ていろいろと質問するだろうからというので、その答え方まで指示している。国書と献上品は将軍と謁見するまで渡してはならない。宗教問題については、ロシアがスペインやオランダと宗儀を異にしている旨を説明せねばならぬ。すべて嘘をつかず明確に答えることだ。ロシアが日本とおなじく専制国家であり、世界の二分の一の領土と七〇万の兵を有し、しかも皇帝は平和を愛すると告げよ。上陸が許されたら住居を与えられることだろうが、それがあまりにひどいものであってもけっして不満をもらしてはならない。奉行の言ってくることには忠実に従え。待遇が丁寧でないときにも、けっして不満を表わさないように。逆に最大の感謝をこめてありがたく受け入れよ。日本人には礼儀正しくおだやかに対応せねばならない。ヨーロッパの文化や習慣と相反するときでも、彼らの助言に従うべきだ。日本人のあらゆる習慣に適応することが不可欠である。

最も重要な任務は日本と通商を結ぶことだ。最近のバタヴィアの東インド会社の崩壊は貴官に有利に働くはずである。唯一のライヴァルが消滅し、貿易自由化の可能性が生れたことになるからだ。貿易が両国の利となることを説明せよ。彼らは毛皮商品、象やせいうちの骨、魚、皮革製品、羅紗を受けとり、われわれは米、銅、絹を得ることになろう。彼らが交易開始に同意しないときはさらに説得せよ。長崎にロシア船を一隻しか入港させぬというのなら、松前あるいはウルップで交易するという手もある。アイヌを仲介にして交易してもよかろう。サハリン島とアムール河口について日本人のもつ情報を調査せよ。日本と中国・朝鮮・琉球の関係についても調べよ。琉球との交易の可能性も探ってほしい。日本には天皇がいるが、一五八三年に実権を失い、いまはとるに足りぬ存在で民衆の間では忘れられている。従って天皇に謁見を求める必要はない。

以上の訓令を見れば、レザーノフの訪日が後年のペリー艦隊来航とはまったく性格の異なる出来事であることが理解されるだろう。レザーノフにはペリーのような武力による威迫の意図はまったくなかったし、さらにペリーが掲げたようなヨーロッパ基準の「万国公理」にもとづく全面的開国を求める意志もなかった。ただ彼は長崎における管理貿易にオランダと並んで参入することを求めたにすぎない。そのためにロシア帝国のとった方針は平和主義と徹底した低姿勢だったのである。

訓令中オランダ東インド会社の崩壊とは、ナポレオンのオランダ本国合併を受けて、一七九九年、東インド会社が解散したことを指す。オランダのバタヴィア植民地、従ってその出先の出島商館も、本国とのつながりを失って孤立することになった。また、一五八三年は豊臣秀吉が覇権を握った年で、当時のロシア人の日本史理解の一端を示す。さらに訓令によれば、ロシア政府はラクスマンに与えられた長崎入港証を、年々一隻ロシア船を派遣する許可と勘違いしていたふしがある。

ナジェジダ号とネヴァ号は一八〇三年七月（露暦）クロンシュタットを出港、ホーン岬を廻って一八〇四年六月ハワイ諸島に着き、予定通りリシャンスキーのネヴァ号はアラスカのカディヤク島へ向い、クルーゼンシュテルンのナジェジダ号はカムチャツカのペトロパヴロフスク港へ向った。

一年間の航海中、レザーノフとクルーゼンシュテルンの仲はどうしようもなく悪化していた。クルーゼンシュテルンはレザーノフの指揮権を認めず、たんなる乗客扱いをし、レザーノフがヒステリックに指揮権を主張しても孤立するばかりだった。レザーノフは長崎での幕吏との対応を見ると、頑固でかなり感情に左右されやすい性分だったようだ。彼は船室にこもって、日本人キセリョフ（善六）から日本語を習った。彼は航海中『日本語初歩入門』『露日辞典』の二著を書きあげた。後者の第二版は四四四五の日本語と、二三四語のアイヌ語を収めている。出港前妻のアンナが死亡していて、レザーノフは傷心の人でもあったのである。

クルーゼンシュテルンが有能で決断力あり、見識にも富む人物だったことは疑うべくもない。しかし、プライドが高く気負うところがあったのも事実で、年齢もまだ三三歳だった。彼はのちに海軍大将まで昇進したが、途中で同僚とうまくゆかず海軍から一時身を引いたこともある。物事が一定の角度しか見えない性向だったことは、ナジェジダ艦上の日本人に対する評言からも窺える。

「彼らより劣る人間を見出すことは困難であろう。私は特別の心づかいをもって接したが、私に対する彼らのわがままな行動をあらゆる忍耐をもって耐えるしかなかった。……彼らは怠惰で、身体や衣服の清潔について無関心であり、いつも暗い顔をしひどく意地悪であった。……彼らの中で六〇歳ほどの老人ひとりだけが例外で、彼は仲間とは大変違っており彼一人が故国送還を命じられた皇帝陛下の配慮にふさわしい人物であった。日本人はけっして仕事をしようとしなかった。彼らの助けが有益であることを、彼ら自身が充分知り得る場合でさえもそうである。彼らの通訳とて、よからぬ性格は変らなかったが、いつも彼らと争っていた。彼らは通訳が尊敬をもって使節に対するのを見て、報復すると誓っていた」[5]。六〇歳ほどの老人とは津太夫であり、通訳

(5) 同前八八頁。ただし訳文は加藤B一一六頁による。雄松堂版『日本紀行』は独訳本からの羽仁五郎による重訳本であるが、加藤はロシア語原本から訳している。

とはキセリョフ善六で、彼がレザーノフの部屋に入り浸っていたことがほかの日本人の反感を買ったのである。

一八〇四年七月四日（露暦）、ナジェジダ号はカムチャツカのペトロパヴロフスク港へ入った。レザーノフは七〇〇キロ北方のニジニカムチャツクに駐在するカムチャツカ長官コシェレフ少将に使いを送り、クルーゼンシュテルンの不服従を法廷で審理するよう求めた。一カ月後にペトロパヴロフスクへ到着したコシェレフは、審理の結果、シベリア総督に軍法会議開催を申請する旨決定したので、不利をさとったクルーゼンシュテルンは長官に仲裁を依頼し、部下の士官をひき連れてレザーノフの旅宿を訪い陳謝するに至った。

ナジェジダ号が日本訪問の準備を整えてペトロパヴロフスクを出港したのは八月二六日である。キセリョフ善六は同所に残された。クルーゼンシュテルンによれば、他の日本人と折り合いが悪く、またロシア正教に改宗した彼を幕吏がどう思うか懸念されたからだ。レザーノフとクルーゼンシュテルンの関係が改善されていたのは、レザーノフが日記で彼の働きを賞賛していることで明らかである。九月一五日、ナジェジダは土佐沖に達し、初めて日本本土を視認した。当日はアレクサンドル皇帝の戴冠記念日であるので、レザーノフは甲板に乗員総員を集合させて演説し、ロシアの船が初めて日本領海に入った意義を説き（実は初めてではなかったのだが）、乗員のこれまでの苦労をたたえた。彼が用意したメダルを各員に授与すると、ウラーの喚声が海上に響き渡った。礼砲が鳴り響き、乗員はよろこびに包まれて甲板で踊りまくった。しかし、大隅海峡に入る前から海は大時化《しけ》となり、一九日にはまったく暴風圏内に突入して、一時は覆没さえ懸念される状態に陥った。クルーゼンシュテルンは「支那及び日本の沿海の猛烈なる台風についてすでに多くを聞いていたが、かくのごときは予の想像だに及ばぬところであった」(6)と記している。

薩摩国の海岸は絵のように美しかった。自然が美しいだけではない。日本人のたゆまざる耕作の努力が自然をさらに美しくしているのだ。「この地方にて見るような異常なる農耕の努力に匹敵しうるものは他にはないだろう」とクルーゼンシュテルンは感じた。「山はすべてその頂きまで耕されている」。また「並木道が眼の届くかぎり岸に沿って山と谷とを越えて延びていた」。旅人の休息のためとおぼしく一定の距離をおいて小屋が立っている。(7)

重大な損傷を蒙ったナジェジダが長崎港外へたどりついたのは、文化元年九月六日（露暦九月二六日）のことである。船が港口にのぞむや、早速役人を乗せた小舟がやって来て来航の目的をただした。レザーノフが信牌を示すと、役人は「文書を渡してから四年間、ロシア船の来航を待っていた。さらにもう八年。そしてロシア人と会えないと諦めていた。なぜこの間来られなかったか」と問うた。(8)レザーノフは欧州がナポレオン戦争の渦中にあったことが原因だと答えた。役人はナジェジダを伊王島沖へ導き、投錨するよう命じた。午後七時だった。

（6）同右一二三頁
（7）同右一三八、九頁
（8）レザーノフ『日本滞在日記』（岩波文庫・二〇〇〇年）四二頁

ドゥーフ

日本側がロシア使節の来航をあらかじめ知っていたのは、出島蘭館長のヘンドリク・ドゥーフが別段風説書でこのことを幕府に通知していたからである。ロシア政府は使節派遣に当たりロシア駐在オランダ公使に仲介を依頼しており、レザーノフは同公使の出島蘭館宛の紹介状も持参していた。ドゥーフはこの年長崎へ入ったオランダ船から、バタヴィヤ政庁からの露使訪日の通知と、ロシア船が太平洋方面へ向け日本にも立ち寄るべくクロンシュタットを出港した旨を報じた一八〇三年九月六日付のオランダの新聞を受け取り、ただちに長崎奉行所にそのことを届け出ていた。

夜一〇時、大きな舟がナジェジダに近づいた。乗っていたのは検使役の奉行手付行方覚右衛門らである。レザーノフによれば彼らは「ずいぶんともったいをつけて部屋に入ってきた[9]」。クルーゼンシュテルンによると「彼らは招待をも待たず会釈もなく直ちに船室に入り、長椅子の上に座し、その従者等は各官吏の前に提灯とそれについた小箱を置いた。その小箱には煙草道具が入っていた。また彼らは各官吏の前に煙管に火をつけるための炭火の入った容器を置いた[10]」。

一行は二〇人ばかり。会話は大通詞石橋助左衛門とラングスドルフとの間でオランダ語で行われた。検使は来航目的、航路、乗員などについてこまごまと質問した末、オランダ人をこの場に呼んでよいかと尋ねた。彼らはドゥーフと入港中のオランダ船長二名を伴っていたのである。クルーゼンシュテルンによると、ドゥーフらは入室するや、通詞の命に従って検使衆に「数分間深く身を屈して礼をなした」。これに対して検使は「点頭さえしなかった」。レザーノフはオランダ人がこうした卑下した態度をロシア人に見られたことを恥じているように思った。

のちにクルーゼンシュテルンの著書を読んだドゥーフは、いわゆるオランダ人の卑屈について「予は何故にその屈辱なるかを解する能はず。我等が日本人に対して行ふ礼法は、彼らが相互に行ふものにして、我等は決して日本人がその高貴に対して表する尊敬よりも以上の事を要求せらるるに非ず。彼の国の習慣は動かすべからず。かつ世界の何地にいたるとも、そこに行はるる習慣及び礼法に従ふべきものにて、然らざれば之に遠ざかるに如《し》かず」と反論している。(11) 帝国の威信を代表するものと、徹頭徹尾商人以外の何ものでもないオランダ人との意識のずれがうかがえる。

レザーノフがドゥーフに駐露オランダ公使の紹介状を手渡すと、ドゥーフはできるだけお役に立ちたいと答えたが、レザーノフは彼が自分たちの来日を快く思っていない印象を受けた。われ

(9) 同右四三頁
(10)『クルウゼンシュテルン日本紀行』上巻一八〇頁
(11) ヅーフ『日本回想録』(奥川書房・一九四一年)一二〇頁

われが交易品として考えているのは魚、脂、なめし皮等で、オランダ人の利益を損なうものではないとレザーノフが強調すると、ドゥーフは魚の取引きはうまく行かないだろうし、ここでは脂はあり余っており、なめし皮の需要もないと答えた。二人はフランス語で話したのである。このときドゥーフはレザーノフに、「どんなに奇妙に思っても、すぐに日本人の習慣に従うことだ」と忠告した。[12]これは検使がレザーノフに対して立って敬礼するように求めたのに対して、彼が「高貴の身分たるためこれをなしがたし」と言って頑強に拒否した様子を目にしたからだろう。

ドゥーフが受けとったオランダ公使の書状にはレザーノフに協力するよう指示されていた。しかしドゥーフは、レザーノフに親切に対応するのは当然だが、彼の対日国交樹立の計画には協力しまいと決心していた。もし自分がロシア人のために仲介の労をとれば、日本人はオランダとロシアが共同して、貿易の制限を解除しようと策動しているのではないかと疑うだろう。そのような危険を犯してはならない。[13]ドゥーフはあくまで在日オランダ商館の地位を守ることに精一杯で、ヨーロッパに対して日本の門戸を開かせる抱負を持つようなゆとりはなかったのだ。

検使はロシア船の武装解除を要求した。これは長崎へ入港する異国船の恒例である。レザーノフは銃器・火薬を引き渡すことは認めたが、士官の帯剣、衛兵の銃器に関しては引き渡しを拒否した。検使はレザーノフの帯刀以外一切の保有を認めず、ドゥーフに説得を依頼した。彼はオランダ人の場合も帯刀を認められるのは商館長一人であるとレザーノフに同意を迫った。しかしレザーノフは頑として聴かず、ついに士官たちの帯剣一二、衛兵の鉄砲七挺の保有が認められ、残りの鉄砲八七挺、剣七〇が引き渡されることになった。レザーノフにはロシアの威信を辱めてはならぬという責任感とともに、自分の地位の高さに対する自負もあったようである。日本人漂民の口述書『環海異聞』は、レザーノフがドゥーフを見て、「彼は位階も至って卑しきものなり。我と同座すべきようなし。用すみし上は引き退かせよ」と傍らの役人に言ったと述べている。[14] そのあと雑談になると、通詞たちは一行のたどった航路に関心を示した。クルーゼンシュテルンは石橋助左衛門が予想以上の地理学的知識をもっているのに気づいた。「彼はテネリッフェ島がカナリア諸島に属し、サンタ・カタリナ島がブラジルに属することをよく知っていた[15]」。

翌七日、奉行家老、支配勘定等の幕吏がナジェジダを訪れ、武器引き渡しが行われたあと、ナジェジダは神ノ島前面まで曳《ひ》き入れられた。レザーノフは「役人たちの威厳ある態度、礼儀正しさ、謙虚さは、日本人が非常によく教育されていることを示していた[16]」と日記に記した。一行にはドゥーフ以下のオランダ人も加わっていた。ドゥーフがレザーノフに会ったのはこれが最後だった。クルーゼンシュテルンが幕吏から語りかけられたとき、通詞が彼の背に手をかけて柔らか

(12) レザーノフ五〇頁
(13) ヅーフ一一七頁
(14) 『環海異聞』(八坂書房・一九八六年)三八一頁
(15) 『クルウゼンシュテルン日本紀行』上巻一八一頁
(16) レザーノフ五五頁

に押そうとしたというのはこの日のことらしい。彼が通詞をにらみつけると、彼は二度とこの試みを繰り返そうとはしなかった[17]。通詞らが上席の幕吏に対して非常に卑屈であることにロシア人はすぐ気づいた。役人にものをいうときはひざまずき、「二、三度大息を呑み、あたかも命令者の周りの空気をすすりこまんばかりだった[18]」。この上位者に対する奇妙なシューシュー音は、ペリー以下の幕末の来訪者を驚かせることになる。

九月八日には行方覚左衛門らがまたナジェジダ号を訪れ、アレクサンドル一世の親書の写しと二通の訳文を受け取った。レザーノフは親書の原本は将軍にじきじき渡す考えである。この時点では彼はむろん江戸まで行くつもりだった。国書の引き渡しがすむと、役人たちもずいぶんとくつろいで来て話もはずんだ。レザーノフが片言の日本語を遣ってみせると、役人も日本語で答える。通詞はレザーノフの発音を笑い、まちがいを訂そうとする。話がアラスカに触れると、彼はアメリカにロシア領があるとは知らなかったと言い、地図を見せてくれるように頼んだ。通詞たちはロシア語を熱心に書きとめ、別れを告げるときは早速ブラシャーイ（さようなら）とロシア語を遣ってみせて、レザーノフを驚かせた[19]。

レザーノフが日本人漂民は通訳もできるはずなのに、ここに着いて以来一言も喋ろうとしないので、あなた方から説諭してほしいというと、行方は驚いた様子で漂民をここに呼んでもらいたいと頼んだ。彼は漂民に対し、彼らを救助し養い祖国へ送り届けてくれたロシアにどれだけ感謝しなければならないか、ロシア人が命じる当然の義務をどうして断るのか、彼らの沈黙は幕府の機嫌をとるどころか逆に侮辱することになる、なぜなら日本について誤解を与えることになるからだと強い口調で説諭した。そしてレザーノフに向かい、自分の同国人の過ちを許してくれるよう乞い、レザーノフの配慮に感謝した。[20] 四人の漂民が通訳を買って出るのをためらったのは、そうすることでロシアの手先になっているような印象を幕吏に与えるのをおそれたからだろう。クルーゼンシュテルンの漂民評からも察せられるように、四人は善六がレザーノフに親しむのも快く思わなかったし、航海中かなり暗い気分でいたらしい。ロシアで九年も過ごした自分たちが故国からどう迎えられるか、不安でなかったはずはない。

『環海異聞』によると、彼らは長崎へ着いたと聞かされても実感が湧かず、見分の舟が来たというので船側へ並ばされたときも、「いよいよ我邦の船にや、心元なく見詰め居」るばかりで、「次第に近づくを見れば、船の造り並びに内に居られし方々日本人なり」とわかって「嬉しさ限りなく」といった次第だったのである。役人から質問を受けても「かつ喜びかつ悲しみ、胸一杯にふさがり、一言も申出すべき様なかりき」という有様だった。[21]

(17)『クルウゼンシュテルン日本紀行』上巻一八四頁
(18) 同右一八五頁
(19) レザーノフ六六頁
(20) 同右六四、五頁
(21)『環海異聞』三八〇頁

ここで彼らのその後の成りゆきを先どりして述べておくと、幕吏はレザーノフに何度も漂民の引き渡しを求めたが、彼はその都度断っていた。江戸で幕府に引き渡すつもりだったからである。つまり彼は通商の目的を貫徹するために、漂民を取引きの手段に使おうとした。だが、幕府は前回ラクスマンのときと同様、もしロシア側が漂民を取引きの具とするならば、強いて受けとらずとも結構という方針を固めていた。しかし、一二月一六日、漂民の一人太十郎が咽喉に刃物を突きこんで自殺を計ると、レザーノフはこんな事件が再発したらかなわぬと思ったのか、にわかに漂民を引き渡すと言い出した。今度へそを曲げたのは奉行所側である。先に何度も引き渡しを拒否したのはそちらではないか、いまさら何だというわけだ。奉行所側は漂民を交渉の具に供されるのをおそれて、漂民とはなるべく接触せず、彼らのことは眼中にないという態度をとった。結局彼らが日本側に引き渡されたのは、レザーノフが幕府の応接使との会見を終えて退去する直前の文化二年三月一〇日だったのである。

太十郎の命は助かった。それにしても彼はなぜ自殺を計ったのだろうか。太十郎は先に送還された光太夫が牢獄にいると聞いてから、ノイローゼに陥っていたとレザーノフはいう。そういう誤った風聞がひろがっていたことはクルーゼンシュテルンも裏づけている。だがレーヴェンシュテルン中尉の日記によると、太十郎は長崎到着後レザーノフの通詞になることを拒否し、そのことを行方覚左衛門に叱られて以来ふさぎこんでいたというのだ。四人の漂民はよく口論していたが、太十郎はむしろなだめ役だったとされている。(22)

太十郎は奉行所の役人に手紙を渡した。クルーゼンシュテルンによると彼は「ロシアにて冷酷な取り扱いを受けたと訴えたのみならず、またロシア人を頑迷なるクリスト教徒として記述し、かつこれに加えて、ロシア人は強制を以て彼らの多くをクリスト教に改宗せしめたといい、またこの航海の主なる目的は日本にクリスト教を弘めんとすることにあるとさえ説いた」[23]。レーヴェンシュテルンのいうところも大同小異で、イルクーツクでは重労働を課し、汚物溜まで掃除させたので、多くの日本人は絶望に陥りキリスト教に改宗したが、私たちは屈せず改宗しなかったと手紙には書かれていたという[24]。太十郎はこのような手紙を書いたことに気が咎めて自殺を計ったのだろうというのがロシア人たちの推測である。自殺未遂直後彼はロンベルグ中尉に「仲間たちが私をここまで追いつめた。ロシアに対しては心から感謝している」と語った[25]。レーヴェンシュテルンによると、この日太十郎は左平と言い争った末に自殺を計ったのである。先に出した手紙も左平の助言によったという。だとすると漂民の間には、ロシアの悪口を言って身の証しを立てねばならぬという切迫した気分が存在していたことになる。これも日本到着以来、なnext がとロシア側にとどめ置かれた不安とあせりからだろう。

(22) 加藤B一五八頁
(23)『クルウゼンシュテルン日本紀行』上巻二二一頁
(24) 加藤B一五八頁
(25) 同右

話をもとへ戻そう。日本側が受けとった国書のことだが、原本の写しはロシア語だからむろん読めない。日本語訳文については、二日あとに日本側が「とてもひどい日本語で書かれており、意味を判読できない」と言って来る始末。これはコロトゥイギン新蔵とキセリョフ善六の共同訳とのことだが、新蔵はロシア語は達者だったものの、日本語の方は漢字が読めなかった。善六の方は新蔵が読めなかった例の信牌を読んでみせた[26]というから、漢字も解したのだ。しかし当時の日本人庶民に、ロシア語の公式文をしかるべき日本語文章に直せというのが、そもそも無理難題というべきである。

ロシア側が満州語の訳文を添えたのは、いったいどういうつもりだったのか。ロシアでは当時満州語の研究が盛んだったので、日本もおなじと思いこんだとしか考えられない。むろんそんなものが読めるのは一人もいなかった。しかし、これがきっかけとなって幕府天文台の高橋景保が満州語の研究を始めたのだから、誤解にも功徳はあった。皇帝親書の訳文は結局レザーノフとラングスドルフが口頭でオランダ語に訳し、それを通詞たちが書きとどめたのち翻訳するという手続きを経て作成された。レザーノフは通詞たちのオランダ語の綴りが美しく正確なのに驚いている。一カ所「世界の他地域の政府の状態を知りたいと思い」というところが問題になった。通詞は顔色を変えて、この一カ所はすべてをだめにしてしまうという。日本の政治機構を調べようとしているととったのだ。レザーノフは陳弁これつとめてことなきを得た[27]。訳文が完成したのは九月一四日で、ただちに江戸へ送付された。

レザーノフはこの頃体調不良でほとんど病人といってよかった。ナジェジダ号は港口にとどめ置かれたままで、まわりを五〇隻の舟で取り巻かれている。一三日になってついに彼は、こんな非友好的な取り扱いが続くなら、銃や火薬は置いたまま抜錨して立ち去る、私は死にたくないと抗議した。実際はナジェジダは漏水がひどくてとても出航できる状態ではなかった。通詞たちは奉行が交代したので、二、三日もすれば入港できる、番船が出ているのは敬意のためだと弁解する。「こうしたずるがしこい輩の言葉には、慇懃さがみちあふれていた(28)」。このとき日本側は護衛当番の佐賀藩から二万五千、福岡藩から五千など三万五千人の兵を動員していたのである。

長崎奉行肥田《ひだ》豊後守頼常はたしかに八日に着任していた。長崎奉行は二人制で、一人は江戸、一人は長崎に駐在する。例年なら肥田と交代して長崎在の奉行成瀬因幡守正定は江戸へ帰るはずであるが、この度はそのまま肥田とともに露使の応接に当ることになった。肥田豊後守はレザーノフの抗議の翌日、使いをよこして、ナジェジダ号をもっと安全な場所まで曳き入れる、こちらの友好的な態度を信じてほしい、どんなわずかなことでもロシア人に不満を抱かせぬようお触れを出している、ただし江戸から返事がこないうちは会うことができない等々、誠意を感じさせる

---

(26) 同右六七頁
(27) レザーノフ六九頁
(28) 同前八四頁

言葉を伝えた。肥田については、長崎では拘禁状態だったと不平満々のクルーゼンシュテルンも「尊敬すべき長崎総督」と呼び、「彼は滞在中我等に対して、専制君主を主《あるじ》とする官吏においては容易にえがたき寛大を以て処置した[29]」と述べている。それに対して一方の成瀬因幡守は、ロシア使節に対し終始強硬な態度を維持したと伝えられている。

九月一五日、ナジェジダ号は八二隻の曳船によって神崎《こうざき》沖へ移動させられた。長崎の町はここから四マイル先にある。だが、レザーノフは相変わらずほったらかしにされたままである。食料はちゃんと届けられて来る。豚、野菜、エビ、じゃがいも、白パン。エビは大きくて美味、パンはよく焼かれていた。当時長崎には日本人のパン屋があったのだ。レザーノフは長崎到着四日目にゴボウをたべて、大変おいしかったと書いている。

レザーノフの不満は募った。長崎の港へいつ接岸できるのか。通詞は接岸は許されないという。号砲を撃ってはならぬというが、オランダ船は朝夕二度撃っている。そう抗議すると「ではオランダ船に撃つのをやめさせましょう」という。出港するオランダ船に託して本国に手紙を送りたいというと、皇帝宛の一通だけ、それも写しをとるので開封のまま奉行所へ届けよとのこと。クルーゼンシュテルンがオランダ船を訪問したいと望むとそれもだめ。だってオランダ人はナジェジダ号に来たではないかというと、それは通訳のためで、オランダ人抜きであなた方と意志が通じることがわからなかったからだと答える。ああ言えばこう言うで、レザーノフが笑ってしまうと、通詞までいっしょになって笑う。暖簾に腕押しなのである。何よりも長い航海で乗組員は疲れているし、レザーノフ自身も病気で船中に閉じこめられていたくない。ナジェジダは修理を必要としており、そのためには積荷をおろさねばならぬ。奉行所側もレザーノフの度々の要求を無視できず、木鉢というところを上陸地に指定してきた。神崎と小瀬戸の間の小さな浦である。レザーノフが艦上から見ると、何やら竹で塀を作ろうとしている。

九月二七日、端艇で木鉢浦に上陸した。三百坪ほどの平地に休憩所が作られ、まわりは竹矢来で囲まれている。こんなところでは散歩もできはしない。山際には住民が沢山いてこちらをのぞきこんでいる。結局レザーノフはこのあと一度しか木鉢に上陸しなかった。通詞たちは気になるとみえ、どうして上陸しないのかと尋ねる。レザーノフが竹矢来で住民と隔離するばかばかしさをなじると、彼らは「自分たちにも理解できないことをやらなければならぬのは本当に恥かしい」と真面目な表情でいうのだった。クルーゼンシュテルンはこの地で天体観測を行った。

奉行所はナジェジダ号の積荷を移すために中国船を提供するといって来た。一〇月九日、ナジェジダ号は二隻のオランダ船が出航したあとの泊地へ曳航された。これで艦はやっと長崎の内港へはいったわけである。一五日に中国船がやって来たので、クルーゼンシュテルンが乗り移って調べてみると、内部は粗末で船長室は暗く、入るにはかがまねばならぬし、また荷物を置く空間もない。レザーノフはこんな所にロシア帝国の代表を移そうとしたのは誰の陰謀かといきり立っ

(29)『クルウゼンシュテルン日本紀行』上巻三〇七頁

た。通詞の本木庄左衛門は顔面蒼白、知らなかった、善処すると答えるのみ。そして「あなた方の勇気には驚かされる。これまでやって来た外国人は言いなりになっていた」と洩《も》らした(30)。

この本木庄左衛門はのちにドゥーフの後任の商館長ブロムホフに英語を習い、日本最初の英語学習書『暗厄利亜興学小筌《あんげりあ》』、おなじく最初の英和辞書『暗厄利亜語林大成』を編纂することになる人物である。一時はレザーノフとの関係もよく、「自分たちの国の馬鹿げた法律を嘲笑し、私たち（レザーノフたち）の船が着いてからというもの、自分が日本人に生れたことを不幸に思った。また私たちが連れてきた漂流民が羨ましい。彼らは世界を見ることができたのだから」と打ち明けるほどだった。彼はまた「人間が生れたのは、飲んだり食べたりするためだけではない。学ぶためなのです。それが人間の糧《かて》なのです」とも語った(31)。しかし、あとでレザーノフは彼を信用しなくなり卑劣漢と呼ぶようになる。

中国船事件のあと、奉行は積荷の揚陸のために土地と屋敷を与えるといって来た。しかし例によって、約束の日日《ひにち》は度々延びる。レザーノフは役人たちの「嘘」にうんざりした。ペリー来航以後、欧米の外交官はこの日本役人の「嘘」に呆れいらだつことになるが、レザーノフの場合こそその最初の事例であろう。首席通詞の石橋助左衛門は「日本の国は人は多いが、小さな島国であり、そのためすべてが小さいのだ」という。どういう意味だと訊くと口ごもり、やっと口を開いて「本当のところ、ご覧の通り、我々の国の統治はせこせこしているのです。恥かしいがどうしようもないのです。あなた方の領土は広大で、世界中の人びとと関係がもてる。だが日本は国土も狭く、それゆえ大きい場所へ出ていかないようにふるまい、自分のところだけでの生活に甘んじているのです。そのため行動のすべてが小さくならざるをえないのです」と答えるのだった。[32]

ところでレザーノフは出航以前、ひどい待遇を受けても不満をもらしてはならぬ、奉行のいうことには忠実に従え、ヨーロッパと異なる習慣でも受けいれよと訓令されていたのではなかったか。彼はこの点では訓令に従うつもりはまったくなかったようである。それはわれわれの習慣であるとかないとか、彼はことごとに奉行所の役人と争った。おそらく彼は、日本人の言いなりになったからといってよい結果が得られるとは限らず、むしろロシア使節としての威厳を汚すべきではないと考えたのだろう。この人物は、航海中クルーゼンシュテルンと争ったように、神経質で極端に誇り高い性分だったようである。

一一月一五日には、通詞があさっては用意した屋敷へ迎えられるといって来た。部下をやって下見するというと、その必要はないと答える。「一度裏切っているではないか。中国船で暮らせると保証しながら、あとで暮らせるようなところではないと認めたじゃないか」。「あれはわざとしたことではなく、不注意のせいだったことはあなたもわかっているでしょう。下見をするというのは私を信じないということですか」。「あなたたちを信用していません。その理由はあなたた

(30) レザーノフ一三四頁
(31) 同右一三〇頁
(32) 同右一四三頁

ち自身にあります」。通詞は「よくわかりました。奉行に伝えましょう。奉行はあなたが信用しないと聞けば悲しむことでしょう」と答える。「悲しいのは私の方です。何の沙汰もないまま、三カ月もじっとしているのですよ」とレザーノフ[33]。事実、到着以来二カ月と一〇日たっていた。彼は病気も悪化し、もう我慢ならぬ気分だったらしい。ロシア使節を迫害して死なせておいて、ロシア帝国が黙っていると思うか、などと口走るようになっていた。

奉行所が上陸場所および積荷の置き場所として指定したのは梅ケ崎である。出島の南東、唐人屋敷の下手の海岸にあたる。奉行はもともと出島にロシア人を宿泊させるつもりだったが、寛政一〇（一七九八）年の火事でカピタンの住居も燃え、その後再建されていないので、ドゥーフはロシア皇帝の使節を収容するには不適当と断った。ドゥーフはその後寺院を用意するという噂を聞いたが、「寺院の代わりに乾魚倉庫を準備するとは実に不可解の事なり[34]」と書いている、もちろんレザーノフを乾物倉庫へ入れたわけではない。倉庫は積荷の置き場で、レザーノフのためにはわざわざ家を建てた。「相当立派な家であった」とクルーゼンシュテルンが言っている。レザーノフは一一月

梅ケ崎の住居

一七日に梅ケ崎へ上陸し新設の家に入った。「湾全体が兵士たちや見物の長崎住民を乗せた舟で一杯になっていた」[35]。レザーノフのために食堂と四つの部屋、士官たちにも四つの部屋。レザーノフの居室にはみごとな屏風があり、「庭の美しさは比類がなかった」。奉行所もそれなりには努めたのである。しかしここでも周りに高い竹矢来が張りめぐらされていた。

レザーノフは依然として不満だった。土地は狭く出入口には番兵が控えていて、まるで幽閉されているようだ。しかも湿気が多く躰によくない。彼の病気はリュウマチであったらしい。このあと日本人の医師の診察も受けている。個人としては日本人は親切でやさしく善良だというのが彼の感触だった。

実は一一月二一日には、幕府からレザーノフ一行の処遇について下知状が到着していた。ロシア船の儀は願いの筋もわかり疑わしいところもないのだから、あまり厳重に取り扱っても悪い印象を与えるだろうし、病人もいるということだから、警固なども格別厳重にするには及ばず、平和に取り扱うようにというのである。竹矢来などもするに及ばず、番船を出すのも大袈裟でよろしくない[36]。といっても、やはり自由に上陸させてはならぬというのである。オランダ人さえ出島

(33) 同右一四六、七頁
(34) ヅーフ一二六頁
(35) レザーノフ一五二頁
(36) 『通航一覧』第七巻一六四、五頁(巻二八〇)

から出るのには許可がいり付添いがつく。ロシア人に勝手に市中を横行されたのではしめしがつかない。それに竹矢来はもう作ってしまった。奉行所としても精一杯の計らいだった。

一一月二三日、ナジェジダ号は港内に曳き入れられた。陸地より約四〇〇メートル、出島と梅ケ崎の中間の海面である。積荷を梅ケ崎へ揚陸し船体が浮いたので、懸案の修理が可能になった。本当は傾船修理を行いたいのだが、岸辺は水深が足りず土が軟くて不可能だった。艦首に穴があいているのがわかった。クルーゼンシュテルンは船底を銅で巻き直すことにした。日本側からは十分な銅板が供給された。

レザーノフは梅ケ崎での生活を「幽閉」と呼んでいるが、それでも近所の子どもやら警備兵との交流はあった。竹矢来のところまで行くと外の景色も見えたし、そこで遊んでいる子どもと話をすることもできた。子どもはレザーノフを見ると「ロシアサマ」と叫んだ。レザーノフは近所の家に住んでいる人のことを尋ねた。中国の船乗りを管理する人でキエモンといい、ヨメゴはツヤサンで娘はオヒサだ。警備兵が近づいて来て柵のところまで行かぬよう注意した。レザーノフが聞き知ったことを告げると、彼らは恐慌をきたした。彼がその家まで行ったと思ったのだ。レザーノフはにやにやと笑っておいた。子どもたちとは仲良くなって謎々遊びをした。レザーノフが言いまちがうと、子どもたちは面白がって真似をした(37)。

娘たちとも話をした。レザーノフが「とても綺麗な身なりなのに、歯が黒いのは汚い。ロシア人は歯が黒い女性は嫌いです」とからかうと、彼女たちは「オランダ人とおなじ趣味ね」と言い返した。[38] 佐賀藩や大村藩の警備兵もやがてうちとけるようになった。彼らからは日本のことわざを習ったり、日本の政情について聞いたりした。頼むと唄も歌ってくれたが、それは「猫の呻き声に似ていた」。[39] 将軍の名が家斉だということも彼らの口から聞いた。それまで通詞に尋ねても教えてくれなかったのである。彼らは通詞を嫌がっていて、彼らはとんでもないペテン師で、オランダ人とつるんでロシア人の邪魔をしようとしていると語った。日本人はロシア人に好意を持っていて商人も交易を望んでいるという。

たしかに通詞は出島のオランダ人と一種の共生関係にあった。レザーノフの滞在中、通詞は彼と奉行所のやりとりをこと細かにドゥーフに告げている。ドゥーフが石橋助左衛門に、ロシア人が通商を許されるかどうか尋ねると、彼はドゥーフがロシア人来航を予告してその通りになったことに幕府は満足しており、そのことはオランダ人にも悪い結果をもたらさないはずだと答えた。[40] つまり助左衛門はこの場合ドゥーフと立場をおなじくしているのだ。しかし、彼らがオランダ人と共謀してロシア人の望みをはばんだというのは正しくない。彼らはこの新来のヨーロッパ人に大いに興味を唆られていた。外国語を運用できることこそ彼らの存在理由である。彼らの通訳の

(37) レザーノフ二〇一頁
(38) 同右二〇二、三頁
(39) 同右二二四頁
(40) 『ドゥフ・ユニアの秘密日記』(『長崎オランダ商館日記・四』＝雄松堂出版・一九九二年) 一三七頁

馬場為八郎

職分にロシア語が加われば、彼らの活動の天地はそれだけ拡がる。彼らは俄然ロシア語に学習意欲を示した。語学専門家としての本能である。

　彼らはまず「これは何というのですか」というロシア語をおぼえ、それを頻発していろんな品物をロシア語で書き留めた。レザーノフが「マンナナ、ヨイノ、ニポノ、ファトノ」と片言の日本語を遣ってみせると、通訳の一人は「ミンナ」はロシア語で何というかと尋ね、それが「フシェ」だとわかるや、「フシエ、ラシア、トゥブリー、リュージ」（ロシア人はみんないい人だ）と答えて、レザーノフを驚かせた。[41] 馬場為八郎はレザーノフに名前を書いてくれと頼まれると、すぐにロシア文字で書いてみせた。ロシア船が入港して一〇日目のことだ。この短時日で彼はキリル文字のアルファベットをおぼえたのである。あるいは通詞たちはロシア船入港を予期してロシア文字を学習していたのだろうか。それはすでに一一年前に光太夫によって日本に紹介されていた。この為八郎は後年シーボルト事件に連座して永牢を言い渡され、秋田の亀田藩に預けられることになる悲劇の人物である。

　レザーノフは役人の前にひざまずき頭を垂れて通訳する彼らを卑屈だと感じた。しかし、それはしかたがなかった。彼らは二本差して武士の姿をしていたが身分はあくまで町人、すなわち長崎町年寄のもとにあって長崎奉行所に奉仕する町役人だった[42]。だとしても、それは彼らが無力だったということではない。彼らは通訳官並びに貿易官として専門知識を積み、出島商館のオランダ人と長年にわたる交誼を有していたから、いわば彼らの匙加減ひとつで物事が左右される場合もあったのである。レザーノフはしばしば彼らが自分の語った通りに通訳していないと感じた。つまり彼らには独自の判断があり、それにもとづいて事の成りゆきを細工する余地があった。天明から寛政にかけて長崎奉行を勤めた水野忠通が「通詞は日本人と思ふべからず。外国のものと心得扱うべし」と言ったというのも[43]、この間の事情に関わることだろう。

ついでに通詞たちの語学力について述べておきたい。ドゥーフは「通詞等は単に日本に在留せる和蘭人との交際によりて蘭語を学べるを以て、新来の役員の言語は聴き馴れざるためすこぶる会得に苦しみ、また彼等の発音並びに言語は日本流の句調に訛れるを以て、新来者には甚だ難解なりき[44]」と言っている。通詞のオランダ語学習はまずアルファベットを習得し一定のボキャブラリを蓄えると、次には会話に進みそのあとは作文となる。体系的な文法はまったく学習されず、

(41) レザーノフ七七頁
(42) 片桐一男『阿蘭陀通詞の研究』(吉川弘文館・一九八五年)四九頁
(43) 新村出『天明時代の海外知識』(『南蛮広記』＝岩波書店・一九二五年)七五、六頁
(44) ヅーフ六頁

そのためある程度高度な構造をもつ文章の翻訳は苦手だった。たとえば、享保年間の通詞名村八左衛門はヨンストンの『動物図譜』を読解できなかった。(45) 出島商館から提出される『阿蘭陀《オランダ》風説書』にしても、岩崎克己によれば、商館長がその内容を通詞にわかるように平易なオランダ口語に言い直し、通詞たちがそれを筆記した上で、「和解」と称する訳文がこねあげられたのだという。(46)

もっとも、江戸の蘭学者にも体系的な文法の知識はなかった。体系的なオランダ語文法は長崎通詞出身の志筑忠雄によって一八世紀末から研究されていたが、その成果が江戸へもたらされるのは、志筑に学んだ馬場佐十郎（為八郎の養子）が出府する文化五年以降のことである。志筑・馬場の文法研究によって従来の蘭学のレベルは一新されたといわれる。しかしこれはレザーノフ帰航のあとの話で、レザーノフを応接した通詞たちは旧態依然たる会話中心の通訳にとどまっていた。

ところで、肝心の幕府の返事はいつもたらされるのか。梅ケ崎上陸の直前一一月二〇日に、通訳の一人があなたはすぐに江戸へ行くことになるとレザーノフに告げた。しかし、上陸後も待てど暮らせどそんな気配はない。一二月二八日にはレザーノフはもう忍耐は限界に達していると通詞に告げた。馬場為八郎は奉行も心配しているのだが、今回の遅れは幕府が慎重に協議しているために生じていることで、奉行はもう一度特使を派遣するから安心してくれという。しかも、「これだけ遅れているのは望ましい兆候だ」とさえ彼はいった。年が明けて文化二年となった。一月九日に本木庄左衛門がやって来たので、「幽閉」について抗議すると、私たちは何世紀も自由を奪われているが、それを恋しがったりしない、あなたは少し辛抱すればいいだけじゃないですかと屁理屈をいう。一一日になると庄左衛門は江戸から全権を帯びた重臣が下ってくると告げた。

幕府は一月六日、目付遠山金四郎景晋《かげくに》にロシア人に対する教諭書をもたせて長崎へ派遣する旨の下知状を発し、それは一九日に長崎奉行所に届いた。それには「参府は勿論、書翰献上物差し出し候儀も御沙汰に及ばれ難き筋に候。かつまた以来通信通商の事なおさらあい調い難き候事に候[47]」とあって、奉行所側は幕府の対応が通商拒否であることをこのとき確認したのである。レザーノフは二月一三日になって、ナジェジダ号の出航準備を促す通詞たちの言動から、江戸へ行けないことを知った。彼らはだいぶ前からことを知っていたという。「どうして早く言ってくれなかったのか」。「あなたがすでに察していると思ったのです[48]」。彼らは幕府の通商拒否の意向もすでに知っていたが、それはまだ告げない。遠山がじきじき言い渡すべきことだからだ。

ドゥーフはロシア使節の要望が受け入れられるかどうか、通訳たちに度々打診してみた。二月二〇日に名村多吉郎に尋ねると「通商に関しては、あるいは許可されるかも知れないということ

(45) 岩崎克己『前野蘭化　I』一一三頁
(46) 同右一七六、七頁
(47)『通航一覧』第七巻一七六頁（巻二八一）
(48) レザーノフ二四四頁

以外何もいうことはできない」という答えだった。[49] 通詞たちはこの段階になってもドゥーフにすら真実を明かさなかったのである。

遠山景晋は二月三〇日長崎に着いた。レザーノフを長崎奉行所に呼び出して会見したのは三月六日である。この日レザーノフが梅ケ崎から船で大波止に上陸し奉行所へ向うと、通りに人影はなく四つ辻は板や幟で塞がれていた。

この日の会見はいわば顔合わせで、まず肥田豊後守が長い滞在をねぎらうと、レザーノフも奉行の厚意を謝した。次に肥田が来意をもう一度述べてほしいというのでそれに従うと、今度は成瀬因幡守が先年ラクスマンに、長崎に来るときは書簡などけっして持参するなと申し渡しておいたのになぜ持参したかと問う。これは詰問である。レザーノフは「このような失礼な対応には驚く。ヨーロッパの皇帝たちはロシアと書簡をやりとりするのを光栄とみなしている。いったい将軍がラクスマンに命令できるのか。ロシア皇帝と将軍は対等のはずだ」と答えたが、口調が激越になるのを押さえられなかった。レザーノフの言葉が通訳されると、肥田豊後守が調子を変えて「使節は日本式の会見にお疲れであろうから本日はここまでにして、明日またお会いすることにしたらいかがか」という。「それは甚だ結構」と答えてレザーノフは退出した。その後控室でカステラなどの接待があったが、ロシア人たちは口もつけずに帰った。[50] レザーノフは当日の日記に書いた。「不愉快なことが始まったと確信した。なぜならば彼らは喧嘩を始める口実を探しているからだ[51]」。

翌七日の会見では、まず肥田が「教諭書」つまり幕閣の回答を読みあげた。「わが国は中国・朝鮮・琉球・オランダと往来しているが、それは久しいいわれがあってのことで、その他の国とは通問せぬのが国是だ。外国と修交する道を知らないのではないが、風土国情を異にする国と往来するのは煩わしいので絶えて通じないのである。いまロシアが通交を深く望むからといって歴世の法を変える理由はない。通商に至っては有無を通じる理があるようだけれども、わが国有用の物を無用の物に替えるだけで、風俗を乱る弊害もあるので採るところではない」と述べて「再び来《きた》る事を費やすことなかれ」と結ぶ。礼を受ければ礼で返さねばならぬので、献上品も受けとれぬという。文辞丁重に似るのは露使の反感を和らげようと努めたのであるが、文末に至って木で鼻をくくる真意が表れた。次に成瀬が奉行所からの申し渡し書を読みあげる。まず信牌を与えた事情について述べ、国書を持ってくるなというのに持って来たのは、風土国情の違いから互いに意を通じがたいからだと、暗に交流の難しさを諷し、薪水を与えるからわが国に近い島々にも立ち寄らず真直に帰れと結ぶ。最後に遠山が久々の滞留をねぎらい、懇切な申し出であったから幕閣でも厚く群議に及んだので、このように答が延引したと断りの言葉を述べた。

(49)『ドゥフ・ユニアの秘密日記』一六五頁
(50)『通航一覧』第七巻一九一頁（巻二八一）
(51) レザーノフ三〇七頁

当時長崎奉行所に出役していた幕臣大田直次郎は、このときレザーノフは「顔色自若」だったと述べている。「副として出《いで》たる一人は憤り色に顕れたりし」というのは随員のフリードリヒ少佐のことか(52)。直次郎すなわち一代の戯作者大田南畝は寛政以来筆を断ってまじめにお役に励んでいた。ドゥーフも通詞から、ロシア使節は拒否の回答を受けとったにもかかわらず非常に友好的で礼儀正しかった、前もって誰からか知らされていたのではないかと聞かされた(53)。おそらくレザーノフは前日のやりとりから、この回答を予期していたのではあるまいか。

日本側は船中の者に真綿二千把、薪水料として米百俵塩二千俵を贈るという。レザーノフはこちらからの贈物を受けとってくれぬのだから、当方も受けられないと頑張る。この件の決着は翌日に持ち越された。翌八日、レザーノフは通詞たちと協議して贈物を受けることにした。もし受けなければ遠山らの責任問題が生ずるから、江戸とのやりとりでさらに二カ月かかるだろうというので、さすがにレザーノフも折れたのである。かわりに日本側もレザーノフが通詞たちに贈物をすることをしぶしぶ認めた。結局日本側はロシア使節到着以来提供した日々の食料、艦体修理のための銅板以下の材料など一切代金をとらなかった。

九日、レザーノフは奉行所に招かれた。「住民たちが格子戸や簾《すだれ》の陰から私たちを見ていたが、優しい眼差しだった(54)」。奉行所では役人全員が悲しそうな表情をしていた。レザーノフが帰航途次やむをえず日本領土に寄港することも考えられるので、保護証をいただきたいというと、肥田豊後守は「去秋以来、計らずも永々滞船致し候ところ、一同別条なくこの度帰帆に及び候段、一段のことに候。船中もいよいよあいいとひ、随分堅固に帰国到すべく候」と述べた上、たとえ風難などで寄港することがあっても、ロシア船とわかれば粗忽に扱うことはないから安心してほしいと答えた。総じて役人たちは、長々と待たされた揚句玄関払いを喰わされたレザーノフを気の毒に思っていたようだ。

会談の結果を知った梅ケ崎の警備兵は不満を示したとレザーノフは言っている。「幕府は何ということをしたのか」と言って泣き出した者もいた(55)。ロシア人に情が移っていたのだろう。別れを告げに来た役人はけっしてロシア人のことを忘れないと誓った。警備兵の話では、長崎の住民の間では不満が拡がっているという。京から商人が多勢貿易をしようと来ていたが、彼らも不満とのことだ(56)。町では戦争が避けられないという噂が立っているという。レザーノフは何か悪いことが起こるのではないかと心配になった。ドゥーフは通詞から、もしロシア使節が拒否したり反論したりすれば彼らは生きて奉行所から出て来れなかっただろう、肥前と筑前の藩主はいざとい

(52)『我羅斯考』(『大田南畝全集』第一八巻＝岩波書店・一九八八年)四六七頁
(53)『ドゥフ・ユニアの秘密日記』一七〇頁
(54)レザーノフ三二一頁
(55)同右三一七頁
(56)同右三一六頁

うときは船を焼き払うよう命を受けていたと聞かされた。[57] だとすれば、レザーノフが殺害されたり、船を沈められたりするのではないかと心配したのもあながち杞憂ではなかったことになるが、果たしていかがなものか。このとき幕吏が平和裡に交渉を終える方針だったことは数々の証拠からして明白である。

三月一〇日には遠山に随って江戸から下向した役人たちがレザーノフを訪ねて来た。彼らは通商によって多大な利益が得られる好機だったのに、こんな結果になったのは大変残念だと語った。[58] 彼らは幕府の徒目付《かち》あるいは小人目付《こびと》である。これは外交辞令だったのだろうか。私的な訪問で、心にもない慰めをいう必要はあるまい。幕吏の中にもロシアと通商を開いて何が悪いという気分が広く存在した証しといってよかろう。

しかし、この度の結末をもっとも遺憾としたのは意外にも通詞たちだった。三月九日、本木庄左衛門がフリードリヒ少佐に重大な打ち明け話をした。それによると、ラクスマンが受けとった信牌は実は貿易許可書だった。ただ内容はどっちともとれるようになっていた。当時幕閣には多くの意見があったが、もっとも有力な二人は通商を支持していた。あれから六年少なくとも八年後にあなた方が来ていれば歓迎されただろう。しかしその二人の一人は六年後、もう一人は八年後に死んだ。今では反対派が権力を握っている。この度は将軍がロシアに好意的だったので、彼らも随分苦労して方針を通した。[59] しかし彼らの権勢も永続きはしまい。時がたてば以前の通商許可の意見が勝つにちがいない。おなじような話を、今度はレザーノフが馬場為八郎から聞いた。

彼は通商容認派の三人の老中が力を失った経緯を述べ、また本木庄左衛門は反対派の筆頭は戸田氏教であると告げた[60]。本木と馬場が通商容認派としている一人が松平定信であるのは間違いあるまい。しかし定信は死んではいないし、馬場があげている人名も比定不可能であり、真偽のほどは疑わしい。戸田は定信の信頼した朋輩である。レザーノフの方で聞き違いもあったことだろう。だが彼らの話には、信牌の含意といい、通商をめぐる幕閣内の対立といい妙なリアリティがある。しかも彼らは幕閣内部の情報を告げただけではない。日露国交樹立のための計画をレザーノフにひそかに提議したのである[61]。

最初に話をもちかけたのは三人の大通詞《おお》で、将来情勢が好転するのをあてにしながら、オランダ人を介して連絡をとりあいたいというのだ。オランダ人は信用できるという。今回の拒否を不満に思わぬ者は一人もいないと彼らはいうのだった。もっと具体的に話をつめたのは本木庄左衛門である。あと六年すれば状況が変わるし、そのときは現在筆頭小通詞《こ》である自分は、大通詞に

(57)『ドゥフ・ユニアの秘密日記』一七〇頁
(58)レザーノフ三二七頁
(59)同前三二九〜三三〇頁
(60)同右三四七頁
(61)通詞の秘密計画についてはレザーノフ三三五頁以下。

なって通詞団を引っ張っているはずだ。自分たち通詞はここでは大きな力を持っていて、オランダ人は従わないわけにはいかない。彼らを介して毎年通信を交わし、好機いたるや遭難を装って船を派遣すればよろしい。レザーノフが梅ケ崎の宿舎を立ち去る日、石橋・名村らの大通詞がやって来て、何か変化が起これば知らせるから、ロシア人をオランダ船で出島へ送りこんでくれという。出島ではロシア人はオランダ人のふりをして暮らせばよろしい。

大胆不敵ともいうべき通詞たちの秘密計画をどう受けとるべきだろうか。レザーノフを慰撫するために心にもない話をでっちあげたのだというのはひとつの解釈である。だが、この解釈は成り立つまい。たんなる慰撫のためなら、オランダ人を介して書簡をやりとりするとか、出島にロシア人を忍びこませるとか、そこまで手のこんだ話をする必要はない。しかも馬場はそんな話をしながら「私はあなたがこわい」、つまりこの件に深入りするのがこわいと洩らしているのだ。本木庄左衛門は「あなたが自由を束縛されているのは一時的なことだけですが、私たちは永遠にそれに堪えていかねばならない。私たちの父祖は米をたべるだけを楽しみに暮らして来たのです。私たちや私たちの子どもたちもおなじ生活を送っていかねばならないのです。私たちは感情をもつことさえ禁じられているのです」と、レザーノフと計画をめぐらす間に語っている。

通詞団にはあきらかに閉塞した現状に風穴をあけたい願望があった。しかも彼らは長崎奉行とオランダ人を操る自信さえもっていた。彼らのみかけの卑屈さの蔭には出口のない野望が匿されていたので、水野忠通が「日本人と思ふべからず」という通り、彼らのまなざしは狭い日本を超えようともがいていたのである。だが、彼らが手のうちにあると豪語する出島のオランダ人は、彼らの日露通商計画に手を貸すはずがなかった。この点で彼らはあまりに自信過剰だった。ドゥーフはすでに一〇月一五日に、ロシア使節の通商要求に関して、オランダ人が一六〇年間享受して来た特権がこの際縮小されることのないよう、長崎奉行宛請願書を提出していた[62]。特権とはむろん対日貿易の独占権である。通詞は当然このことを承知していた。にもかかわらず彼らはオランダ人にロシアとの文通を仲介させたり、出島にロシア人を隠匿することができると思っていたのだろうか。通詞たちの秘密計画にはいかにもうさん臭いところがある。だが、レザーノフの記述を読むかぎり、彼らは本気だったようだ。オランダ政府は出先機関に対してロシア使節への協力を命じており、ドゥーフはいわば訓令に違反していたのだ。彼らはあるいはこの点も踏まえていたのだろうか。

レザーノフはオランダ人の仲介という点に不安をおぼえたのか、結局通詞たちの提案には乗らなかった。ただ彼はこの二年あとシベリアで死亡している。ペテルブルグへ帰っていれば、あるいはオランダ公使館を介して長崎通詞に連絡をとることを再考したかもしれない。確かなのは、彼がこのままただで済ますつもりはなかったことである。いやならいやと最初からいえばいいのに、便々と半歳以上待たされた屈辱を彼はけっして忘れなかった。失望は乗組員たちもおなじだった

(62)『ドゥフ・ユニアの秘密日記』一三四、五頁

った。『環海異聞』はいう。「水主《かこ》どもはかねて日本長崎の湊へ着しなば、逗留も長かるべし。その地の売女求めて楽しまんとて」樽に銭を蓄えていたのに、上陸もならず銭もそのまま持ち帰った。[63]

レザーノフが梅ケ崎の宿舎を引き払う際には、多くの日本人が別れを惜しんだ。人夫たちさえ、ロシア人のためにどれほど喜んで働いたか口々に告げようとし、また来て下さいと願うのだった。隣家の老婆はこう語りかけた。「私は八〇歳になります。あなたを拝見するためにやって来ました。これは私の孫娘です。こちらがひ孫娘たちです。みんなあなたの出発を残念がっております。もうあなたにお目にかかることはないでしょう[64]」。レザーノフは「一日中不思議な光景ばかりだ！」と書いている。幕末来日した西洋人たちを感動させることになるわが庶民たちの情愛深い美質は、早くも一九世紀の冒頭ロシア人たちに向けて発揮されたのだった。遠山の随員で徒目付の職にある増田藤四郎はレザーノフの手をとって言った。「あなた方ともお別れすることになりました。しかし江戸には、ロシア人の利益になるような意見を伝えるつもりです」。奉行所の役人が今回の拒絶は町中に悲しみをもたらした、老いも若きもロシア人はいい人たちだと信じているからだというと、増田は「それは本当の話で、日本人はみなおなじように感じている。大名や奉行でもそうです」とつけ加えた。[65]

彼らの言葉には客人を送り出す世辞の気味もいくらかあったかもしれないが、幕閣の今回の対応を遺憾とする雰囲気はかなりひろまっていたようだ。司馬江漢が『春波楼筆記』に、「魯西亜の使者を半年長崎に留め上陸をも免さず、その上彼等が意に戻り、かつその返答失敬不遜[66]」と記したのは、そのような世論を受けてのことと考えられる。ただし「返答失敬不遜」というのは当たってはいなかった。

また杉田玄白も『野叟独語』において、「愚夫庸俗の類は、委細の事をも弁《わきま》えず、何か御異変の様にのみ心得、はるばる音物《いんもつ》を持参せし使者を、空しく御帰しなされしは、夷狄ながら大国に対し、御無礼のように申し、彼を是とし、此を非と思う様に申し聞ゆるなり」という。[67]「愚夫庸俗」と書いたのは論旨を和らげるためで、たとえ無識者の言であっても、一心一致せざるはよろしくないと話をもっていくのを見ると、彼の真意はまさにこの「愚夫」のいうところにあったのである。

梅ケ崎の宿舎を去る際、レザーノフは部屋の壁に日本語で「ロシア使節は善良な日本人の友情に対して感謝する。決してこれを忘れることはないだろう」と記したという。[68]大田南畝によれば、

(63)『環海異聞』一三一頁
(64)レザーノフ三五九頁
(65)同右三五八頁
(66)司馬江漢『春波楼筆記』(『日本随筆大系』巻一＝吉川弘文館・一九二七年)四五一頁
(67)井野辺『新訂維新前史の研究』二一四頁より再引
(68)レザーノフ三六二頁

蔵に書かれた文句は「日本の御厚恩有がたし」であった。(69) 漂民たちとの別れは情のこもったものだった。レザーノフは「本願済候はば、時々船の往来、面会のこともあるべし。願い叶わず帰帆の上は、とてもこの世にては出逢ふ事あるべき様なしとて、自ら地を踏みつけ、必ず地下にて逢ふべし」と言って落涙した(70)とのことである。

ナジェジダ号は文化二年三月一八日に長崎を出港した。大田南畝は通詞から聞いたこととして、ドゥーフが通詞たちを招き、午前二時頃まで「物くい酒のみ歌うたい、裸体になりてさはぎし也」と記している。(71)「是は露西亜交易の御免なきを悦びて、祝いの心とみえたり」というのは南畝の解釈であるが、ドゥーフ、通詞もろともこの度は大いに心労し働いたのであるから、それぞれの思惑はとにかく、筋としてはたんなる慰労の宴であったろう。ドゥーフは表面はロシア使節に対して協力の姿勢を装っていたのだし、通詞たちは彼らの不成功をけっしてよろこんではいなかった。

ナジェジダ号は帰途、蝦夷島の北端、宗谷場所のノサップに立ち寄って、アイヌや松前藩役人と問答した。(72) 松前藩役人は先年ラクスマンを応接したことがあると言って彼のことを賞め、いくらかロシア語を話した。レザーノフはこの頃からかなり日本語が話せるようになっていたから、会話に不自由はなかったのである。役人は最初彼らがロシア人だとは信じなかった。なぜなら、ラクスマンたちのように髪をうしろで結んだかつらをかぶっていなかったからである。クルーゼンシュテルンは「わが国において十二年の短時日の間に結髪に関して起ったかくも突然の革命は彼の極度の驚愕を惹き起すよりほかなかった」と大袈裟に書いている。役人はロシア船が日本人漂民送還のため長崎へ来たということを知っていた。ラクスマンに続く二度目の義挙に彼は感心していたが、それがいま目の前にいる船だと知ってまた驚いた様子だった。彼はしきりに出航を促した。でないと松前から大艦隊がやってくるというのだ。クルーゼンシュテルンは彼の威嚇を滑稽に思うと同時に、「日本の規律はその領地の最も遠い端であるこの地方においてもまだ最大の力を示している」と感じた。

アイヌは鯡《にしん》をもって来て古い衣服やボタンと替えた。なんと五〇尾から一〇〇尾の乾鯡を真鍮のボタン一個と替えたのである。日本人も商売に来たが、売物のなかには春本もあった(73)。

このあとナジェジダ号は樺太のアニワ湾にはいった。小さな村落の沖に日本船が碇泊していた

(69) 大田四六七頁
(70)『環海異聞』四〇七頁
(71)『瓊浦雑談』(『大田南畝全集』第八巻＝岩波書店・一九八六年) 五六〇頁
(72)『休明光記』一〇〇七〜一〇〇八頁
(73) 以上ノサップの項、『クルウゼンシュテルン日本紀行』上巻三六七〜三七九頁。ファインベルク『ロシアと日本』はボタン一個と鯡五〇〜一〇〇匹を交換したのは日本人で、日本人のアイヌ掠奪の例としている（同書一二二頁）。クルーゼンシュテルンの記述をちゃんと読めば、この交換を行ったのがナジェジダ号の乗員であるのは明らかだ。日本人がボタンを持っているわけがない。これは誤読というより歪曲のたぐいだろう。ファインベルクはスターリン時代特有の自民族中心主義を露骨に表明する典型的御用学者だった。

ので、レザーノフ、クルーゼンシュテルンらが乗り移った。これは兵庫から来た祥瑞丸で場所はルウタカ番屋の前だった。水主仁兵衛の申し口では、ロシア人らは「何もこわい事はない」と始終繰り返していたとのことである。(74) 彼らは現地の事情をいろいろと知りたい様子だった。ナジェジダ号はさらに進んでクシュンコタンに至り、ここには日本人の住居と倉庫があったから上陸して訪問した。役人は魚と酒でもてなしたが、ロシア人の質問に答えるとき慄えていたという。

クルーゼンシュテルンはアニワの占領の可能性について、何の危険もなく実行できると書いている。「ヨーロッパ軍艦の最小のものをもって彼らの最も恐るべき艦隊を絶滅するに充分であり、また上陸においても、百人の砲兵と十二門の大砲をもって編成する砲兵中隊一箇をもって、日本人がアニワに上陸させるであろう軍隊を抑圧するに充分である」。日本人はサハリンに対してなんら利権要求の根拠をもっていないと彼は考える。問題は「サハリンの真の所有者アイノ人の同意」があるか否かという点にある。しかもアイヌは「日本人によって頗る親切に取り扱われているように」クルーゼンシュテルンには思えた。(75)

(74)『休明光記』一一八三頁

(75)『クルウゼンシュテルン日本紀行』上巻四〇九～四一二頁

第九章　レザーノフの報復

ナジェジダ号は一八〇五年五月二五日、カムチャツカのペトロパヴロフスク港へ到着した。レザーノフはこののちアラスカの露米会社植民地へ向かい、クルーゼンシュテルンはナジェジダ号でサハリン島の調査に赴いた。彼は北から間宮海峡へ入り、アムール河口の北でこの先に水道はないと判断して引き返した。彼はブロートンが南から海峡を調べて得たのとおなじ結論に達したのである。すなわちサハリンは島ではなく大陸とつながった半島なのだ。彼がそう判断したのは、アムール河口に近づくと海水はほとんど淡水となり、もし南に水道が通じているならこのような現象が起こるはずはないと考えたからである。彼がアムール河口まで南下しなかったのは、当時露清関係が緊張していて、清国が河口周辺の警備を強化しているので、刺激することのないよう訓令を受けていたためだった(1)。

間宮林蔵が大陸と樺太との間に水道が存在するのを実検したのはこの四年のちのことだ。のちにシーボルトがもたらした最上徳内・間宮林蔵の地図を見て、クルーゼンシュテルンは「これは日本人の勝ちだ！」と叫んだ(2)。クルーゼンシュテルンはいったんペトロパヴロフスクへ帰港したあと、マカオへ向かった。マカオでリシャンスキーのネヴァ号とおちあい、あとは一路アフリカ廻りで母国へ帰るのである。私たちはここで彼と別れ、アラスカへ向かったレザーノフの動きを追うことになるのだが、その前に当時のペトロパヴロフスクの状態と、そこに滞在していた日本人漂民について述べておきたい。

ペトロパヴロフスクはベーリングが一七四〇年に開いた港で、以来カムチャツカの玄関口の地位を占めてきたが、クルーゼンシュテルンの見たところでは、満足な家屋すらない貧寒な僻地にすぎなかった。港内にはナジェジダ号のほか一隻の船もなく、沈没した三本マストの船が放置されているだけで、六五年前に開けた港とはとても思えなかった。町にはちゃんとした道路は一本もなく、郊外には農園も牧場もない。パンも塩も欠乏している。クルーゼンシュテルンは日本で供与された塩五万ポンドのうち四万五千ポンドを住民に提供した。これは住民の三カ年分の消費量に相当する。また彼は米三千ポンドを住民にわかち与えた。パンと塩すらこの有様だから、他の必需品についてはいうまでもない。ただウォトカのみはふんだんにあって、上陸した船員や旅客はひたすら酔っぱらうしかないのだった。壊血病の蔓延は憂慮すべき程度に達していた。

クルーゼンシュテルンはいう。「この植民地の航海事業はなお全く幼年期の状態にある」。「全

（1）秋月二一〇〜二一一頁、『クルウゼンシュテルン日本紀行』下巻一〇四、五頁
（2）シーボルト『日本』第一巻（雄松堂書店・一九七七年）二五九頁

カムチャツカ中、まぎれもなく最重要地点たる有名なペトロパヴロフスクはこのような極度に悲惨な状態に置かれている。しかもロシアがカムチャツカを属州としてからすでに一世紀余が経っているのだ」。彼はまた、カムチャツカ原住民も甚だ憂慮すべき状態にあることを知った。この善良で誠実な愛すべき民は数年ののち絶滅にいたるかもしれない。商人たちは彼らの集落を巡回し、彼らに劣悪な火酒を酔い倒れるまで飲ませ、替りに黒テンなどの毛皮をありったけ取りあげる。火酒の害のみならず、伝染病も彼らに潰滅的打撃を与えていた(3)。

レザーノフ一行が日本からペトロパヴロフスクへ帰港したとき、そこには六人の日本人漂流民が暮らしていた。これは南部藩領の慶祥丸の生き残りで、慶祥丸は箱館近郊で塩鱈三万本を積みこんで江戸へ向う途中、九十九里浜の沖合で難船に及び、八カ月の漂流ののち文化元(一八〇四)年七月、北千島のポロムシリ島に漂着したのである。

生き残った船頭継右衛門以下六名はペトロパヴロフスクに移され、折しもナジェジダ号から降ろされて同地に滞在していたキセリョフ善六の世話を受けることになった。ロシア人たちも親切で、カムチャツカ長官コシェレフ少将は彼らに、いま日本人漂民を送り届けるためにこちらの大船が長崎へ行っており、日本とは親交が開かれるだろうから、そのうちお前たちを大船で帰国させることができようと語った。コシェレフはラクスマンに与えられた信牌を「長崎において は商売相成り候よしの書付」と理解しており、レザーノフの使命が果たされることについて何の疑いももっていなかった。それだけに、翌文化二年ナジェジダ号が通商拒否の結果をペトロパヴロフスクにもたらしたとき、同地のロシア人の失望と憤激は大きく、それはただちに慶祥丸の六人にはねかえった。

継右衛門ら六名はレザーノフに呼ばれた。レザーノフは日本語で話しかけたが継右衛門たちにはよくわからず、結局善六の通訳で彼が何を言いたいのかわかった。「私はよくこしらえましたが、日本にてこしらえません」などと言われてもわかるはずがないので、レザーノフの日本語は所詮この程度のものであったらしい。レザーノフのいうには「商売も相成候よしの書付、日本にて相渡し候につき、昨子《ね》の年長崎え土産物持参渡来致し候ところ、日本にて土産物も請け取らず、こなたのものどもへ番人付け置き、他出も致させず、右書付も渡しおきながら、商売も相成りがたき段、日本の取り扱いよろしからず候間、こなたの船はもはや渡海致さず候」とのこと。継右衛門たちは目の前が真暗になった。

ナジェジダ号帰港のあと待遇が一変した。もう茶も煙草もくれない。子どもたちまで「ヤッポンホウダ」「ヤッポンソバカ」と罵る。日本人は悪い奴だ、犬だというのである。頼りにして来た善六もロシアを尊び日本を悪し様にいう。継右衛門らはかくなる上は自力で帰国するほかないと決心した。善六によると、先年帰国した光太夫は殺され、今回レザーノフが連れて行った漂民もただちに牢にぶちこまれたという。継右衛門たちはそれでも構わないと思った。カムチャツカ

(3) 以上ペトロパヴロフスクの状況については『クルウゼンシュテルン日本紀行』下巻一六六〜二二四頁による。

アワチャ湾のペトロパヴロフスク港

にとどまっても生きる途はない。どうせ死ぬのなら、日本の土を踏んでから死にたい。幸い自分たちの乗って来た小舟がある。これで島伝いに南下すれば松前島へ着かぬでもあるまい。

小舟で千島を島伝いに日本領までたどりつくというのは、数々の大船を破船させて来た荒海を思えば途方もない冒険である。善六は何とか身の立つようにしてやるからロシアに帰化せよという。レザーノフも彼らを呼び寄せて思いとどまれという。ペトロパヴロフスク詰めの役人は馬鹿者どもめ、途中で死ぬのは知れたことだと呆れる。しかし継右衛門たちの決意は固く、文化二年六月頃順風を得て船出した。ロシア側は長崎で得た米のうち、一斗五升を彼らに贈った。そもそも継右衛門らには、松前島以北の地理がまったくわかっていなかった。ホロムシリ島に着いたときも、蝦夷地のどこかだろうとしか思わなかった。ペトロパヴロフスクでロシア人から地図を見せられて初めて、カムチャツカ、千島列島、蝦夷島の位置関係が頭にはいったのである。彼らが島伝いの帰国を思い立ったのは、この新しく得た地理的知識があったからこそだった。

クルーゼンシュテルンがサハリン島調査から再びペトロパヴロフスクへ帰港したとき、六人の日本人はもう立ち去ったあとだった。「彼等が幸いにして祖国に到着しておればよいがと、我等は祈ってやまない。かかる冒険を敢行した勇気のゆえに、彼らは最善の成功をかちうるに足る」と彼は書いた。[4] 継右衛門たちが数々の苦難を乗り越えてエトロフ島アトイヤにたどり着いたのは、文化三（一八〇六）年六月二八日のことである。[5]

さてレザーノフはといえば、彼には日本との通商樹立のほかに極東のロシア植民地、具体的にはアレウト・アラスカ方面の現状を視察すべき責務があった。これはロシア政府の訓令であるばかりでなく、彼自身が創立者の一人である露米会社から託された任務である。

レザーノフは一八〇五年六月、露米会社船マリア・マグダレナ号に乗ってアレウトへ向かった。同乗したニコライ・フヴォストフ中尉とガヴリイル・ダヴィドフ少尉は、一八〇二年に会社が初めて採用した海軍士官である。この二人は度々船を指揮してアラスカへ赴いた経験があり、ことにダヴィドフは正義感溢れる好漢で、露米会社の植民地経営の不正と悲惨に義憤を抱いていた。当時の露領アメリカが露米会社の幹部の恣意的な専制のもとで悲惨な状態に陥っていたことについては、クルーゼンシュテルンの証言もある。原住民の非道な扱いのみならず、一攫千金を夢みたロシア人狩猟者や船員たちも、慢性的な物資不足と非衛生な境遇のために壊血病や黴毒《ばいどく》に苦し

（4）同前一四九〜一五〇頁
（5）以上慶祥丸一行については継右衛門らの口上書（『通航一覧』第八巻一八九〜二〇三頁＝巻三一九）による。

められ、本土に帰還するあてもなく朽ち果ててゆく。マリア号は一五〇トンの新造船だったが、オホーツクを出港したとたん漏水が始まり、到底カディヤックへ行き着けずにペトロパヴロフスクで越年していた。乗組員たちは病人ばかりで、レザーノフの行手は暗雲に閉ざされていた。

レザーノフはアレウト列島のウナラシカ島に着いたのち、七月一八日付でアレクサンドル一世に樺太・南千島の日本植民地の襲撃計画を上申した。この方面から日本人を一掃し、続いて日本沿岸に現れて船舶を拿捕するなら、日本政府は恐慌をきたしてついに通商に同意するだろうというのだ。「詔勅を仰がずに本件に着手することにつきましては私を御処罰下さい」と書いたところを見れば(6)、彼は皇帝の同意を得ることの困難を予知して、独断でこの挙に出ることを決意していたのである。彼がこのように大胆な計画を立てるに及んだのは、むろん長崎で蒙った屈辱に酬いたいという一念が胸中に燃えさかっていたからだろうが、当時の日本の軍事力の脆弱さ、とくに北辺の防備の手薄さをわが眼で確かめたことによって、このような脅迫をもって日本政府の譲歩を引きだしうると信じたからにちがいない。

それと同時に彼は、日本の世論が幕府の通商拒否に不満を抱いているという長崎通詞の言葉に誤られていた。翌一八〇六年八月八日に出した襲撃命令書の中で、「民衆はロシアとの貿易を望んでおり、今回の貿易拒否に対して大きな不満を抱いていると私は判断している。国内のこうした不満をバネにして、この傲慢な国が私たちと通商関係を結ぶしかないと考えるようにしたい」と彼は述べている。(7) 長崎通詞はレザーノフにまったく誤った情報を与えたわけではない。幕府のすげない対応に対する不満はたしかに潜在していた。だが、それは幕府を揺るがせるほどの世論にまで昂まったわけではないし、ましてやロシアが報復したときに、それ見たことかとロシアの行動に同調するような性質のものでもなかった。結局レザーノフは日本の国内情勢に対する誤った判断の上に、危険な賭けに出たというほかはない。だが、この賭けは実は当る一歩手前まで行ったのである。

蝦夷地襲撃計画を立案したものの、レザーノフの前にはまだアラスカ視察の任務が横たわっていた。彼はカディヤック島を経て、八月二六日アラスカ経営の中心地シトカに着いた。露米会社支配人のバラノフはここに要塞を築き、ノヴォアルハンゲリスクと名づけていた。同地の食糧事

(6) ファインベルク『ロシアと日本』(新時代社・一九七三年)一二五頁

(7) レザーノフ『日本滞在日記』(解説)四二六頁

情は極度に逼迫し、ほとんど飢餓に直面しているといってよかった。レザーノフはノヴォアルハンゲリスクで越冬し、一八〇六年を迎えると、スペイン領のサンフランシスコへ行って交易を開き食糧を入手することにした。マリア号はもはや使用に堪えなかったのだろう。折しも持ち船を売ろうというアメリカ人があって、それを一一万ルーブリで購入した。二〇五トンのユノナ号に乗ってサンフランシスコに入港したのは三月二四日である。スペインの総督アルグェロはレザーノフを歓待したものの、スペイン植民地は本国としか交易を許されていないとして交易は拒んだ。それでもレザーノフは食糧を満載してノヴォアルハンゲリスクへ帰還することができた。四二歳のレザーノフはアルグェロの一五歳の娘コンチタと恋におちいった。彼女はスペイン領アメリカに鳴り響いた美女であったという。すぐに婚約が成り立ったものの、カトリックのコンチタと結婚するには、ロシア正教徒たるレザーノフはローマ教皇の許可を得る必要があった。彼はアレクサンドル一世の仲介でそれを得る心積もりだったが、ペテルブルグ帰還の途上急死した。コンチタはレザーノフの死を容易に信じなかったという。それに間違いないのが明らかになると彼女は修道院にはいり、レザーノフの記憶を抱いて一八五七年まで生き長らえた(8)。

一八〇六年七月、レザーノフはユノナ号に座乗し、新しく現地で建造されたアヴォス号を伴ってノヴォアルハンゲリスクを出港した。ユノナの船長はフヴォストフ、アヴォスのそれはダヴィドフである。この二人はたまたまペトロパヴロフスクで日本から帰ったレザーノフと出会ったのであるが、二人が露米会社に勤務したのももともとはレザーノフの紹介というから、彼が蝦夷地襲撃計画を打ち明けたとき二人が進んで彼の腹心となったのも無理はない。

レザーノフはノヴァアルハンゲリスク出航以前に、フヴォストフに対して、二隻の武装船を率いてまずサハリン島アニワ湾の日本植民地を襲撃するよう指令していたが、先述の通り八月八日には再度訓令を下し、まずアヴォス号がアニワ湾に先着し、ユノナ号はオホーツク港でレザーノフを降ろしたのち、アニワ湾でアヴォス号と合流して襲撃を実行すべきものとした。彼は一七九六（寛政七）年以降作られた南千島とアニワ湾内の日本人居留民団を駆逐し、今後はロシア人と交易するためにだけ来航するように日本人に対して宣言するよう指令した。すなわち彼の計画する蝦夷地襲撃は、たんに日本人に衝撃を与えて通商を促すことだけを目的としたものではなく、サハリン島とエトロフ・クナシリをロシア領として確保することを目指していたのである。彼はまたアニワ湾で捕獲した日本人をノヴァアルハンゲリスクへ送って、通訳として養成するよう指示した。(9)

だが、レザーノフにはまだ迷いがあった。露米会社は植民地内での軍事行動については広汎な裁量権をもっているものの、他の独立国家に対して戦争行為を発動する権限などあるはずがない。彼が計画しているのは紛れもなく日本に対する戦争行為である。しかも、皇帝への上奏はいまだ

(8) 加藤B一六八〜一七〇頁
(9) ファインベルク一二六頁

に返事がない。彼はたとえ処罰されようが、独断でこの挙に出ることをいったんは覚悟した。勅令を待ってはいられない思いだったのは、事が遷延しては長崎での交渉に対するロシアの決意表明という意味合いが薄れてしまうからだろう。しかし何といってもこの独断専行の荷は重い。レザーノフは九月一五日ユノナ号でオホーツク港に着き、二四日の日付でフヴォストフに対して新たに訓令を起草した。それによれば、先に出した訓令には変更を加える必要があり、航海が遅延したために、ユノナがアヴォスにアニワ湾で会合するには時季がおそいので、ユノナはただちにノヴォアルハンゲリスクに帰航すべく、またアヴォスも同地に帰航せしむべしとある。しかし、アヴォスがアニワ湾に進入することが容易なら、同地の日本人植民地の実情を調査し、併せて原住民を懐柔せよとも指示されている。「貴官の任務はアメリカ帰航を以て完全に遂行せられたるものと認むべきも、アニワ湾偵察にも充分努力せらるるよう期待す[10]」といわれても、フヴォストフの頭は混乱するほかなかった。いったいどうせよというのだ。ユノナはただちにアメリカへ帰れと指示しながら、アヴォスに遭えば同一訓令をダヴィドフに伝えよという。アヴォスはアニワ湾へ行くべく指示されているのだから、フヴォストフも結局は同地へ行かねばならぬわけになる。フヴォストフはレザーノフの真意を確かめるべく彼の宿舎を訪ねたが、彼はすでに出発したあとだった。レザーノフはおそらくこのとき計画をほぼ断念していたのである。ただ、アヴォスをアニワ湾に派遣していたので未練が残った。アニワの日本人植民地の調査なら、前年レザーノフ自身がナジェジダ号で行っている。アニワへ行って何をさせようというのか、レザーノフ自身もはっきりしなかったのではないか。この曖昧きわまる最終指令は重大な結果を引き起こすことになった。

ペテルブルグ帰還の旅に出たレザーノフは、一八〇七年三月一日、中部シベリアのクラスノヤルスクで死亡した。氷結した川を渡ったとき氷で腿に傷を受け、死因は壊疽とされた。彼は長崎滞在中すでに病人であり、そのあとさらにアラスカへの長途の旅を経て、シベリアの悪路をたどったのであるから、極度の衰弱に達していたことは想像に難くない。ただしシチェグロフの『シベリア年代史』はレザーノフの手紙を引いて、彼の死因はシベリア各地で大歓迎され、宴会・舞踏会の連続に堪えられなかったことにあると述べている。(11)

レザーノフの曖昧な最終指令にとまどいながら、フヴォストフは結局一八〇六年八月八日の指令に従うことにした。それまで一年余りにわたってレザーノフとともに練って来た計画を放棄するには忍びなかったのだろう。彼らは海軍将校であっても露米会社の船の船長で、まず第一に会社の指示によって行動する身分なのである。レザーノフは以前の指令に変更を加えるとは言っていても、指令を撤回するとは言っていない。フヴォストフは最終指令を無視する決断を下したのである。このあとのユノナ号とアヴォス号の行動はあくまで露米会社のなすところである。しか

(10) 田保橋一九八、九頁
(11) シチェグロフ四三六、七頁

し露米会社自体ロシア政府の国策会社であり、政府はレザーノフの上申に対して何も回答しておらず、これは黙認ととれぬことはない。この曖昧さはこのあと事態の推移に大きく影響することになる。

フヴォストフとダヴィドフの蝦夷地襲撃事件を叙べる前に、レザーノフ退去後の蝦夷地の内情について一言しておく。幕閣はレザーノフを応接した遠山景晋に西蝦夷地の視察を命じ、遠山一行は文化二（一八〇五）年一〇月松前に上陸した。幕府は三年前東蝦夷地を永久上知したが、西蝦夷地はまだ松前藩領である。だがすでに東蝦夷地永久上知の時点で、箱舘奉行を初めとして幕府内には蝦夷地全土を直轄すべしとする意見が擡頭していた。レザーノフの来航は幕閣に全土直轄の必要を痛感せしめたに相違なく、遠山一行の任がそのための視察だったのは想像に難くない。

一行は福山で越年し、文化三年三月から調査行に出発したが、江差の姥《うば》神社に参拝したとき思いもかけぬものを発見した。それは藩主松前章広が寛政一一年に掲げた扁額で、草書体で「降福孔夷」の文字が読める。これに目をとめたのは一行中の最上徳内で、同行の松前藩吏に尋ねると「福を紅夷に降す」と読んだ。崩し字だから孔が紅に読めたのである。紅夷とはまさにロシア人以外何者でもあるまい。一行の空気は緊張した。遠山景晋はそれは『詩経』の一句で「福ヲ降スコト孔《はなはだ》夷《おおい》ナリ」と読むのだとたしなめたが、徳内の疑心は去らぬ。この一件は副使の村垣範行から幕府に上達され、幕府から役人が派遣されて扁額を江戸へ持ち帰る騒ぎになった。林大学頭に諮問し、章広を尋問する。「孔夷」は「はなはだたいらか」と読むのが正しいのだが、大学頭のうやむやな答申もあって、結局「紅夷」の嫌疑は晴れなかった。

この「降福紅夷」事件がだめ押しとなったのか、文化四（一八〇七）年三月二二日、幕府は松前本領（和人地）と西蝦夷地を松前氏から取りあげ、松前氏には替りに奥州梁川で九千石を給する決定を下した。さらに二六日には前藩主道広に対し、「その方の儀、家督中蝦夷地とり治め行き届かず、異国人の手当ても等閑《なおざり》に心得、その上隠居いたし候ても、言行慎まざるの様子あい聞え、不埒に思し召し候」(12)とて永蟄居を申し渡した。蝦夷地全土収公は幕閣内の潮流に押されたものので、「降福紅夷」事件がなくても大勢は変わらなかっただろう。だが、松前藩がロシアに通じているのではないかという嫌疑が幕吏間にひろまっているのでなかったら、少なくともこの事件が起こることはなかったはずだ。実は松前道広に対する通敵の嫌疑は寛政年間に始まっていたのである。

大原左金吾という男がいた。伊達藩領の郷士の子で、諸国を流浪して絵師となり、また経学・兵学を修めて、寛政年間には京都に住んで名士と交わった。この男は松前道広の弟で家老蠣崎広武の養子となった広年、すなわち画人蠣崎波響と親交があり、その縁から寛政七（一七九五）年招かれて松前へ渡った。送別の宴には菅茶山、皆川淇園、橘南谿、伴蒿蹊が連らなったというから顔は売れていたのだ。

(12)『休明光記』四七〇頁

文武の師として招いたものの、道広はこの男の空疎さにすぐ気づいたようだ。だが、彼は左金吾を手離さなかった。法螺を吹きあうにはいい相手だったのである。彼は言動を幕府に睨まれて寛政四年に隠居していたが、まだ四十代初めの壮年、藩政は依然として彼の掌握するところだった。左金吾は次のような彼の言葉を録している。「士の大功を成さんとするものは、名教も背く所あり、非儀も行ふことあるべし」[13]。以てその自負を知ることができよう。

左金吾は一年二カ月ばかりの滞在ののち、寛政八年一〇月に道広の引き留めを振り払って松前から逃げ出した。彼のいうところでは、道広にロシアへ内通する意志があることが歴然としてきたので、辞去するしかなかったのだという。松前を去った左金吾は水戸へ赴いて、彰考館の前総裁立原翠軒にこの重大事を訴えた。ことはやがて幕閣に聞こえ、その命によって左金吾が提出したのが『地北寓談』である。これは奇怪な述作で人名地名はすべて仮名、とりようによっては稗史とも実話とも読める書き振りである。おおそれながらと訴え出た訴状ではなく、物語の形をとって現実を諷するスタイルと言ってもいい。だが、「吾妻江」が松前であり、「大江介」が道広であるのは誰の眼にも明らかだった。

叙述の中心は、大江介が英雄の資あるにもかかわらず、その壮心を生かす途を見出せずに、女色に淫し暴政に奔った末、遂にロシアに内通せんとする意図を抱くに至ったというのであるが、その肝心要たるロシア内通の一点は、ある女子に内心を明かしたというのが唯一の証拠である。ほかはとりとめもない当て推量で、『蠣崎波響の生涯』の著者中村真一郎は「子どもだましのようで、頭脳の粗雑さにあきれる」[14]と言い切っている。

その女性の証言というのも、道広が家臣の女房に懸想して、自分の思いが真実である証拠として、女に自分の秘密を語り聞かせたのを、その女が左金吾に告げたという趣向になっている。家臣の名は内江堅治郎とあるが、この人物は実在していて本名は氏家健次郎とわかっている。大江介は内江の妻にこう語ったという。自分の大志は天下を治めることにある。だが平和の世に小国の主として生れた身には大志を延べることができない。「久しく聞く、赤夷諸州を併するの志ありと。これまことに騏尾について業をなすべきのときなり」。先年赤夷が罪を犯して蝦夷島のほとりに来住したことがあったので、才右衛門という足軽を派遣し、その赤夷を通じてロシア帝王に「もし日本にこころあって兵をむけられなば、吾先鋒となって攻むべし。彼をうしろだてとして、永く天下の棟梁たらんことをいわしめ」ようとしたが、赤夷はすでに去ったあとであった[15]。

これが本当の話だとしたら、道広はロシア軍を手引きして徳川の世をひっくり返し、自分が将軍となるつもりだったことになる。由比正雪どころの話ではない。幕府として聞き捨てにはならぬのである。しかし幕閣は道広に対して改まった処置は一切とらなかった。糾そうと思えば糾しようはあったので、道広と氏家の家内を召喚して対決させればよかったのである。幕閣がそうし

(13) 大原『地北寓談』一四七頁
(14) 中村三八一頁
(15) 大原二〇六頁

なかったのは、稗史、読本まがいのこの著作にいまひとつ信を措き難かったからだろう。諮問を受けた林大学頭はこの著者は小人で、いささか学問があるのをいいことにして、功名心から事を生ずるのを好む輩だと断じ、本当に国家の大事で黙しがたいのなら、こんなエセ軍談のような書き方はしないはずだと判定を下している。

要するに当時の老中の松平信明や本多忠籌は、大原左金吾のいうような道広の逆心をそのままうのみにすることはなかった。だが、幕閣は寛政一一年二月道広を江戸に呼び滞在を命じた。名目は新たに設けられた「蝦夷地御用係」に参与せよというのだが、羽太正養は『休明光記』に「この事執政方御深慮ある事のよし聞えし」(16)と注記している。つまり老中連は半信半疑だったのである。松前藩側ではこの江戸滞在命令を道広を江戸に幽閉したものと解した。

「降福紅夷」事件を受けて道広が永蟄居の処分を蒙ったのにはこれだけの前史があった。しかし『甲子夜話』によると、蟄居した道広は「土蔵の内に在りて、十余年のあひだ遂に庭中の地をも踏まず。されども素《もと》浮華なる性質は、予も嘗て交り知る所にて、蟄居の中、土蔵の内にて好める浄瑠璃をかたりて日を消しゐたり」という。「その豪邁見つべし」というのが、著者松浦静山の評語である。(17)それにしても大原左金吾は、『地北寓談』において曲筆を弄したのだろうか。これが訴状のようなものでないのは先に言った通りだが、事実と信じるところを述べたものらしいことも否定できない。それとも彼には、怨恨にもとづく作為の意図があったのだろうか。いまとなっては判じようのないことと言わねばなるまい。

フヴォストフがユノナ号に乗じてオホーツク港を出たのは、ロシア側の記録では一八〇六(文化三)年九月二四日だという。樺太のアニワ湾に進入したのは一〇月六日、ソ連時代の研究者ファインベルクはアイヌが日本人の暴力から救ってくれと彼らに訴えたと記している。ロシア人が保護してくれなければ自分たちはみんな首切られるというのだ。(18) 彼女は同地を視察したクルーゼンシュテルンが、ロシア人がサハリンを支配したとしても、アイヌが利を得ることはあるまい、彼らは日本人によってすこぶる親切に取り扱われているようだと述べていることをまったく黙殺している。

フヴォストフはクシュンコタンの松前藩運上所を襲撃して番人四人を捕らえ、サハリンがロシア領であることを宣言して、米六〇〇俵、漆器・被服等を掠奪し、運上屋・倉庫・船などをことごとく焼き払った。実際このような暴挙をあえてするには、自らを日本の圧制からアイヌを解放する正義の騎士に擬するほかなかったにちがいない。その際、ロシア人がカムチャツカ・クリルで原住民に加えた暴虐は一切忘れられていた。しかも、サハリンにロシアはまだ手をつけておらず、ロシア人居留地は一カ所もなかった。

フヴォストフのアニワ湾襲撃を松前藩が知ったのは、年が明けた文化四(一八〇七)年四月だ

(16)『休明光記』三二八頁
(17)『甲子夜話』続篇2(平凡社東洋文庫・一九七九年)一三四頁
(18) ファインベルク一二八、九頁

った。冬の間宗谷海峡は航行不能となるので、三月になって藩士が同地を訪れて、ようやく前年の事件を知ったのである。事件は箱舘奉行所へ報知され、松前藩家老が兵を率いて樺太へ渡る騒ぎとなったが、このときフヴォストフのユノナ号とダヴィドフのアヴォス号はエトロフ沖に現れていた。

四月二五日、フヴォストフらは兵を揚げてナイボの番屋を襲撃し、番人ら五名を捕らえ、米塩等を掠奪して番屋・倉庫に放火した。同地のアイヌに食料を分配し、エトロフはロシア領であり日本人は追放すると宣言するなど、やることはクシュンコタンの場合と同様である。エトロフがロシア領だというのは無根の主張にすぎない。非歴史性という点では、最上徳内ら幕吏がクリル列島全体を日本の固有の領土とみなしたのと同等だが、ただ違うのは、日本がロシア領たる北千島を襲撃したことは一度たりともなかったということだ。

二九日には二隻のロシア船はシャナを襲った。シャナには会所があって箱舘奉行所の幕吏が駐在し、南部・津軽の藩兵が警固している。責任者の菊池惣内は箱舘へ出張中で、留守を戸田又太夫と関谷茂八郎が預かっていた。建物は数十棟、居住する日本人は三百人にのぼる。関谷はウルップ島開発の任を帯びていて、五月には四〇人ほどの人数を率いて渡島する予定だ。四月一五日にはエトロフ全島の改俗の祝いが開かれていた。アイヌが剃り落とした髭を埋めた髭塚も三カ所築かれた(19)。

二九日朝、二隻のロシア船が沖合に現れたとき、防備の構えはほとんどできていなかった。ナ

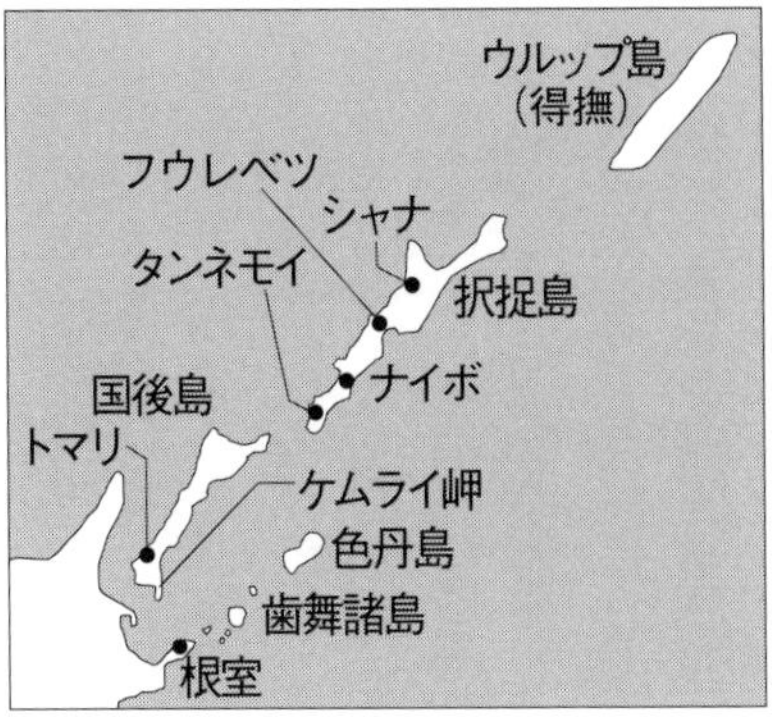

イボが襲われたのはむろん承知していたのである。やがて船から三隻のボートがおろされ、港内を調べる様子だ。戸田と関谷はいう。「あれは何か願いの筋があってやって来た船で、着岸の場所を調べているものとみえる。棹の先に白いものをつけて打ち振ってみせたらよかろう。こちらから鉄砲を打ちかけることは必ず無用である」[20]。米穀が欲しいのなら、二、三百俵ぐらいも与えればよかろう[21]というのだ。白旗を打ち振る役目は会所の支配人陽助がうけたまわった。戸田と関谷はこうしてロシア人に和平の意志を示して上陸させ、彼らの代表と会所玄関先で会見するつもりだったのだ。彼らはかねて「赤人来るともみだりに打払ふべからず。よくよく様子聞き合せたる上取計ふべし」という内命を受けていたのである。クシュンコタンとナイボでの乱暴を知っていながら、彼らはなおロシア人と平和裡に交渉する可能性を信じていた。

ちょうど間宮林蔵もシャナに在勤していたが、彼も岸に近づいたロシア船から鉄砲を三発撃ち

(19) 大村治五平『私残記』(森荘已池編・中公文庫・一九七七年)二五二頁
(20) 同右二六四頁
(21) 『千葉政之進筆記』(『通航一覧』第七巻二五九頁)

放たれるのを見て、「もはや気遣いなし。今の鉄砲は筒を払うの道理にて、何の子細もこれなしとのしらせ也。すべて異国人はいづれの浦へ着き候ても、筒を払ふ事は礼儀なり」とまわりに解説した。[22] すなわち彼はこれを礼砲と解したのだ。だが、上陸したロシア人は陽助の打ち振る白旗に応ずる気配もなく、海岸ぞいの粕蔵に陣取った。陽助がさらに先に進むとロシア兵は発砲し、陽助は股を撃ち抜かれた。それでもまだ日本兵は銃撃を加えようとしなかったのである。

南部藩の砲術師大村治五平はのちに書き残した『私残記』で、関谷や林蔵がむだ言をいわなかったら油断することもなく、ロシア兵が上陸する以前に鉄砲を撃って退けていただろうと述べている。[23] 一方林蔵と親しい医師久保田見達は、林蔵が「ただいま異国人上陸す。いかがなされ候や。さりとは御手薄なる事」と叫んで走り廻ったが、戸田・関谷にとりいって軍師格を自任していた大村治五平が、五人や一〇人上陸したとて何のことがあろうと取り合わなかったという。林蔵が「この義はご老中に申し上げる」と言ったというのはいかにも彼らしい。[24] どちらの言い分が正しいのかわからないが、林蔵が礼砲だから安心せよと言ったことは、南部藩士千葉政之進の申し立てによっても確かである。とにかくロシア兵は銃撃をやめないので、日本側もやがて反撃することになった。だが政之進によれば、「すべて薬強きにや、敵方より打掛る鉄砲は至て烈しく聞え、此方より打懸る鉄砲は、うろたへ詰たるままにて打放す故に、その音も至って弱く、おどし鉄砲などの様に聞ゆ」[25] といった有様だった。大村治五平はこちら側で鉄砲を撃っているのは二、三人だったと言っている。

上陸したロシア兵は政之進によると一六人で、そのうち海岸ぞいの小屋に火をかけ、夕方には船へ帰った。津軽藩の陣屋も焼けたが、これは自ら火をかけたのだという。治五平によると、このころ日本側の壮丁・人夫のほとんどは鉄砲を肩にして山中に逃げこんでいた。(26) この戦闘で死んだのは漁業稼ぎに来ていた日本人二人と近在のアイヌ一人で、三人とも戦闘に従事していたわけではなく流弾に当たったらしい。負傷者は前記陽助と津軽藩の足軽で、後者は足の甲を銃弾で撃たれた。つまり兵士は一人も死ななかったのみならず、負傷者も一人にとどまったのだ。後日の報告ではロシア兵を三、四人撃ち殺したことになっているが、そんな事実はない。彼らは一兵たりと損じてはいなかった。ただ出航後、泥酔してとり残された水夫が二名、アイヌに殺されただけである。

ロシア船は夜に入ってしきりに砲声を発し、ボートを出して海岸を窺う様子である。日本守備隊はまったく士気を喪っていた。責任者の戸田と関谷は戦闘中指揮を放棄して、陣屋の奥の間に

(22) 同右二六一頁
(23)『私残記』二六六頁
(24) 洞富雄『間宮林蔵』(吉川弘文館・一九六〇年)七三、四頁
(25)『千葉政之進筆記』二六一頁
(26)『私残記』二六七頁

引きこみ、屏風をめぐらして溜息しているばかりだった。[27] これでは部下が山中へ逃げこむはずであった。夜に入っての評定で、関谷は撤退を提議した。敵が北方から上陸して、山の上から鉄砲を撃ちかけたらどうにもならぬ、応戦しようにも弾薬がないというのだ。「ここは齢五〇になる自分の申すことを聞いてもらいたい」と彼がいうので一同も了承した。[28] 要するに、臆病風は全員に吹き渡っていたのである。間宮林蔵は自分の意に反して戸田・関谷の命で退くのだという書付けをもらいたいという。[29] さすがにこの証文は書いてもらえなかった。

弾薬が尽きたというのも妙な話で、それほどの銃撃戦が行われたわけではない。大村治五平が命じられて一七日に花火を揚げたときに火薬を使ったとか、二六貫目入りと書かれた火薬箱が七つあったが、銃撃戦中にあけてみたら商い物しかはいっていなかったとか、大筒と弾丸とが合わなかったとか、どうかと思う話ばかりだ。要するに、日頃から用意というものをまったくしていなかったのである。

シャナを引き払った一行は南方五里ばかりのルベツを目指したが、途中で戸田又太夫が自決した。たいして戦いもせずに陣屋を放棄したことの意味が身にしみたのだ。一行はルベツ、フウレベツを経てとうとうクナシリ島まで逃げた。フヴォストフ、ダヴィドフは戦闘のあった翌日五月一日に上陸し、無人の施設から大量の武器・軍需品・食糧を掠奪し、会所を初め施設を焼き払った。

大村治五平は戦闘中足の甲を負傷し、ここで犬死するよりはと川岸の石舟にかくれた。臆病風に誘われて逃げたと自ら認めている。二日になってロシア人と出会い、脇差を抜いて切りかかったがとり押さえられてしまった。これで日本人の捕虜は一〇人になった。クシュンコタンで四名、ナイボで五名、それに治五平である。

以上のシャナ襲撃事件でおどろかされるのは、クシュンコタン、ナイボの事件のあとに至っても、シャナ詰めの幕吏がロシア船を通商のため来航したものと考えていることである。戸田・関谷が受けていた内命とは、レザーノフ帰航後の文化三年一月に幕府が発したロシア船の扱いに関する布達のことだろう。異国船が現れても、ロシア船とわかればよくよく申し諭して、なるだけ穏やかに帰航させよとその布達は命じていた。だが、クシュンコタンの事件後この対応が不適切になったことは明白である。そのことの認識が現地の幕吏になかったのは、箱舘奉行所の措置が不行き届きのせいで、後日羽太正養が譴責され罷免された理由はここにあった。

二三〇名の兵員を擁しながら、二隻併せて七〇名ほどのロシア水兵に手もなく敗走させられたシャナ守備隊の不甲斐なさは、幕閣でも大問題になった。シャナの守備責任者はいずれも処罰された。箱舘奉行所の属吏田中伴四郎の手紙はいう。「誠に不始末の働きの事のみにて、言語道断

(27)『千葉政之進筆記』二六三頁
(28) 洞七八頁
(29) 同右七九頁

にござ候。元来ウッカリヒョンとした人ばかり三人行き居り候まま、かくのごとき不埒の致し方のみにて、日本国の大恥なり」(30)。また『通航一覧』巻二百九十三には「奉行羽太は恐怖して病を生じ、人事を弁ぜず、或は虜となりしともいう」と、当時の風説が録されている。

このことをもって幕府の軍事力の空洞化、ひいては幕藩体制の欠陥をあげつらうのは従来からあった筆鋒だろう。フヴォストフも捕虜の源七に、日本人は武器もおびただしく集積し、その中には船に積みこめないほどの大筒もあったのに、あれは蝦夷に見せるためだけのもので戦さはしないつもりだったのだろうか、日本の足軽はよろしくない、どんな良将でも一人で戦さはできない、結局足軽が先に逃げ去ったから、日本の役人も立ち去ったのだろう、これはまったく足軽の質が悪いからである、ロシアの足軽は首領より先に立ち進んで戦うと、痛いところをついている(31)。

だが、国際社会に対応するにはあまりに弱体な日本近世国家のありかたを嘲笑したり悲憤したりするのは、果たして二一世紀のあるべき文明の姿を模索する私たちにふさわしい態度だろうか。徳川国家は初めは強大な軍事力を有する武士集団が支配する兵営国家として出発しながら、一九世紀初頭には、武力紛争をできるだけ回避し、平和な談合による解決を重んじる心性が上下ともに浸透する社会を作り出していた。これが恥ずべき事実であるはずはない。ただ、虎狼の論理がまかり通る国際社会の中では、その心性は通用すべくもなかったのである。

フヴォストフらはシャナ襲撃ののちウルップ島を訪れ、ロシア人植民団の遺跡を調べた。これは植民団のロシア人たちが日本人に殺害されたのではないかと疑ったからであるが、遺跡で同地

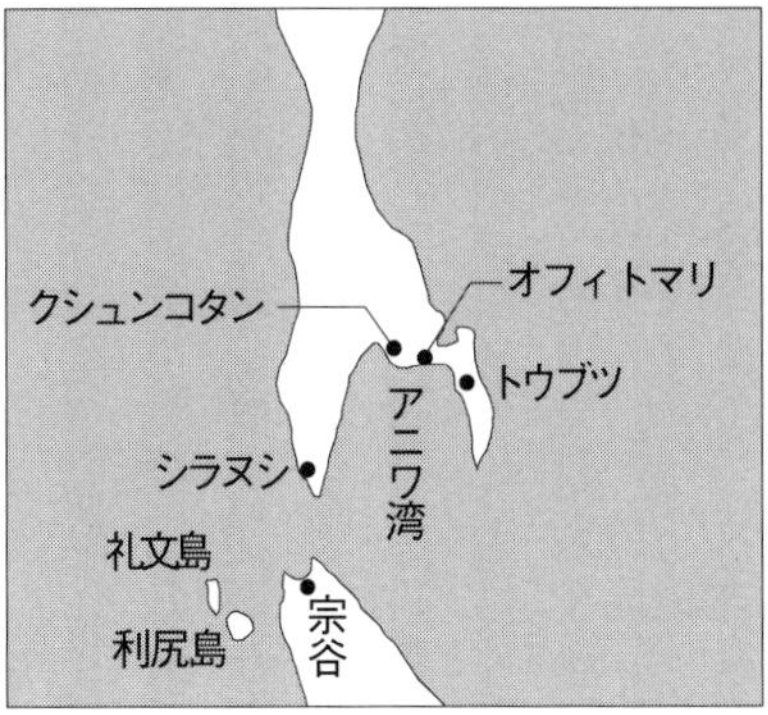

を立ち去る旨を記した板を発見して疑いを解いた。[32] フヴォストフは日本人捕虜に、日本人は嘘をいうので信用できないと語るなど、日本に対してあからさまな悪意を抱いていたが、これは遺恨を抱いたレザーノフからよほど吹きこまれたものだろう。前記したように日本側は、ウルップのロシア人を強制的に退去させる手段をとったことはまったくなかった。

二隻のロシア船はふたたび樺太のアニワ湾にはいり、オフィトマリとルウタカの番屋・倉庫を焼いた。アニワ湾で日本人捕虜はアイヌと接触し、アイヌから早く日本人がやって来て介抱（交易）を再開してもらいたいと訴えられている。五月二九日には見なれない山が見え、あれはどこだろうと日本人捕虜が語りあっていると、フヴォストフがあれは礼文島ではないか、日本人は自分の国のこともわからないのか、自分は初めて見るが地図で承知していると、笑いながら自慢した。[33]

（30）井野辺『新訂維新前史の研究』二三二頁、平岡『日露交渉史話』二二二頁
（31）『通航一覧』第七巻三三三頁（巻二百九十三）
（32）『休明光記』四九九、五〇〇頁
（33）同右五〇〇、五〇三頁

ロシア船は同日利尻島沖で、松前商人の所有する宜幸丸を追跡、恐怖した船員が小船で逃走したあと捕獲して積荷を奪い、船を焼却した。六月一日にはノシャプ沖で松前藩の藩船禎祥丸、利尻島で幕府の官船万春丸、松前商船誠龍丸を捕獲し、同様に積荷を奪ったあと焼いた。いずれも乗組員は逃げ去って空船だった。万春丸には幕吏も乗りこんでいたのだが、ロシア船を見て水夫らが小舟で逃げ出したため、仕方なく自分たちも船を棄てて逃げたのだという。

フヴォストフは利尻で、日本人捕虜一〇人のうち、ナイボで捕らえた五郎次と左兵衛の二人をとどめ、あと八人を解放した。彼らは小舟で宗谷へたどりついて、フヴォストフから託された手紙を提出した。これは彼が日本語単語帳を手にして、かなりロシア語を解するようになっていたクシュンコタン番人源七に片仮名で筆記させたものである。片言日本語で意の通らないところもあるが、大意は「近隣の好《よし》みをかため通商を開くため長崎に遣使したのに、返事もなく追い帰されたため皇帝が激怒し、こちらの手並みを見せて、言い分をきかない時は北の土地を取りあげ、樺太から島々まで日本人を追い放つ所存だ、こちらの願いを叶えてくれたら末代まで心やすくしたいが、さもなくばまた船を沢山遣わしておなじ目にあわせるぞ」というのであった(34)。

幕府がフヴォストフらの襲来を受けて北辺要地の警衛を強化したのはいうまでもないが、対露策の根本は意外に和平を旨とし紛争回避を専らとするものだった。クシュンコタンが襲われたことを知った直後の文化四年四月二七日、幕閣は当地の建物を再建し守備兵三百を置きたいという箱舘奉行の上申に対して、防備は宗谷かぎりとし、樺太はアイヌをこれまで通り撫育するにとどめ、番屋・倉庫の再建も出兵も無用と回答した。「異国人と争ひ候心得にては、品により差しもつれ候義も出来《しゅったい》致すべき」こともあろうし、「異国人の狼藉などには一向取り合い申さざる方」がよろしい。「仮初《かりそめ》の事にて御威光」を損じてはならぬ。つまり、関わりあっておくれをとるようなことがあれば体裁が悪いというのだ(35)。

また、エトロフ島が襲撃されたのちの六月一五日に箱舘奉行所に届いた指令には「赤人理不尽の仕方は申すに及ばず候えども、えとろふの儀は近年此方より手を入れ候場所に候えば、赤人押領いたし候えども、取り戻すべしと張り合い候様にてはよろしからず候。蝦夷地の内を大切に相抱へ、はやり過ぎ候手遣い之なき様致されべく候」とあった(36)。のちの用語でいえばおそるべき軟弱外交であるが、幕閣が平和裡に事態を収拾しようと努力した跡は歴然たるものがある。

フヴォストフの来襲後、幕府内にロシアと通商を開いてしかるべしとする意見があったことは注目に値する。『休明光記遺稿』のうちに「魯西亜人等乱妨に付、江戸において御評議の事(37)」という文書があり、それには清国との貿易を停止し、かわりにロシアと通商を開くべしとする意見があったことを長々と紹介している。清との貿易を停止する根拠は、長崎の唐船貿易は商人の私

---

(34)『通航一覧』第七巻三一二頁（巻二百九十二、『休明光記』四八九頁

(35)『通航一覧』第七巻二二七、八頁（巻二百八十五）、『休明光記』一一〇六、七頁

(36)『休明光記』一二三一頁

(37) 同右一三二五〜一三二九頁

商売であって、清は一度も正式な使節を派遣したことがない、交易でわが国の棹銅《さおどう》を得て銭を鋳造しているのに、そのような大切な交易を商人任せにしているのは日本をあなどっている証拠だ、しかも日本は貴重な銅を輸出しながら得るものは薬種ぐらいにすぎない、また近年は不礼不法を働く輩も多いというのである。

それに反してロシアは、二度にわたって使節を派遣して信義を尽くしている。それに報いて国交を開き、国境を定めて交易のことを議すべきである。ロシアのような世に聞こえた強国が折角信義を尽くして交易を乞うているのに、わざわざ恥辱を与えて戦端を開けば費用は莫大なものになる。しかるに彼の望みを容れてやれば、かの国も多年の宿望を果たし恥辱も雪がれて、わずかな島々など喜んで返却するだろう。交易に当たっては金・銀・銅の輸出を禁じるとよいし、米もレザーノフはようやく茶碗に一杯喰うくらいで好まなかったから、米穀の輸出を求められることもなさそうだ。

ロシア通商論は以上のように論じて、「然るにおいては、万々一外の蛮国より日本を伺う事ありといえども、世界第一の強国たる魯西亜と交わりを結びたるにおいては、諸国よりまた猥《みだ》りに手を出《いだ》すべからざるべし。返えす返えすも交易の道を開き給う方こそ然るべし」と結ぶ。何とこのとき幕府内では、日露同盟による安全保障論が公然と唱えられていたのだ。

ロシアと通商を許すべしとする意見は、幕府内だけではなく民間にもあった。フヴォストフらの侵寇が起こった文化四年、杉田玄白は七四歳になっていたが、『野叟独語』を著わして、この際国法をまげてもロシアと通商を開くべきだと主張した。その根拠は、今日の旗本御家人中一〇人に七、八人は、形は婦人心は商売人のごとくで、清朝の英主康熙帝さえ手を焼いたロシアの精兵に当るべくもない。戦って敗れたらお上の恥辱にとどまらず万民の苦しみを招く。それを避けるにはひとまず交易を許し、国力の充実を計るしかないというのだった。(38)

むろん幕閣は通商論を採ることはなく、紛争を避ける慎重な態度を保ちつつ海防を厳にする方針を定め、文化四年一二月には、今後ロシア船を見うけたならば厳重に打ち払い、海岸に近づく場合は召捕りまたは打捨てるなど適宜の処置をとるように諸藩に命じた。(39) しかし、フヴォストフらの蝦夷地襲撃が幕府の一角に開国論と日露同盟論を擡頭せしめた事実は、この国のその後の成り行きと思い合わせるとき、何といってもスリリングではなかろうか。もしこのときロシアと国交を開始していれば、あとには当然欧米列強が続いただろう。さすれば亀井高孝が著書『大黒屋光太夫』で説いたように、幕府は後年の攘夷論などに煩わされることなく、主体性を堅持したまま欧米諸国に門戸を開くことになったのである。列強の砲艦外交はまだ始まっていない。すなわち日本はこのとき、幕府主導の開国というもうひとつの近代化の可能性を喪ったのだった。

蝦夷地襲撃を了えてオホーツク港へ帰航したフヴォストフとダヴィドフは、同地の長官ブハー

(38) 井野辺二三五〜二三七頁、片桐一男『杉田玄白』(吉川弘文館・一九七一年)三五〇、三五一頁
(39) 『通航一覧』第七巻三六六頁(巻二百九十五)

リン海軍大佐に投獄され、日本での戦利品も没収された。ブハーリンは両人の行動を海賊行為として この挙に出たのであるが、その裏には露米会社に対するオホーツク官憲の嫉妬があったとされ、ブハーリン自身、ユノナ号アヴォス号の積荷から七千ルーブリを私したといわれる。[40]フヴォストフとダヴィドフは脱獄してヤクーツクへ逃げ、イルクーツク知事の仲裁を得てペテルブルグへ帰ることができた。両人は審問に付されるはずだったが、書類の到着が遅れるままに、スウェーデンとの戦争に砲艦指揮官として派遣された。彼らは功績をたてたものの、アレクサンドル一世は「フィンランドでの戦闘に対する表彰を与えぬことが、日本人に勝手な振舞いをした両士官への懲罰となろう」として叙勲を拒否した。[41]海軍省筋では無法を働いたとして両人を処罰する意向が強かったが、二人は勲章とひき替えに危うく処罰を免れたのである。ともあれ、ロシア政府が二人の行為を不法と認めながら訴追に至らなかったのは動かしがたい事実である。二人は一八〇九年の秋ペテルブルグへ帰って来たが、その後、旧知のラングスドルフ邸で酩酊した上、ネヴァ河にかかる跳ね橋にとび移りそこねて溺死した。[42]

幕閣はロシア船を見かけ次第打ち払うべしと指令はしたものの、ロシア側と接触して和平の糸口をつかむ必要を感じており、ことに直接衝に当る松前奉行所ではその意向が強かった。シャナ事件、利尻島事件のあと、津軽・南部・秋田・庄内の藩兵併せて三千が要地に配備され、あけて文化五年には仙台藩・会津藩が交替の命を受けて三千六百の兵を出したが、松前奉行が両藩に対して「異国船より不法の働き致し候わば、とかくに及ばず打ち払い申すべき儀に候えども、夷国より仕向けにより対談に及び候儀もこれあるべく候間、その趣きあい心得らるべく候[43]」と注意したのも、上記の心構えがあったからである。

文化四年幕府が蝦夷地全体を直轄するとともに、箱館奉行は松前奉行と改称して四人に増強され、奉行所も福山に移されたのであるが、羽太正養が同年一一月に罷免され、戸川安論も五年四月に任を解かれたのちは、奉行は河尻春之、村垣定行、荒尾成章の三人制となり、河尻が六年七月に転任してからは村垣・荒尾の二人制となった。

文化五年二月に河尻と荒尾は、「彼等は敢て日本の地所をも略するにもあらざるべし。ただ交易を願う処よりして、かかる事にも及びしもまた計られず。いずれにしても蝦夷地警衛向きをいかが沙汰すべき」との老中からの諮問を受けて意見を上申した[44]。文中注目すべき点が少なくないので詳しく紹介したい。

まず驚かされるのは、文化三年度四年度の暴行を謝罪するならば交易を許してよいとしていることだ。もし今年願い出てくれれば来年回答し、再来年より交易を開始するという日程まで考えて

---

(40) 田保橋二〇四頁
(41) ファインベルク一三五頁
(42) アダミ一五七頁
(43)『通航一覧』第七巻三六二頁(巻二百九十五)
(44)『休明光記』一三三一～一三三五頁

いる。当時日本の当路者はフヴォストフの書簡によって、彼らの蝦夷地襲撃が交易許可を望んでのことだと正確に理解していた。従って、今年来るか来年来るかわからないが、近いうち必ずロシア側から接触して来るはずだと考えて、対策を練っていたのである。河尻と荒尾がフヴォストフらの暴行を倭寇の場合と比較して対応しようとしているのも注目される。明は倭寇に苦しんで何度も日本へ遣使したが、当時日本が南北朝の乱世で、倭寇も国として仕掛けたことではないのを理解して、こちらに報復することはなかった。今日のロシアは乱世というわけではなく、フヴォストフらも長崎の恨みと唱えているので、こちらから報復しても不当ではないのだが、大切のことゆえ、よくよく事情を問いただしたいというのである。

会談に当たっては先方の「不束《ふつつか》」をとがめるとともに、「此方にて不行届の義は取繕いなく申し達し、理非明白に仕り、手前勝手これなき義と、彼方にても服する様したき儀に存じ奉り候」というのだから、長崎でのレザーノフの扱いについても、こちらの落ち度を認める用意があったのだ。このように和睦を旨としても、来るべき日露会談では手切れも含めて曲折が予想されるから、それなりの備えを怠ってはならない。河尻と荒尾は千石ほどの軍船を一〇隻建造し、エトロフより先の島々、さらにはカムチャツカまで派遣せよと提案する。日本船では風波を凌ぎがたいので異国船仕立てにせよという意見もあるが、それでは船乗りたちが慣れないので、やはり日本仕立てで必要な改良を加えたものにしたいなど話は細かい。豪気な積極策のように聞こえるが、この提案はむしろ、蝦夷地の全海岸を洩れなく警衛しようとすることの愚を説くためになされている。彼らは現在の海岸防備策がいたずらに国力を疲弊させるのを憂えていた。

この上書を読んだ老中たちは「かくてはただ和議交易の方にのみ重んずるものの様に聞えて、御武威を示さるる方にも聞えざるべし」というので、その旨河尻と荒尾に達すると、両人は三月再び意見を上申した。(45) 彼らの知性と道義心の発露した堂々の大文章である。

交易については、長崎でお諭しになった国法はそむいてはならぬことではあるけれども、ロシアの辺境と松前付属の土地との間の交易となれば別問題なのではないか。国同士ではなく辺土同士の交易という「軽き事」として許可あってしかるべきであると両人は主張する。巧みな抜け道の作りかたであり、「彼国辺土の養いに仕り候と申す処もご憐愍下され」というところにも、ロシア極東領の内情への彼らの理解がうかがわれる。

また、彼らに前度の罪をわびさせるといっても、彼らは交易を実現したい心でそうするのだから、辺土同士の交易もお許しにならぬというのなら、わざわざわびさせる必要もなく、また彼らもわびはせぬだろうという。これだけのことを老中に対してずけずけというのだ。武威云々については、狼藉を働かずわびてくるとなれば、畢竟お備えが万全だから神妙な態度で出てくるわけで、武威はそれで立っているのではなかろうか。前段とおなじくまさに練達の話の運びようである。

(45) 同右一三三五〜一三三八頁

「ロシアなど恐るるに足りぬ」などというのは至っていさぎよく聞こえるけれども、民命に関わる浅見である。今年の警備担当の仙台・会津両藩は併せて八〇万石だが、わずか三千人の兵を出すのに疲れ果てている有様だ。南部藩津軽藩には拝借金を下されたが補いにもなっていない。たとえ二万三万を動員しても蝦夷地全域を警衛することは難しい。こう述べて上書は感情を高揚させる。

「民命を申し候えば、警衛の人数、事により候ては、生きて帰り候もの少々に至り候べし。矢玉に当り、風波に没し、または水上に傷を被る等々、番手死亡仕り候もの幾件これあるべきや。その国々の民、課役人夫に疲れ、辛労を受け、その責めにたえずして、家を離れ妻子を捨て、路頭に斃れ候もの、宿次助郷《しゅくつぎすけごう》に至るまで困窮致し候わば、際限もこれなく、難渋の内には不慮の変を引出し申すべき程も計り難し」。これだけのことを内閣に向かって直言できる官僚、今日ありやなしや。

そして両人は遂に天命に言及する。「よって今日に至って、心を平《たいらか》にいたし、彼（ロシア）と我（日本）と理非如何と糺し、彼に非あらばもっとも責むべく候、我においてはいささかも非なる処これあり候わば、明白にその理を尽すべく候。もし非なる処これありと存じ候ても、これを取りかざりて理を尽さず、命にかかわり候に及び候ては、国の大事を挙げ候とも、天より何と評申すべきや」。のちに西郷隆盛まで貫流する徳川期の天命・天道思想がここに輝き出た。「この時に当り、精々その理を尽さずして御処置ござ候て、後々に至り後悔候義も候ては、あいすまざる事にござるべく候。その時、天の責め誰人に当り申すべきや。天職の御方ここにおいて至極御大切の御場合にござ候あいだ」、位も処もわきまえず死罪に当ることではあるが、黙止しがたく申し述べたと上書は結ぶ。

河尻春之は『新撰北海道史』によれば、「人と為り剛邁で、露人の跋扈を憤慨し」ていたといい[46]うが、どうもそんな単純な豪傑ではなさそうだ。荒尾成章についてはのちに詳しく述べる。この上書だけ読んでも、両人がたんなる能吏というのではなく、国際的な評価にたえる客観的な知性と普遍的な道義心をもつ優秀な官僚だったことは明らかだ。一九世紀の初頭、幕府にはこのような世界の舞台に立てる優秀な官僚が輩出したように思われる。同時期の将軍・老中に人を得たら、幕府はのちのように野垂れ死をせず、このとき画期的な改革に踏み出せていたかもしれない。

両人の上書を読んだ老中たちは「ともかくもその時に応じよろしく取り計うべし」と答え、同時に再来が予想されるフヴォストフに与える返事が作成された。彼らにとらわれている五郎次・左兵衛に読めるように平易な文体が用いられたという。「いよいよ御無事を祝し申し候。然らば御手紙の通りにては、通商の願いかない申さず候」と書き出された返事は、狼藉を働いた上に、いうことをきかねばまた船を沢山出して乱暴するというような国とは通商できない、いくさをする用意はこちらにもある、本当に交易したいのなら、悪心のない証拠として日本人を全部返した

(46)『新撰北海道史』第二巻四六三頁

上で願い出よ、来年六月カラフト島にて会談しよう、この上狼藉するなら交易どころではないぞと述べる。会所や船を焼き物資を掠奪した相手に「御無事を祝し申し候」もないものだが、何とか平和な交渉の糸口をつかみたい幕府の一心からこのような文面となった(47)。

もしこのときロシアが船を派遣して日本側と接触していたら、交渉次第では日露の通商関係が成立していた公算が高い。しかしフヴォストフらはオホーツクの獄につながれ、通商を願い出るロシア船の訪れはなく、幕府の返書はロシア側には渡らなかった。蝦夷地襲撃があとを絶ったとなれば、交易に応じてやろうという気遣いもいらなくなる道理だ。ただロシア船の接近を厳戒する気分だけは残る。シャナの醜態を繰り返すわけにはいかないのだ。ゴローヴニンのディアナ号がクナシリ島を訪れたのは、河尻・荒尾の上書から三年たった文化八（一八一一）年のことだった。

ここで間宮海峡発見の経緯について一応述べておこう。蝦夷地を直轄した時点で、幕府はまだ樺太の状況を地理も含めて十分に把握していなかった。フヴォストフがアニワ湾を襲った翌年の文化五（一八〇八）年、幕府は松田伝十郎（松前奉行調役下役元締）と間宮林蔵を樺太へ派遣した。林蔵は松田の従者格である。二人は四月一三日にシラヌシに着き、松田は西海岸、林蔵は東海岸を調査することにした。林蔵はタライカ湖畔から北知床岬に達した。シラヌシから百里余である。一方松田はシラヌシから百七十里のノテトに達し、さらにその先のラッカで対岸の山丹地方を望見した。「カラフト離島に相違なし。是より大日本国境《くにざかい》と見極めたり(48)」とは彼が著書『北夷談』

に記すところである。松田は島を横断して来た林蔵と再会して宗谷へ引き返した(49)。
しかし林蔵は、樺太が島であることの確証がほしかった。彼は幕府天文台の高橋景保の庇護を受けており、彼に確実な情報を持ち帰りたかったのだ。彼は折柄宗谷に出張して来ていた箱館奉行河尻春之に嘆願して、東北岸の再調査の許可を得た。七月一三日に出発し、東北岸など見向きもせずひたすら西岸を北上した。トンナイで越年し、あけて文化六年一月再び北をめざし四月九日ノテトへ達した。ノテトのギリヤーク人首長コーニは交易のため山丹地方へ渡るという。林蔵はここでコーニの一行に加わって山丹へ渡る決心をしたのである(50)。

六月二六日林蔵は七名のギリヤーク人とともにノテトを出航した。山丹とはいわゆる韃靼《だったん》地方のことである。「軟弱の夷船」で海峡を渡るのは冒険であったが、とにかく対岸に着き、マンコー河（黒龍江）を遡ってキジ湖へ出る。ここで一夜泊まったときに夷人の家へ連れこまれてとんでもない目にあった。「何かほのくらき処に伴い入れ、びろうどの如き蒲団の上に蹲踞せしめ、大勢立ちつどひ、妄《みだり》に来て抱く者あれば、頰を摺る者あり、懐を探り、手足を弄し、或は口を吸

(47)『休明光記』一三三八、九頁
(48)松田伝十郎『北夷談』（『日本庶民生活史料集成』第四巻）一一三頁
(49)洞富雄『間宮林蔵』一〇二頁、一二八〜一三五頁
(50)同右一五二〜一五七頁

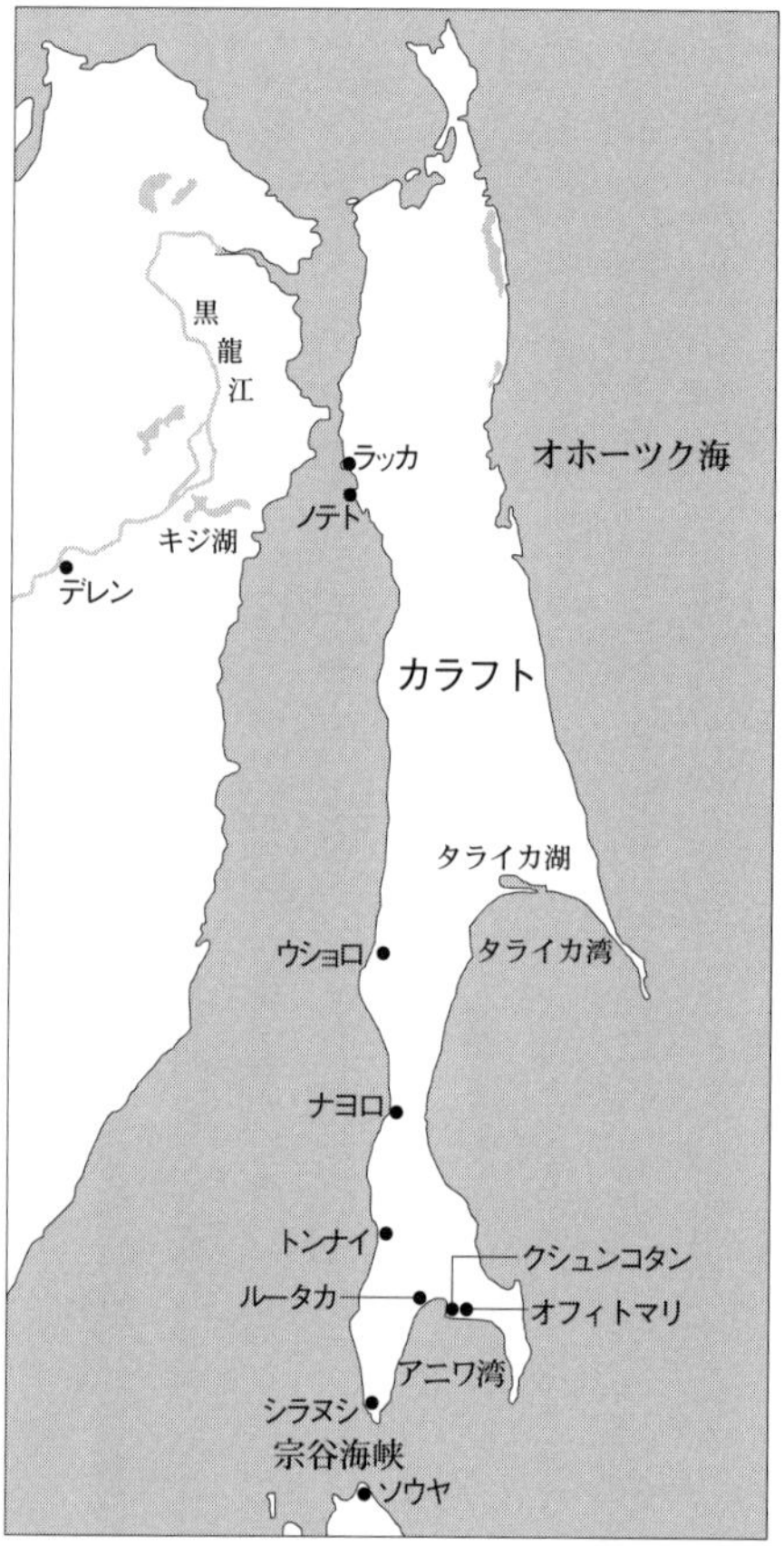

わんとする者あり。その内酒肴をそなえ来りて妄に是を強《し》うる趣きなれども、いかなる心ともはかり難ければ、そのままにして打ち捨て置きしに、一老夷来りて林蔵が頭を撲し、強いて酒をすすめんとす[51]」。そこに同行のギリヤークが来て助け出してくれた。夷人たちが林蔵を殺そうとしていると聞いて救出に来たというのである。

デレンの満州仮府《かふ》へ着いたのは七月一一日である。デレンは、年々、夏期二カ月ほど清国の官人が三姓《サンシン》から出張して仮府を設け、黒龍江下流域はもとより、カラフトや沿海州方面から進貢にやってくる土着酋長より貢ぎ物として貂皮《てんぴ》をうけとり、これに衣帛を賞賜するところである。仮府は一四、五間四方に丸木の柵を二重に施し、その中に交易所が設けられている。方々から集まった住民が樺の木の皮で作った仮屋を何百となくいとなんでいる。五、六百人もいて、たいてい五、六日滞在して帰るという。[52] 満州官吏は五、六十人、上官が三人いる。上官は鷹揚で部

間宮林蔵

下にも威張らず、扇子一本もって混雑の中を往来し、住民たちと触れて衣服の汚れるのも気にしない。住民もおそれる色はない。住民はなかなか勘定高くて、官吏の中には自分の着ている服を脱いで交易する者もいる。[53] 林蔵は官吏たちとも話を交わした。彼らは林蔵が文字を書くのを見て怪しみ、中国人だろうという。また、日本が中国に入貢するのかと問い、長崎の互市はあるが入貢はしないと答えると、天地間中国に入貢せざるは三国のみ、ロシアもわが属国であると誇った。[54]

(51) 間宮林蔵『東韃地方紀行』(『日本庶民生活史料集成』第四巻) 一八四頁
(52) 同右一八五頁
(53) 同前一八八頁
(54) 同右一九三頁

デレン仮府

ノテトへ帰りついたのは八月八日だった。林蔵はこの探検行で樺太が島であることを身をもって実証し、さらに従来樺太以外に別にサハリンという島があるという誤解も訂した。また中国官吏と山丹の諸民族が交易する実態も明らかにした。偉業であるのはいうまでもないが、彼の海峡発見はのちにシーボルトが著書で紹介するまで、長くヨーロッパに知られなかった。林蔵が幕府の海外渡航の禁をまったく意識していないことに私たちは驚く。また、幕府も彼がこの禁令を犯したと考えた形跡がない。つまり、山丹地方はまだ国家の存在せぬ未開の領域であり、渡航が禁じられた諸国のひとつではないとみなされたのだろう。林蔵と同行したギリヤークはデレンで蝦夷錦なる満州官服などを入手し、それがアイヌの手を経て松前へもたらされるのである。このいわゆる山丹交易の全貌を明らかにするための探索行として、林蔵の実質的な海外渡航はやむをえぬ必要を認められたというべきか。

清国官吏のこの地方の支配ぶりについて、林蔵は「諸夷を待するの状、実に物の員《かず》とも思わぬさまにして、含容浩大なる事をつとむ」というが、フランス人宣教師の記録にはまったく異なる様相が述べられている。フランスの外国伝道協会に属する宝神父は一八四五年、南満州の蓋平から黒龍江下流をめざして伝道の旅に出たのだが、翌年ウスリー河畔から出した書簡を最後に消息を絶った。その書簡によると、三姓の清国官憲は年に一度三隻の船を下流へ派遣するが、現地の住民は苛酷な徴税をおそれて、船が近づくと小屋を棄てて山へ逃げこむ。しかし、逃げたからといって被害は免れず、小屋は掠奪され焼き払われてしまうというのだ。現に宝神父は彼らが貧しい集落から、二〇〇フランの金を強奪するのを見た。これは林蔵より三十数年遅れる観察であるが、その間に清国官吏の行状は大変化したのだろうか。それとも林蔵の目には鷹揚に見えた彼らは、デレンまでの道々このような暴行を働いていたのだろうか。宝神父は現地の住民によって虐殺されたことがあとでわかった[55]。

樺太アイヌが山丹人との交易で借方がかさみ、同朋を奴隷として連れ去られていることに最上徳内が悲憤したことは先に述べた。この問題を最終的に解決したのは松田伝十郎である。彼は文化六年渡島してシラヌシ会所で交易の実情を把握した。シラヌシに渡来する山丹人はアイヌの住

(55) 衛藤七四、五頁、八二頁
(56) 松田『北夷談』一二三、四頁

居に侵入して器物を奪うなど傍若無人の振舞いで、彼らが現れるとアイヌは山中にかくれる有様だった。[56]これはひとえにアイヌが山丹人に借財を負うているからで、山丹人の横暴を制するにはこの借財を整理するほかない。伝十郎はまず、会所に出入りするにも笠をかぶったままでくわえ煙管《きせる》といった山丹人の不遜な態度を改めさせた。ついで借財の全容をアイヌ、山丹人両者立合いで確認させ、アイヌに可能な支払い総額を申告させた上で、不足する分は奉行所が支出する案を立て、奉行の承認をとって実行に移した。その結果文化九年に至って、山丹人に対する借方貂皮五五四六枚のうち四四九枚分をアイヌに手出しさせ、残りの五〇九七枚分は官から支出して完済するに至った。[57]結局箱館奉行所は山丹人に対する借方を官費によって返済し、樺太アイヌの窮状を救ったことになる。幕府直轄時代の美事のひとつたるを失わないが、菊池勇夫はこののち山丹交易は幕府の管理するところとなり、アイヌは交易主体の地位を失ったと批判する。[58]ことの一面であろう。

(57) 同右一三三頁
(58) 菊池勇夫『アイヌ民族と日本人』(朝日選書・一九九四年) 一六三頁

第十章　ゴローヴニンの幽囚

海軍少佐ワシーリー・ミハイロヴィチ・ゴローヴニンは一七七六年の生れであるから、文化八（一八一一）年クナシリ島で捕らえられたときは三五歳になっていた。一八〇七年七月、彼はスループ艦ディアナ（三〇〇トン）の艦長として世界周航の途にのぼった。彼に託された使命はロシア極東領の海域調査と、オホーツク港に海軍用品を輸送することだった。当時ロシアはナポレオンとの間にティルジットの和を結び、英露は敵対関係にあったので、ディアナ号は寄港したケープタウンで一年あまり抑留の憂き目にあい、カムチャツカへ到着したときは一八〇九年九月になっていた。

彼はその後カムチャツカ沿海やアラスカ方面の調査に従事していたが、一八一一年になって海軍大臣から南千島、シャンタル諸島、タタール沿岸の測量を命じられ、同年五月四日ペトロパヴロフスクを出航した。千島を順次南下して、エトロフ島の北端に上陸したのは六月一七日のことである。ムール少尉に兵をつけて上陸させると、海岸では舟や人影があわただしく動き出したので、ゴローヴニンは心配になって自分も兵を連れて上陸したところ、驚いたことにはムールは日本人と話しているのだった。ムールは叫んだ。「艦長、この島にはラショワ島のクリル人がいます」[1]。

ゴローヴニンはフヴォストフの行為をもちろん知ってはいたが、彼に同行した航海士から襲撃の様子を聴取した結果、それは「文明人の戦争というより個人の独断専行に近く、従って二隻の小艦艇の襲撃を日本側が、広大で強力な大国の君主の意志によって行われたものと信じているとみなす根拠はまったくない」と確信していた。それでも彼は「上官の命がないかぎり、日本側とは何の折衝も会見もやりたくなかった」。日本人が何を考えているか実のところはわからない。日本が占拠している島々の近くを通るときは、無用の疑惑を招かないために旗も掲げないつもりだった。

ところが、思いもかけず日本人とぶつかってしまった。日本人は二〇人ほどいて、甲冑を着こみ剣や鉄砲をたずさえている。その中の隊長らしいのが「何の目的でここに来たか。害意がなく交易のために来たのなら、海岸ぞいに行けば振別《フウレベツ》というこの島最大の部落があるから、そこへ行け」という。通訳はクリル語を知っている日本人と、ロシア語がわずかにできるラショワのク

(1) この章の記述は主としてゴローヴニン、リコルドの手記による。訳本は井上満訳『日本幽囚記』上中下（岩波文庫・一九四三年）、徳力真太郎訳『日本俘虜実記』上下（講談社学術文庫・一九八四年）、『ロシア士官の見た徳川日本』（講談社学術文庫・一九八五年）を使用した。

リル人である。ゴローヴニンは「飲料水と薪が欠乏しているので、それを補給するために来た。必要なものを得たらただちに退去する。この船は皇帝陛下の軍艦であり、まったく害意はないので警戒は無用である」と答えた。もちろん測量という任務を帯びていたのだが、そんなことを言えば疑惑を招くばかりだから口には出さない。

ゴローヴニン

日本人隊長は日本人がロシア人を警戒する理由として、フヴォストフらの襲撃事件に触れて来た。ゴローヴニンとすればここは踏んばりどころである。「ロシア皇帝のような広大な領土の支配者が戦争を仕掛けようとするなら、一隻二隻の来襲で終わるはずはない。襲撃を行ったのは猟業者か交易業者の船で、出先の官憲の許可もえずに勝手に暴行を働いたのだ。犯人は法に従って処罰されている」と語ると、隊長は晴れやかな顔つきになって、その話を聞いて安心したという。拉致した二人の日本人はどこにいるかと聞かれて、両人は逃亡してどこに行ったかわからぬと答える。隊長は「ここには供与できる水も薪もない。フウレベツへ行けば供給を受けられる」と言い、フウレベツの隊長宛の手紙を書くと約束してくれた。ゴローヴニンはフヴォストフ一件について必ずしも真実を語ったわけではないが、テストにはひとまず通った。

このあとゴローヴニンがフランス産のウォトカなどを贈ると、隊長は魚や百合根やにんにく、それに日本酒一本を返礼し、一同ウォトカで乾杯したというのだから、最初の出会いは和気にみたされて終わったのだ。隊長はロシア人を営舎に案内し、脱刀して帯を解き始めた。いよいよ本式に接待するつもりだなと思ったゴローヴニンは、夜になるのでこうしてはいられないと辞退して艦へ帰った。

この日本人隊長とは、実は松前奉行所の調役下役石坂武兵衛であった。つき添っていたのは南部藩兵である。彼らはラショワ島のアイヌ八名を放還するために、エトロフ島の北端シベトロまで護送して来たもので、明日はラショワアイヌを船出させるという前日に、たまたまゴローヴニン一行と出会ったのだった。ラショワ島のアイヌ八名がエトロフのシャナへ来着したのは文化七（一八一〇）年の夏のことである。フウレベツの会所で取り調べたところ、ロシア人からエトロフ島へ行って様子を調べて来いと命じられてやって来たと容易ならぬことをいう。老中まで注進に及ぶと、文化二年にもラショワ島人がエトロフに来て、捕らえておいたところ翌年脱走するということがあった。「かかる弁《わきま》えもなき夷人どもを留め置きなば、かえってそれらの事を縁にして、ロシア人どもの渡り来らんことも計り難し」、再び来るなかれと諭して追い返せとのことなので、石坂以下がその任に当たったのだった。[2]

『休明光記遺稿』に収める一文書[3]によると、石坂らは異国船が沖がかりするのを見て、幕屋を

（2）『休明光記』一三四七頁
（3）同右一三四八、九頁

張って待ち受けていた。石坂は開口一番「その方どもは先年日本へ渡来して乱妨に及びしものどもにして、いままたここに来るならん」と大喝し、ロシア人が先にゴローヴニンの記したように陳弁すると、「おろかなる事を申すものかな。日本人はさようの詞にあざむかれ申すべきや。実は先年の乱妨にほこりてまたぞろ不法を働きに来たる処なるべし」と言い放ち、「汝ら全員上陸せよ。ここにて尋常に勝負を決すべし」と大見得を切ったところ、ロシア人は迷惑顔だったとある。尋常に勝負などしたら悲惨なことになっただろうが、ゴローヴニンはそんなことがあったとは一言も言っていない。事実はゴローヴニンの記述する通りで、この文書に相当な潤色が施されているのは明白である。

帰艦する際ゴローヴニンはラショワ島人を乗艦するよう招いたところ、男女四人がやって来た。日本人がどう考えているか尋ねると、彼らは依然としてディアナ号の来航目的を疑っているという。しかし、彼らは約束通り隊長の手紙を持参していた。ゴローヴニンは千島列島の地理について彼らに確かめた。彼らは第一六島すなわちシムシリ島までがロシアに属し、チリボイ、マキントルは中立地帯で、ウルップ以南は日本領だと考えていた。アイヌは翌日もディアナ号へやって来た。日本人はロシア人の善意を疑っていて、もし彼らが襲撃して来たらアイヌの首をみんな切るとおどしているという。彼らが来艦したのも、様子を調べてくるよう日本人に言われたからだった。話が進むままに、ラショワ島人はエトロフに来たのは交易のためだと白状した。別れにのぞんでゴローヴニンが「誰かこの艦に残って航路を教えたり通訳をしたりしたいものはいないか」と問うと全員が志願したので、その中からアレクセイ・マクシモヴィチという若者を残した。昼頃風が吹き出したので、ディアナ号は抜錨してウルップへ向かった。

ゴローヴニンはアレクセイから露領アイヌと日本人との交易について聞いた。それによると、日露関係が断絶する以前は「立派な手続きで誠実に」交易が行われていたという。クリル人はラッコやアザラシの皮・鷲羽などを持参し、米・衣類・煙草・漆器などと替えた。「物々交換は双方の合意の上で、決して侮辱したり、押しつけたりしないで行われた」。値段は変動せずきまっていて、ラッコの皮一枚に米大俵一〇といったふうだった。このアレクセイの言述は露領アイヌと日本人との間の交易についての重要な証言である。それにしても日本側が、ラショワへ送還すべきアイヌの一人をロシア船が連れ去るのを容認したのは驚くべきではなかろうか。もっともアレクセイを乗せてディアナ号はさっさと出て行ってしまったわけだが、それにしてもあとで騒ぎ立てた形跡がない。しょせんはロシア領に属するアイヌという認識があったからだろうか。

こののちディアナ号はウルップを巡航し、六月二二日はウルップ・エトロフ間のデ・フリース海峡を通ってエトロフのフウレベツに向かおうとしたが、逆風で海峡通過を諦め、エトロフ西岸に沿って南下するうちに濃霧に包まれて動けなくなり、二三日になって総帆を張ってクナシリへ向かった。アレクセイの話ではクナシリ島南端に良好な湾があって、そこで薪水・食料の補給が受けられそうだという。ディアナ号はこのあと濃霧に苦しめられながら色丹島を調査し、クナシリの島影を見たのは七月四日、翌七月五日の朝運命のトマリ湾、のちにロシア人が名づけたところによると背信湾《イズメナ》にはいった。

邦暦五月二七日（露暦七月五日）、トマリ湾に進入したディアナ号は二発砲撃を受けたとゴローヴニンは記すが、日本側にその記録はない。トマリ会所には当時松前奉行所調役奈佐瀬左衛門が責任者として詰め、南部藩兵が警衛しており、その奈佐の報告書[4]によると日本側が発砲したのは、ゴローヴニンがボートで海岸から一〇〇メートルほどの距離まで近づいてからである。ゴローヴニンは身の危険をおぼえてただちに引き返した。日本側は二キロほど沖合に停泊したディアナ号にも砲撃を加えたが、これはまったく射程が届かなかった。

ゴローヴニンは憤激した。エトロフのあの日本役人が行けというから来たのだ。フウレベツへは風や天候の関係で行けなかったが、ほかのしかるべきところへ行ってはならぬということは聞いていない。こちらはただ薪水と食糧の供給を欲しているだけなのだ。報復に砲撃を加えようかと思ったが、ようやく思い止まった。日本側としては、ロシア船が陸に近づけば打ち払えというかねての指示に従ったまでである。フヴォストフの仲間がまた来襲したのではないかという疑いもある。シャナの失態もボートでロシア兵が上陸するのを許したことから始まったのだ。

翌二八日、ゴローヴニンは桶を海に浮かべ、日本側との意思疏通を計ろうとした。桶を二つに仕切り、片方には水を入れたコップ、米ひとつかみ、それに薪を数片入れ、片方には銀貨と羅紗切れ、ガラス製品を入れた。これは薪水を供与してくれたら代価は払うという意味だったが、それを拾いあげた日本側は交易を求めるものと解した。奈佐は交易など認めるわけにはいかず、再び上陸しようとしたら打ち払うつもりだった。二九日になってゴローヴニンは返答を求めて船を海岸に近づけてみたが、陣屋は静まり返っていて一人も出て来ない。彼は岬にある漁村に一隊を派遣し水と食料を調達させた。村は無人で、漁業の諸設備が非常によく整っていた。日本側の記録ではロシア兵の持ち帰ったのは玄米一六俵、酒三斗、薪一〇把等々で、替りに唐木綿二反、革手袋二つなどが置かれていた。これで十分すぎるほどの代価だとロシア側は考えたのである。

翌六月一日は日本側が水面に桶を浮かべた。これには絵が二枚はいっていて、一枚は小人数で上陸した際は砲撃しないとの意を示し、もう一枚は多人数で上陸しようとすれば砲撃するとの意を示したつもりであったけれども、桶を回収したロシア人将校たちは首をひねるばかりで、ゴローヴニンはこれを、最初に桶を置いたときは射撃しなかったが、次にそんなことをしたら撃つぞという意味だと解した。桶のやりとりは興味あるアイデアではあったが、結局意思疏通の手段とはならなかった。日本側では、持ち去った物品の代価を置いて行ったことから、ロシア側に手向いをする意思がないものと推察し、この上打ち払えば当方の仁心が薄いことになると考えて、小人数での上陸を認める方針を立てていたのだった。この日ロシア側は湾の西岸の小川にボートを派遣して水を汲みとったが、日本側はアイヌを偵察に出したばかりで妨害を加えなかった。

六月二日、ゴローヴニンは初めて日本役人と接触した。ボートを出して水を汲ませていると、

(4)『通航一覧』第七巻三八二〜三八六頁、三九九〜四〇一頁

いくらかロシア語を解するアイヌがやって来て、双方舟を出して会見したい旨告げた。そこで海上の会見となったのである。ゴローヴニンの記録では相手の役人といろいろ問答したことになっているが、奈佐の報告書では応待したのは会所の番人で、海上では物資の供給もできかねるから、とにかく代表を上陸させよと告げたとだけ記録する。通訳はアイヌによったので、十分な意思疏通ができたとは思えない。

翌三日、ゴローヴニンは上陸して、奈佐の副官格の桜井啓助と会見した。ものものしく鎧を着こんだ桜井を隊長と告げられたが、話しているうちにそうでないとわかった。こういう場合、日本側はまず下役に応接させ、そのうちだんだんと上席の者が顔を出してくることになっている。後年ペリーもこの手をくらって、浦賀奉行所の下役を同地方の知事と思いこんだりしたものである。

ゴローヴニンは「隊長」との会話をくわしく記録しているが、奈佐報告書は薪水を乞うので、その件は当地の責任者に会って直接願い出ることが必要だと説き聞かせたところ、一度船に帰って相談するというので、明日の会見を約して別れたと素っ気ない。しかしゴローヴニンによると、日本側はロシア人を酒肴でもてなし、魚を百匹以上も贈っている。また桜井は白扇をゴローヴニンに渡し、明日お出でになるときは平和の印にこの扇を振るよう求めた。ゴローヴニンが日本側の善意を信じる気持ちに傾いたのも無理はない。だが奈佐瀬左衛門はこのとき、ゴローヴニンを抑留して奉行所に処置を伺う意志を固めていた。なお日本側は、ゴローヴニンが先にエトロフ島のシベトロで日本役人と会い、添書をもらって来ていることを初めて知ったのである。ゴローヴニンは日本側がエトロフ寄港をすでに知っていたように記しているが、あきらかに通訳の不備による誤解であった。

翌四日、ゴローヴニンはムール少尉、フレーブニコフ航海士、水兵四名、それに通訳のクリルアイヌ・アレクセイを伴って上陸、水兵一人をボートに残して、陣屋の前に張られた幔幕の中に入った。おどろいたことに幕の内には武装した兵士が三百人ほどもいた。立派な絹服をまとい両刀を帯びて床几に座っているのが「総大将」、つまり奈佐瀬左衛門だった。茶の接待があったあと、奈佐はディアナ号の来航目的を問うた。ゴローヴニンはこれまでも同様の質問を受けていてすでに用意があったから、極東ロシアから中国経由で帰国の途中、水と食糧が欠乏して補給のために寄港したと答えた。測量に来たなどと言えば日本側がどんな疑いを起こすかわからぬので、絶対に秘匿せねばならぬ。奈佐は予想通りフヴォストフの襲撃事件を問責した。政府の行動でなくあくまで私人の勝手な振舞いだと答えたのもこれまで通りである。

だが、奈佐の真意はこれらの質問にはなく、松前奉行所の指示が到着するまでロシア人を抑留することにあった。彼は前日ゴローヴニンが桜井に対して行った同様の釈明を聞いていたにもかかわらず、この日もロシア人が敵対行為に及ぶことを懸念し、応戦の手筈も備えていたのだ。食糧補給は口実で、彼らは何を考えているかわからないと強く疑っていた。人数は何人かと問うたのも、兵力を確かめたかったからだ。ゴローヴニンは実数の倍の一〇二と答えた。海上に同様のロシア船がほかにもいるかと訊ねられたので、オホーツクにもカムチャツカにも一杯いると答えた。しかし折角のかけひきも、奈佐の報告書では類船はいないという答になっている。明らかにアレクセイは未熟な通訳だった。

昼食が出たあと、話はいよいよ核心に近づいた。奈佐が米はどれだけいるかと問うと、二〇俵ばかりというので、それくらいたやすいことだが、一応松前奉行所へ問い合わせるので、露人一名とアレクセイが返事がくるまで陣屋にとどまらねばならぬと言い渡す。ゴローヴニンが期間を問いただすので三、四〇日と答える。ただしゴローヴニンは一五日と聴きとっている。ゴローヴニンが船に帰って相談すると席を立ちかけるので、このまま帰船して出港されては役儀にも関わると思って、二人だけはここに残るよう説得を続けたが、ロシア人は耳を貸さずに海岸へ逃げ出したので、よんどころなく捕らえたと奈佐はいう。ゴローヴニンによると、奈佐はこのときレザノットとかニコラ・サンドレェチ（つまりフヴォストフ）などと人名をあげ、顔色を変え手を刀にかけたという。アレクセイは奈佐の言葉を「お前たちを一人でも帰らせたら自分が腹を切らされる」と聴きとって、ゴローヴニンたちに伝えた。彼らはそれを聞いて走り出したのである。ゴローヴニンが捕らえられたとき、一人の兵士が彼の肩を鉄棒で数回叩いたところ、役人がきびしい顔つきでそれをやめさせた。

ロシア人たちは日本人のこの行為をひどい背信とみなした。しかし、奈佐の行為は国際法の見地からも是認されるだろう。フヴォストフの来襲以来、ロシアは日本政府に一言の釈明もしていない。とすれば日露は交戦状態にあるわけで、ゴローヴニンの意図が何であれ、ディアナ号の乗員を松前奉行所の指示あるまで抑留するのは、フヴォストフ事件の究明のためにも必要な措置だった。

ピョートル・イワノヴィチ・リコルド少佐は親友のゴローヴニンに乞われてディアナ号の副長を務めていたが、艦上から望遠鏡でゴローヴニンらが捕らわれる有様を見て抜錨を命じ、船を水深の許すところまで近づけたところ、山上の砲台が発砲したのでただちに応射させた。リコルドは一七〇発発射したが、備砲の威力が足りず効果がなかったと言っている。奈佐瀬左衛門の報告によれば、会所の建物に損害はなく負傷者もなかった。落下した鉄丸を拾ったとあるから、明らかに射程が足りなかったのだ。一方、日本側の砲弾もディアナ号の手前に落下するばかりだった。

リコルド

リコルドは砲戦を打ち切って士官たちと協議した上、本艦は報告のためいったんオホーツクへ向うが、艦長以下の救出に全力を尽くし、手段が尽きた場合は命を投げ出す旨を記したゴローヴニン宛の手紙を桶に入れ海に浮かべて沖合に退避した。上陸して戦っても、五〇名にもみたぬ兵力では勝目はないし、またこれ以上敵対するとゴローヴニンらが殺される心配もある。リコルドは日本人が捕虜を生かしておくものと信じているあかしとして、ゴローヴニン以下の衣服・手廻り品を荷造りして無人の集落に送り届け、遂にオホーツクへ船を返した。この手紙と荷物は日本側に回収され、後日獄中のゴローヴニンらに与えられることになる。

八名の捕虜は箱舘まで徒歩で護送された。最初は腕を縄で縛り、どんなに苦痛を訴えても眠る際も縄を解かない。しかしほかの点では親切で、木の枝を持った人足をつけて蚊や蝿を追い払わせるやら、便意を訴えると大切に抱きかかえて服を脱がせてくれるやら、明らかに善意が認められる。ゴローヴニンにとってこのふたつの態度の矛盾は不可解千万だった。しかし、この矛盾は簡単に解ける。護送兵は南部藩の兵士たちで、縄で縛って護送せよという奉行所役人の指示を杓子定規に守っただけだった。一方親切は彼らの本性で、彼らにロシア人への敵意や軽侮がみられないというゴローヴニンの印象は誤ってはいなかった。

街道では明らかな善意が示された。ゴローヴニンはいう。「われわれの通過した村々では、隊長も市民も一般民衆も、概してよい態度をとっていた。一つの村に入る時も出る時も、われわれは物見高い老若男女に取り囲まれた。しかし侮辱を加えたり嘲笑したりする者は一人もなく、みな同情をこめてわれわれを眺め、中には心からの憐愍の情を浮かべる者もあった。ことに婦人たちがそうで、水が欲しいというと、我さきに世話を焼こうとするのだった。護送兵に願って、何か馳走してやろうとする者も沢山いた。許しが出ると酒や菓子や果物を持って来てくれた」。

奉行所の同心が護送に加わるようになると、待遇は改善された。南部兵が同心に払う敬意にゴローヴニンは驚いた。つまり同心は将軍の直臣で、陪臣たる南部兵とは身分が違うのである。「日本人は時々刻々、われわれに対して優しくなって行った」。しかし、彼らが扇子に絵や文字を書いてくれと頼むのには弱った。一度に一〇本も持ちこむ者もいる。ムールやフレーブニコフは絵も文字もうまい。ゴローヴニンの悪筆を見破った日本人たちはこの二人に依頼を集中するようになった。水兵にまで揮毫を頼む。彼らは字を書けないのだと教えると驚く。「日本ではいかに下賤の者でも仮名で物を書けない人間はない」ことをゴローヴニンは知った。

ラクスマンに随行したバビコフという人物が「ああ、異国《とつくに》のさびしさよ」という四行の歌を書いた扇子を見せてくれる者もいた。もう二〇年も前のことである。持ち主はこの扇子を幾重にも紙に包んで、大事に保存してきたのだ。道中三人のロシア将校が揮毫した白扇は数百本にのぼった。日本人は明らかにロシア人に対して好意と憧れを示したのだ。

箱館から迎えの役人が到着すると食事もよくなった。役人の頭は山田剛蔵といい、「われわれに対して極めて優しい態度をとり、道中ほとんどつききりで世話をしてくれた」。剛蔵の話では箱館に着いたら縄を解くという。日本では高官といえども拘束されたら縄をかけられるのがしきたりとのことだ。箱館に着いたのは七月二日であった。おびただしい見物人が出て来たが、「誰ひとり乱暴な顔つきや、軽侮憎悪の色を浮かべた者も認めず、素振りにも侮辱や嘲弄を見せる者はなかった」。

収容された牢獄は暗鬱で、ゴローヴニンは絶望に陥った。だが、絶望のあまり床に伏して前後不覚になっていた彼がふと気づくと、格子の向こうに獄卒が立っていて、手にした餅菓子をふたつ差し出し、「見られると悪いから早くたべてくれ」と手真似でいった。彼がたべ終えると、「また持って来るからね」といった様子で立ち去る。ゴローヴニンはその善意にうたれた。

箱舘での予備尋問には松前奉行所支配吟味役の大島栄次郎が当たった。尋問は姓名・出身地・家族の有無、艦上の職務など詳細にわたったが、もちろん核心はフヴォストフらの来襲がロシア政府の命によるものかどうか、またディアナ号の来航がそれといかなる関係にあるか明らかにするところにあった。ゴローヴニンは「日本沿岸を襲撃した船は商船であって、皇帝の船ではなく、乗りこんで航海していた人員はいずれも公務に服するものではなく、勝手に襲撃を行ったのであって、その目的は恐らく獲物が欲しかったからであろう」と答えた。明らかに事実と相違するが、彼としてはこう答えるしかなかった。

ところが日本側はそのうち、フヴォストフがクシュンコタンの乙名に残した文書を持ち出して来た。それには「一八〇六年一〇月一二日、海軍大尉フヴォストフの指揮するロシアのフレガット艦ユノナ号は、サハリン島並びに同島住民をロシア皇帝アレクサンドル一世の至仁の庇護下に属せしめる証として、アニワ湾西岸の一部落の長老にウラジミル綬銀章を授くるものなり」とあり、フヴォストフの署名が添えられている。ゴローヴニンは愕然とした。こんな証拠を握っていながら、日本人は自分の釈明をなるほどなるほどと笑顔で聞いていたのか。しかし、ここは踏んばって強弁を続けるほかない。彼は言い張った。「ロシアのフレガット艦」というのは皇帝の軍

艦という意味ではない。フレガットには軍艦も商船もある。「ロシアの」というのは「ロシア人

の持ち船」ということにすぎない。フヴォストフはたしかに海軍大尉だが、当時は露米会社に勤

めていた。フヴォストフは越権行為を犯したので、ウラジミル勲章も誰からか買い入れたのだろ

う。

この説明には日本人も納得できなかったとみえ、文書に描かれている旗の意味を訊ねてくる。そのひとつはたしかに軍艦旗である。「フヴォストフはなぜ軍艦旗を掲げて日本沿岸に近づいたのか」ときかれて、「彼は自分の行動を本国政府に通報される恐れのない場所に行ったので、したい放題のことができたのだ」と答えたものの、ゴローヴニン自身、自分の答弁の説得力のなさにいや気がさしていた。しかし日本側は、ゴローヴニンがどんなに語気激しく反論しても、気を悪くせず笑うばかりで、質問に際しても「物柔らかで、控え目で、絶えず気持ちのよい微笑を浮かべて、非常に優しかった」。彼らが質問を法廷での訊問というより、友達同士のふだんの会話のように仕向けようと努めているのが、ゴローヴニンにはよく感じとれた。尋問が繰り返されるたびに、日本人の態度はいっそう優しくなり、とくに番卒たちがそうだった。

尋問はアイヌ語をよくする同心上原熊次郎と、ロシア語を解するクリルアイヌ・アレクセイを通訳として行われた。つまり大島栄次郎の質問を上原がアイヌ語に直し、それをアレクセイがロシア語に直してロシア人に伝え、ロシア人の答はアレクセイがアイヌ語に直し、それを熊次郎が日本語に直して大島に伝えたのである。しかし、上原のアイヌ語もアレクセイのロシア語も未熟

なものであったので、通訳は困難を極めた。日本側の記録には「少し入り組み候儀はなかなか通じかね、御役所にてもよほどお困りのご様子」とある。(5) 上原は『藻汐草』と題するアイヌ語彙集の著者であるが、そのアイヌ語の能力については疑問の声もある。(6)

ゴローヴニンらはいよいよ松前へ移されることになり、八月二二日箱舘をあとにした。その日は朝から役人たちが別れにやって来た。ひとりひとり監房の前にやって来て、通詞に命じて「官吏某々はお別れのためわざわざ参上しました。何分にもご健固で、道中無事に向うに着かれ、目出度く一件落着を祈ります」と鄭重にいわせる。通詞というのは熊次郎だったろうか。彼はもういくらかロシア語ができるようになっていた。長官（大島）を除けば役人全人が別れを言いに来たとゴローヴニンは書いている。こういった別れに際しての日本人の情愛は、こののち幕末になって欧米人をもおどろかせ感動させることになる。松前に着いたのは八月二五日だった。松前で彼らがいれられた置所と称する獄舎はまったくの新築で、ゴローヴニンは自分たちを収容するために獄舎を造ったということは、死ぬまで自分たちを釈放しないつもりなのだと考えてまたしても絶望に陥った。

八月二七日、奉行荒尾但馬守成章《しげあきら》の初めての取り調べが行われた。但馬守は絶えず面に微笑を浮かべ、ロシア人に好意を示そうと努めていた。通訳にはクシュンコタンでフヴォストフの捕虜となり、放還されてからは小使として奉行所に勤めていた源七が当たるという。この男はかねてゴローヴニンに奉行との通訳は俺がしてやると自慢していたのだが、彼は片言しかロシア語がわからない男が通訳を務めるなど本気にしていなかった。但馬守が源七に何事か話すと、彼はゴローヴニンに向かって「お前は人間だ。俺は人間だ、ほかのも人間だ、どんな人間か話せ」と、訳のわからぬことをわめいた。あとで但馬守が言ったことからすると、彼はおそらく日本人もロシア人もおなじく人間であるから、話せば道理が通らぬことはないと言いたかったのだろう。ゴローヴニンは源七に、自分が通訳などできはしないのを白状しろと言ってやった。

だが源七はあくまで自分の役目を続けようとする。ゴローヴニンが勝手な訳をされてはたまらないので一切返答しないでいると、源七は勝手にゴローヴニンの答を創作して奉行に伝える。ゴローヴニンは上原熊次郎とアレクセイに、代わって通訳をするよう呼びかけたが、彼らは遠慮して何も言わない。しかし、源七の正体はすぐにばれた。奉行が源七に話した中に父という言葉があった。ゴローヴニンはこの日本語がわかったので、おそらく奉行はわれわれの父の名を知りたいのだと思った。ところが源七は自分の単語帳をとり出して探した末、そのロシア語は知らないと答える。それに対する役人たちの反応は記録に値する。奉行はじめ同席の役人たちは、源七が父というもっとも初歩的なロシア語を知らぬという事実に直面して、腹の底から大笑いしたのである。

(5)『通航一覧』第七巻四三五頁(巻三百)
(6)佐々木利和『蝦夷通詞について』(北方言語・文化研究会編『民族接触・北の視点から』)(六興出版・一九八九年)五六頁

江戸期のお白洲が意外にユーモアの感覚に溢れていたことについては数々の証言がある。たとえば奈良奉行を勤めた川路聖謨《としあきら》はしばしば白洲で冗談をいうので、下僚たちは吹き出しそうになるのを抑えるのに苦労したという。但馬守以下の役人は、父というロシア語も知らぬ男が通訳に当たっていたことに滑稽を感じたのであろう。それはまた、そういう男にうかうか通訳を任せた自分たち自身への笑いでもあった。この手に負えぬ異国語というものは厄介であった。異国語というものが存在するということが、人間そのもののおかしみだった。ゴローヴニンらがまだ箱館の獄にいたころ、ラクスマン来航時にロシア語辞典の編纂に従事したという七〇歳ばかりの役人が、文書を読みあげたことがあった。聴いているとどうもロシア語のつもりであるらしい。「わかったか」と尋ねられて「所々少しばかりしかわからない」と答えると、その場の役人たちはみな腹を抱えて大笑いした。当の七〇歳の老人もいっしょになって心から笑ったのである。

江戸という時代は、人間とその文化に対する広闊でゆとりのあるユーモアのセンスを育てた時代だったのだ。源七のロシア語に対する荒尾奉行以下の笑いも、彼らが自分自身を含めて人間というものを客観化しうる寛容なユーモアのセンスの持ち主だったことの証しとみるべきだろう。

源七はお役ご免となり、熊次郎とアレクセイが代わった。源七は叱られてもいない。ただ、その場に控えて見ていろと言われただけである。但馬守の質問は微に入り細を穿った。兄弟の名前・年齢・職業まで尋ねる。日本来航の経緯についてもきかれたが、それについては箱館での予備審問の際述べている。奉行は事件に関する質問からたえず逸脱して、ロシアの葬式の出しかた航がフヴォストフ一件とは無関係だという心証を得ていたのである。最後に但馬守は「何か頼みごとがあればこの場で申し述べよ」という。ゴローヴニンは即座に答えた。「質問の趣旨がわからない。欺かれて捕虜となり苛酷な監禁のもとにあるわれわれの願いが何か、質問するまでもなく奉行にはわかっていよう」。但馬守は怒りもせず、日本に住みたいか、それともロシアへ帰国したいか、希望を述べてほしいのだという。ゴローヴニンは「帰国を望む。それが叶わぬというのなら殺してほしい。それ以外に頼むことはない」と答えた。

すると但馬守は「大変に熱のこもった長い演説をした。居並ぶ日本人たちは身じろぎもせずに傾聴していたが、その顔には同情の色が浮かんで大変に感動した様子だった」。熊次郎からアレクセイへ、アレクセイからゴローヴニンに伝えられた奉行の演説は大意次の如くである。「日本人とても他の国の人びとと変わりなく同じ心を持っているから、日本人を恐れたり身を嘆くことはない。この事件を取り調べてあなた方が日本側を欺いていないことや、フヴォストフの勝手気儘な行動について事実を語っていると分かれば、あなた方をロシアへ帰し、食糧その他を供与するつもりである。それまでの間は日本側としても、何不自由なく健康に暮らせるよう努力する。それゆえあまり落胆せず、体を大切にするように。衣服とか食物の点で望みがあれば遠慮なく申し出られよ」。

ゴローヴニンは安堵をおぼえた。奉行の表情や目つきは誠意と同情を表していて、悪魔でもなければあんな演技ができるわけはなかったからである。しかしまた、日本人は抜け目のない狡猾な国民だというから、われわれを日本に住みつかせて利用しようというたくらみを持っているかも知れぬという疑いは、彼の心から去ることはなかった。

奉行との会見のあと、ゴローヴニンらの待遇は目に見えて改善された。第一に食事がよくなった。フヴォストフに捕らえられていたことのある小使はロシア風のピロシキを作ってくれた。茶や酒も飲ませてくれる。衣服も作ってくれるという。フレーブニコフの外套を見本に作られたそれは珍妙な出来だったが、日本人の好意だけはわかった。腰掛けを作らせ、ロシアの便所の構造を聞きとってそっくりのものをこしらえてくれた。医師も毎日来診してくれる。この場合もゴローヴニンは、こうした細やかな配慮と監禁の厳格さの矛盾が理解できなかった。

但馬守はゴローヴニンらの帰国が叶うように手段を尽くして将軍に請願するから、自分を信頼してけっして絶望することのないようにと言い聞かせ、そのために陳述書を書くように求めた。それを日本語に訳し幕府に提出するというのである。明らかに彼はゴローヴニンを捕虜としてではなく、フヴォストフ事件を解明する参考人とみなして事情聴取を行ったのだった。彼はすでにこのロシア人を、自分に責任のない事件のために捕らわれた不運な犠牲者とみなしていたようだ。しかし建て前上、彼を囚人として扱わないわけにはいかない。ゴローヴニンが矛盾を感じたとしても、彼が不運なロシア人たちのために最善を尽くしたのは疑いを容れぬところだった。

但馬守は一日置きぐらいにゴローヴニンを呼び出して、いろいろと質問した。ゴローヴニンはこれを拷問と感じた。なぜなら但馬守は好奇心にまかせて、事件の審理とは何の関係もないロシアの文物や諸事情について、それもまったく系統のない思いつき的な質問を、次から次へと繰りだしてやまぬのである。ゴローヴニンのポケットには一〇個ほどの鍵がはいっていた。但馬守はそれが何の鍵なのか知りたがる。ゴローヴニンがひとつはワイシャツがはいった箱の鍵だというと、シャツは何枚はいっていたかと来る。「知らぬ。それはボーイが知っていることだ」と答えると、ボーイは何人ついていて、名は何といい、歳はいくつかと来る。ゴローヴニンはいい加減にしてもらいたかった。そんなことを知ってどうしようというのだ。ゴローヴニンが怒ると、但馬守は「珍しいから尋ねるのだから、腹を立てないでほしい。けっして返答を強要しているのではなく、友人として尋ねているのだ」と穏やかにいうのだった。但馬守成章はこのとき五二歳[(7)]、その寛仁大度ぶりにはまさに長者の風があった。

但馬守の質問はゴローヴニンのいうように「まったく関連のない無秩序」なものだった。王宮には窓がいくつあるか、汝の給料はいくらか、ペテルブルグではどんな鳥を飼っているか等々際限がない。だが彼は低能なのではなかった。これは江戸人特有の尻とり的連歌的思考なのである。世界を論理的に系統立てて把握しようとするのではなく、パノラマのように拡がる世界に、連想

(7) 寛政一一年の『万石以下御目見以上国字分名集』に四〇歳とある。むろん数え年である。『江戸幕府旗本人名事典』第一巻(原書房・一九八九年)八四頁

作用によって自在にはいりこもうとする独特なアプローチなのだった。

ゴローヴニンの陳述書の和訳は困難を極めた。アレクセイがアイヌ語に訳し、熊次郎がそれを日本語に直すのだが、アレクセイには難しいロシア語はわからないし、熊次郎の頭は相当に堅かった。熊次郎はそのうちいくらかロシア語もおぼえたものの、ロシア語と日本語の語順を合わせようとして無用な努力を試みるのだった。言語によって文法が異なるということがこの男にはわからぬらしかった。特に彼を悩ませたのはロシア語の前置詞だった。しかし、とにもかくにも陳述書の和訳は出来上がり、一〇月一九日には但馬守から次のような申し渡しがあった。「日本側はこれまでその方どもをフヴォストフの一味と考えて拘禁してきたが、これまでの取り調べによって日本襲撃は皇帝や政府の意図ではなく、交易船の行ったものであることが判明した。奉行はその方らの陳述を信じるゆえ直ちにその方らの縛を解き、奉行の権限内で待遇をよくする決定をした。奉行にその権限があればその方たちを釈放して帰国させるところだが、その件については政府の命令を待たねばならない。奉行としてはその方たちの有利になるように手段を尽くすつもりであるから、絶望せずに神に祈りながら、心安らかに大君の裁断を待つがよい」。

アレクセイの通訳が終わると、番卒がゴローヴニンたちの縄を解き、日本人たちは一斉に祝辞を述べ始めた。奉行の次席鈴木甚内と通訳熊次郎は心うたれたように目に涙を浮かべていた。ゴローヴニンは但馬守が自分たちを慰めるときに常に神の名を挙げるのが嬉しかった。ここには全人類の支配者たる上帝の存在を理解している日本人がいるのだ。獄屋に帰る途中、番卒や雑役夫たちが祝いの言葉をかけてくれた。帰ってみると様子は一変していた。監房と廊下を距てる格子は撤去され、廊下には畳が敷きつめられている。先に暖を採るように廊下にしつらえられていた囲炉裏には、薬缶がかかって音を立てており、まわりにはめいめいの茶碗が置かれていた。獄屋は一瞬のうちに居心地のよい居室へ変貌していたのである。数人の役人が子ども連れでやって来て祝辞を述べ、炉端で煙草を吸いながら話をした。彼らはロシア人たちを囚人ではなく客人として応接しているのだ。

ゴローヴニンはほとんど帰国の可能性を信じるに至った。しかし数日後には、彼の確信を揺るがせる出来事が起こった。日本側は村上貞助という青年を連れてきて、彼にロシア語を伝授してくれという。日本人は自分を釈放するつもりはなく、抑留して教師として使おうとしているのだという疑念がゴローヴニンを襲った。

荒尾但馬守は一〇月晦日、勘定奉行小笠原伊勢守と在府の松前奉行村垣淡路守宛、ゴローヴニンらの陳述書を送達し、「魯西亜人ども申し口あい分り候上は、見越候儀にはござ候えども、身分の儀御返しにもあい成り候儀にもこれあるべく候や」と、釈放送還の方針を打診した(8)。荒尾はゴローヴニンの申し立てをそっくりそのまま信じたわけではない。ゴローヴニンはフヴォストフを交易商人であるかに申し述べたが、フヴォストフの捕虜となっていた源七と福松は、フヴォス

(8)『通航一覧』第七巻四六二頁(巻三百二)

トフはゴローヴニンが着用しているのとおなじ袖章のある軍服を着ていたと荒尾に証言した。荒尾はただ笑っただけだった。また、リコルドが送ったゴローヴニンの蔵書中から日本語の商品名札が発見された。これはフヴォストフの鹵獲品についていたもので、ゴローヴニンは知り合いの士官からもらってしおりとして使っていたのである。疑えばどれだけでも疑いの種となるこの証拠品を荒尾はまったく無視した。彼はゴローヴニンがフヴォストフ事件に関与していないという一点を信じて、突きこもうと思えば突きこめる疑問点をいちいち穿鑿することをしなかった。日露間の障害を除去して正常な国交を樹立するという、ひそかに彼が抱く大方針からすれば、検事めいた詮議立ては無用だった。ゴローヴニンの陳述書にはフヴォストフが罪に問われ死刑に処せられたという虚偽が書かれていた。荒尾は仮にそれが虚偽と知っていても暴きたてるつもりはなかっただろう。

幕閣は荒尾の上申を受け、翌文化九（一八一二）年一月二六日、「魯西亜人どもこの節差し返すに及ばず、そのまま取り留め候様致さるべく候」と下知した[9]。荒尾の上申は却下されたのである。下知状は続けて、ロシア船はたとえ漂流の様子でも上陸させず打ち払うよう命じている。この下知状は二月一三日に松前奉行所へ届いた。

荒尾はむろんこのことをゴローヴニンに伝えなかった。彼はまだ粘り強く幕閣を説得するつもりだったのだ。二月中旬、彼はゴローヴニンらが松前の近郊を散歩することを許した。しかし、ゴローヴニンはやがて村上貞助の口から、奉行の釈放方針が幕閣からなかなか受けいれてもらえないことを知った。彼が脱走を考え始めたのはこのときであるが、それを述べる前に村上貞助について一言しておきたい。

貞助はこのとき松前奉行支配調役下役の地位にあり、ゴローヴニンは二五歳くらいの青年とみたが実際は三二歳になっていた。もともと松前の人で、村上島之允の養子となった。村上島之允は伊勢の人、健脚で製図に巧みだったところから松平定信に見出され、寛政一〇年近藤重蔵に従ってクナシリへ渡り、東蝦夷地が幕府直轄となるや松平忠明に伴って全蝦夷地を踏査した。アイヌの風俗に関して『蝦夷島奇観』『蝦夷生計図説』等の絵図帳を残し、その資料的価値は今日でも抜群と評されている。彼はまた秦檍麿《あわぎまろ》の別名でも知られる。

島之允が没したのは文化五年であるから、貞助が彼の養子となったのはその前でなければならない。彼はフヴォストフのカラフト襲撃事件についての番人からの聞き書きを、事件翌年の文化四年に『赤賊寇辺実記』と題して著しており、文化七年には間宮林蔵の口述を『北蝦夷図説』と『東韃地方紀行』にまとめている。後者は林蔵の有名なタタール地方探検の記録である。林蔵は島之允の弟子であるから貞助とも親交があった。これだけのキャリアをひっさげて、貞助はゴローヴニンの前に姿を現したのだった。

「貞助は学習の最初の日から並々ならぬ才能を示した」とゴローヴニンは言っている。広汎な

---

(9) 同右五〇四頁(巻三百五)

記憶力といい、抜群の理解力といい、さらにはすぐれた発音能力といい、この男はロシア語を知っているくせに知らぬふりをしているのではないかとゴローヴニンが疑うほどだった。熊次郎が二週間かかって覚えきれぬことを、彼は一日で習得した。

彼がたんにロシア語を習うだけではなく、ロシアの国情や文物についての情報を得ようとしたのは、漂流民の見聞記を持参して、それに述べられていることの真偽を確かめようとしたことで明らかだった。彼は奉行の希望だと言って、ロシアを初めとするヨーロッパ諸国の統計資料を求めた。貞助が示したクルーゼンシュテルンのナジェジダ号の航程図はゴローヴニンを驚かせた。それにはすべての寄港地が正確に示されていた。それを書いたのはレザーノフが送還した日本人漂民、つまり無知な水夫ということである。ゴローヴニンは日本人の稀な才能を認めぬわけにはいかなかった。

貞助はまた江戸から送られて来たヨーロッパ書籍の日本語訳本のうち、三冊だけでよいからその内容を論評してほしいと求めた。それは『カムチャツカにおけるベニョフスキーの暴動と脱走』『一七九九年のロシア・イギリス連合軍のオランダ進攻記』『ロシア帝国地誌』の三冊で、貞助が通読していたのは『ロシア帝国地誌』だけだった。ゴローヴニンの見たところでは、それは彼の曽祖父の時代を記述したもので、現代ロシアの理解に役立つものとも思えず、彼はたびたび貞助と言い争わねばならなかった。それはともかく、幕閣はこの際従来獲得したロシアとヨーロッパに関する情報を、ゴローヴニンの助けを借りて、アップ・トゥ・デイトなものに仕立て直そうと努めたのである。貞助はたんなるロシア語学習者ではなく、そうした幕府の情報収集活動の先端として働いていたのだ。

貞助に遅れて間宮林蔵がゴローヴニンを訪うたこともこの際述べておかねばならない。彼は文化九年二月に、「日本では天文学者として有名なばかりでなく、卓越した武人」という触れこみでゴローヴニンの前に現れた。彼の面会の目的はゴローヴニンから最新の陸地測量法や天体観測法を学ぶことにあり、イギリス製の六分儀やコンパスつきの天体観測儀などをもちこんで、ヨーロッパ人はこれらをどう使用するのか見せてほしいと求めた。彼は緯度の計測法は知っていたが、経度の計測法をまだ知らず、特にそれを習いたがった。しかし手許に天文暦等の資料を持たず、未熟な通訳しかもたぬゴローヴニンは断るほかなく、すると林蔵は不機嫌な顔で「否が応でも聞き出してみせる」と威嚇した。

間宮林蔵はすでにサハリン・大陸間の海峡の発見者だった。露人何する者ぞという気概があって当然であるが、そういった民族国家を背負って立つ気負いが、ゴローヴニンと他の日本人たちの間に成り立った人間同士としての素直な共感を妨げた。彼はシャナでフヴォストフと戦ったとき、背中に銃弾を受けその勲功で官位を授けられたと誇った。史料をひっくり返してもそんな記録は出てこない。彼が「フヴォストフの来襲のあと、日本側は三隻の船をオホーツクに送り、同市を壊滅させようと計画した」と肩を張るのに対して、ゴローヴニンは「三隻といわず三〇〇隻で来るとよかった。一隻も帰らなかったはずだ」と応じた。すると林蔵は怒って「日本は戦争にかけてはどの国にも負けぬ」と言い張るのだった。

何のことはない。林蔵もゴローヴニンも揺籃期の民族国家を代表するナショナリストという点では似た者同士だったのだ。ゴローヴニンは彼は「日本の兵法を自慢し、われわれを威嚇した最初の日本人だった」と言っている。荒尾但馬守ら幕臣は儒学で培われた普遍主義的感覚のゆえに、また奉行所の下吏や民衆は共同体的な人情のせいで、ゴローヴニンらとの間に人間的共感の橋を架け渡すことができた。だが、常陸国筑波郡の農民の子として育ち、強烈な上昇志向に促されて北方問題のスペシャリストとなった林蔵は、過激なナショナリストたることに自己の存在証明を求めるほかなかった。近代ナショナリズムはつねに、貴族と民衆の中間に位置する新興知識分子の属性である。

ゴローヴニンはかねてより脱走を計画していたが、それが現実味を帯びたのは、三月二日獄舎から新しい家屋に移されてからである。家屋にはもと役人が住んでいたとのことで、もちろん塀をめぐらせ番人もついていたものの、これまでの獄舎とくらべれば脱走のチャンスは大きい。荒尾は移転に際して、待遇をよくするから、日本人を同朋兄弟と思って暮すようにと言いきかせた。事実、食事はこれまでと比較にならぬほど上等になった。しかし、ゴローヴニンは奉行の言葉を、帰国をあきらめて日本に根をおろせという意味ではないかと疑った。村上貞助から、奉行のもとに江戸より手紙が届き、それを一読した奉行は手紙を取り落として悲しげにうなだれていた、訳をきくと、自分は平和裡の解決を上申していたのにそれが容れられず、ロシア船を打ち払うよう命じて来たのだということだったと聞かされたという話を伝えられて、ゴローヴニンの決意はいよいよ固まったのである。

彼は脱走の仲間からムール少尉をはずさざるを得なかった。というのはムールはこの頃から自分はロシア人ではなく親類はみなドイツにいるなどと言い出し、日本の習慣を真似、役人に対してまるで上官に接するような態度をとり出したのである。ムールは通訳として日本に仕える考えをアレクセイにうち明け、お前もそうしないかと誘ったということだった。ゴローヴニンたちにとってムールはきわめて危険な人物となった。

ゴローヴニンはフレーブニコフと四人の水兵とともに三月二四日脱走を敢行した。海岸へ出て舟を奪い、クリル諸島かタタール方面をめざす考えだったのである。だが海岸は警戒厳重で、人目を避けて山中を放浪中、四月四日江差木ノ子村でつかまった。一〇日間でどれほども距離を稼げていなかった。逮捕した日本兵は彼らに侮辱を加えたり、悪口雑言を吐いたりすることはまったくなく、ゴローヴニンが脚を痛めているのを知ると手を貸してくれた。村々を通るごとに見物人が群がったが、村人のうち侮辱や嘲笑を加える者は一人もなく、みな同情の色を浮かべていた。婦人のうちには水や食物を差し出して、涙を浮かべる者もいた。ゴローヴニンは書いている。「文明化したヨーロッパ人が野蛮人とみなしている日本人は、実にこんな心情を持っているのだ！」。

奉行所の白洲で彼らと対面した但馬守の表情には、これまでと変わったところは少しもなく、以前同様晴れやかで、怒っている様子はまったくなかった。彼はいつもの通り優しい口調で「どんな理由に迫られて逃走したか」と尋ねた。数々の問答のあと但馬守が行った「長い演説」は注目に値する。彼はこう述べたのである。「もしその方どもが日本人であれば悪い結果を生じたであろうが、その方どもはわが国の法律を知らぬ異国人であり、そのうえ日本人を害する意図もなかった。その方どもはただ祖国に帰ることを望んだのだった。何人にとっても祖国は世界中でどこよりも愛すべきところである。したがって余のその方どもへの好意は変ることはない。ただし、政府がその方どもの行為をどのように受けとるかは余の保証のかぎりではない。しかし余は、その方どもに帰国の許しが出るよう、従来とおなじく努力を惜しまぬつもりである」。

こう述べたとき、荒尾但馬守成章はおそらくゴローヴニンの背後に世界を見ていたのである。彼の公正と寛仁はたんに彼個人の資質ではなく、国際社会に対して日本人を代表する自覚的なメッセージだったのではなかろうか。

ゴローヴニンが脱走の責任は一切自分にあり、他の者は自分の命令に従ったにすぎないと陳述したことは、奉行以下日本人役人の心証をよくした。彼らの倫理観はこの陳述を男一匹の心意気とみなしたのだろう。ムールは脱走計画には自分は一切無関係であると主張して陳情書を提出していた。この陳情書は注目すべきもので、フヴォストフらの襲撃がもともとレザーノフの指令にもとづくものであることを明白に申し述べていた。これはゴローヴニンがこれまで断乎として否定していたところである。ムールは訪日後レザーノフが、フヴォストフ・ダヴィドフを伴って露領アメリカへ赴き、ユノナ号を購入したことまで詳しく申し述べ、オホーツクへ帰ったレザーノフがフヴォストフに襲撃計画の中止を指令したところ、フヴォストフが「山羊を菜園に入れたらキャベツを惜むな」と言ってクシュンコタン襲撃を敢行したという事情まで明らかにした。ムールによれば、ペトロパヴロフスクへ帰ったフヴォストフをカムチャツカ長官コシェレフ少将が逮捕しようとしたところ、友人の知らせを受けたフヴォストフは港内に張り詰めた氷を破って船を出し、その足でエトロフを襲撃したという。

ムールはその後フヴォストフらが逮捕され脱獄したこと、スウェーデンとの合戦で勲功を立て、「酒狂」のため「ネヴァ川に沈」んだことまで詳しく申し述べた。ムールがフヴォストフとダヴィドフの行動についてここまで詳しく知っていた以上、ゴローヴニンがそれを知らなかったはずはない。フヴォストフらがロシア政府と関わりのない一商人であるとか、彼らが処刑されたというのは、仕方のないこととといえ、ゴローヴニンが意識してついた嘘であった。

ムールの陳述によってフヴォストフ一件について真相を知った奉行所役人は、ゴローヴニンを再尋問した。しかし、ゴローヴニンが「レザーノフがこの事件に関与したとは信じられぬ」と言い張ると、幕吏はそれ以上追究しなかった。この尋問を行ったのは吟味役高橋三平であって、彼は尋問を終えると「恐れたり悲観したりすることは少しもない。日本人とて他の国の者と等しく人間であるから、悪いようには決してしない」とゴローヴニンを慰めた。奉行以下の役人がムールの暴露にもとづいて、ゴローヴニンをこれ以上追究することがなかったのは興味ある事実である。彼らとしては、ゴローヴニンの陳述に多少のごまかしがあったとしても、彼がフヴォストフの暴挙と無関係で、ロシア政府もフヴォストフの行為を是認していないという大筋の認定を揺るがせるものではないと判断したのだろう。徳川役人の独特な裁量ぶり、いわば懐の深さがここに認められる。

ゴローヴニンらは松前の町牢に移された。将校は揚屋、兵卒は入牢という一般囚人並みの扱いである。ゴローヴニンは日本の法律は西洋諸国の法律よりもずっと人道的だと言い、「監房の内部は非常に清潔で、廊下も雑役夫が毎日掃除していた。われわれが城内に呼び出されると、雑役夫が房内をすっかり掃除し、寝具も日光に当ててくれた」と述べている。

六月三日、在府の箱舘奉行村垣定行の辞任のあとを襲って奉行に補せられた小笠原伊勢守長幸が松前に着任した。荒尾但馬守は小笠原と交替して江戸へ帰るとのことである。小笠原は七五歳の老人とゴローヴニンは述べているが、実は六六歳だった(10)。彼は日本人としては群を抜いた長身で、逞しいロシアの水兵にも劣らぬほどだった。初会見の時ゴローヴニンがお辞儀をして姓名を名のると、新奉行は微笑をたたえ頭を少し前に下げた。

新奉行小笠原長幸は荒尾に劣らずゴローヴニンたちに好意的だった。彼はゴローヴニンたちの待遇改善を約し、牢屋から出して置所に移した。これはゴローヴニンたちが松前へ来てすぐ入れられていたところである。酒や煙草も届けられるようになり、新しい果物も差し入れられた。だが日本の桃や梨はゴローヴニンたちには酸っぱすぎた。日本人は酸っぱいものが好きで、果物も熟さないうちにもいでたべるのである。幕末来日した西洋人は、ゴローヴニンとまったくおなじ所見を繰り返すことになる。

荒尾が江戸へ帰るというので、ゴローヴニンらはこの親切な奉行に感謝状を呈することにした。小笠原奉行はその訳文を一読し、「不幸にも虜囚の身となったが、運命は必ずしもわれわれに苛酷なばかりではなかった。何となれば奉行がこの地を統治しているときにこの事件が起ったからである」というくだりになると、笑いながら「荒尾但馬守以外の者がこの役についていたら、彼ほどその方どもに好意を持ってはくれなかったとどうして分かるのか」と問うた。むろん彼は、われわれ幕吏はみな荒尾くらいの良識はもっているぞと言いたかったわけだが、その物言いには高度なユーモアのセンスがうかがわれる。このころの日本人は、貴紳も庶民もつねによく笑う人びとだった。

荒尾但馬守は六月一八日、江戸へ向かって旅立った。村上貞助も随行することになり、江戸からゴローヴニンらにニュースを書き送ると約し、返事は熊次郎に託すように頼んだ。彼はこの約束を実行し、そのため幕府から譴責を蒙ることになる。

八月にはいってゴローヴニンは、かつての彼の副長リコルドがディアナ号を率いてクナシリへ来航し、同地の役人とゴローヴニンらの釈放について交渉を行っていることを知らされた。捕囚以来最大の朗報であったことはいうまでもない。

（10）寛政一一年『万石以下御目見以上国字分名集』三七一頁に五四歳とある。

ここで事件発生以来のリコルドの行動について述べておこう。オホーツク港に帰着した彼は港務部長のミニツキー海軍大佐と協議の上、ペテルブルグへ赴いて海軍大臣に報告すべく旅立ったのであるが、途中イルクーツクで知事のトレスキンと会い、ミニツキーの報告を受けてすでに、日本遠征隊の派遣についてペテルブルグに許可を申請している旨を聞かされ、同地にとどまって指示を待つことにした。トレスキンは第二章で述べたように、シベリアの独裁者ペステリ総督の腹心として悪名を馳せた男であるが、リコルドにとっては頼り甲斐のある人物だったらしい。

リコルドはトレスキンとともに大がかりな遠征計画を立てて上申したものの、この翌年ナポレオンの侵攻を受けることになる緊迫した欧州情勢を前にして、アレクサンドル皇帝はとてもそのような計画を裁下する気分ではなかった。結局リコルドはディアナ号によってクナシリへ再航するよう指令された。

このとき通訳として呼び寄せられたのが、松前の有力商人といつわり名前も中川良左衛門と改めていた、エトロフ島ナイボ番所の番人五郎次である。フヴォストフに捕らえられた一〇人の日本人中、この五郎次と同所の番人左平衛だけは釈放されず、オホーツクへ連行された。二人は度々逃亡を試み、その間左平衛は鯨肉に中毒して死亡、五郎次だけがシベリア各地を転々として命をつないで来たのだった。良左衛門こと五郎次はリコルドに、「日本にいるロシア人はみな存命で、この話は穏やかに纏まりますよ」と請け合ってみせた。

リコルドは翌一八一二年の七月三日（邦暦六月二六日）、オホーツク港所属の運送船ゾーチック

号を伴い、ディアナ号に座乗してオホーツクを出港した。五郎次のほか六名の日本人が乗ってい
て、この六名はカムチャツカにたどりついた遭難船歓喜丸乗員の生き残りだった。歓喜丸は摂津
国の商船で、江戸へ向う途中文化七（一八一〇）年の暮遭難し、翌年二月カムチャツカ東岸に漂
着した。乗組員一六名中九名が死亡し、七人だけが生き残って、脚の手術で動けなかった一人を
除いた六名が、この度カムチャツカから呼び寄せられたのである。ロシア側はむろんこれら漂流
民を日本へ送還することで、交渉の糸口を開くつもりだった。

ディアナ号は邦暦八月四日、クナシリ島トマリ湾に投錨した。陸地を観察すると、一四門の砲を二層に構えた新築の砲台が見えた。「日本人は去年以上に防備を改善したぞ」とリコルドは思った。彼は日本人役人に渡す手紙を持たせて歓喜丸漂流民の一人を上陸させたが、その男は帰って来なかった。三日待ってまた漂民の一人を派遣したが日本人は手紙を受けとらず、翌日また一人を派遣すると、今度は手紙は受けとったものの、「ロシアの艦長が交渉に来たいのなら勝手にせよ」というだけで書面での返事はなかった。

五郎次は唯一の通訳だから、リコルドは彼を手放したくはなかったけれども、こうなっては彼を派遣するしかなかった。翌日五郎次は悲しむべき報せをもたらした。彼の話では、日本人隊長は開口一番、「艦長はなぜ会談しにやって来ないのだ」と問うた。「存じません。ゴローヴニンたちがどこにいるか尋ねるために、艦長は私をよこしたのです」と答えたところ……、そこまで五郎次は語ると、口籠もりながら隊長の答をそのまま伝えても私にひどいことをしないかとリコル

ドに尋ねた。「そんなことをする訳がない」と答えると、五郎次は言った。「船長ゴローヴニンとその他全員は殺されました」。

日本側の記録によるとこの隊長、すなわち松前奉行支配調役並の太田彦助は「去年召捕り候七人の者共は、米盗み取り候不法これあり候に付、残らず当所において殺害に及びたり」と答えたのである。(11) 彼はリコルドがゴローヴニンらの安否を調べに松前へ行くことをおそれて、ここクナシリで「喰いとめ申したく」このような虚言を吐いたのであった。彼は幕府のロシア船打ち払い令を遵守するつもりで、艦長は来ないのかと問うたのも、「カピタンへ面談いたす可き旨偽り、おびき寄せ候て、親船なり伝馬船なり、矢頃の節（射程にはいれば）、打払い決戦いたし然るべし」という考えからだった。太田はゴローヴニンらが箱館に在獄中、たびたび嘲弄的な態度を示した男で、その後クナシリへ赴任したのである。リコルドたちはこの報せに悲憤し、即座に報復を考えた。もしこのときディアナ号が戦端を開いていたら、その後の日露関係は容易ならぬ局面を迎えていただろう。太田のような小吏の猿智恵こそおそるべきである。彼には自分の責任を問われまいとする俗吏の一念しかなかった。だが、リコルドの聡明がこの場を救った。彼は五郎次がもたらした悲報を必ずしも信じなかった。彼は五郎次を再び陣屋へ派遣し、ゴローヴニン処刑の書面による確認を太田に求めた。残りの漂民四人もこの際、五郎次につけて送還した。しかし、五郎次はついに帰艦しなかった。リコルドはこのことから、ゴローヴニンらの生存に希望をつないだ。問題は次の一手である。

リコルドが考えた次策は、日本船の拿捕だった。乗員から確かな情報を得ようというのだ。八月一四日、大型の日本船が一隻湾内へはいって来た。彼は武装したボートを派遣してこの船を捕獲した。やがて船長がディアナ号へ連れて来られたが、「その立派な絹服と大刀その他の点から見て、これは相当の人物だ」とリコルドは思った。彼こそ当年とって四三歳になった高田屋嘉兵衛、船は彼の一〇隻にあまる持船の一隻観世丸だった。リコルドはこの人物に事態をのみこませるために、良左衛門に書かせたクナシリ島隊長への日本文の手紙の控えを読ませた。読み終えると嘉兵衛はとっさに言った。「カピタン、ムール、それから五人のロシア人は松前の町にいますよ」。危殆に瀕した日露関係はこの一言で救われたのである。それにしても嘉兵衛の日本語が聴きとれたリコルドは、このころいくらか日本語を解するようになっていたにちがいない。

観世丸がトマリ湾へはいったのは、エトロフ島のシャナで干魚を積みこみ箱館へ回送する途中、水晶島で役人から箱館役所への御用状を託されたが、風向きの具合から箱館へ向うのが困難となり、クナシリのトマリ会所へ届けた方が結局は早道と判断したからである。観世丸拿捕の有様は、むろん陣屋の役人たちも見ていた。太田彦助はディアナ号から観世丸へ向うボートへ大砲を打ち掛けさせたが、届かなかったと言っている。太田は南部藩兵の出動を要請したが断られ、同心にアイヌをつけて図合船を出そうとするとアイヌがためらった。そのうちロシア人は観世丸に乗り

(11)『通航一覧』第八巻九頁(巻三百七)

こんでしまう。「右等の始末、骨髄に徹し残念に存じ奉り候」[12]と太田は述べている。捕獲されたとき観世丸の水夫一〇名が海中に投じて逃れようとしたが、岸にたどりつけたのは一名であとはみな溺死した。観世丸は乗りこんだロシア兵によって、ディアナ号とゾーチック号の間に投錨させられた。

リコルドは嘉兵衛をカムチャツカへ連行する決心をした。この人物はかなりの有力者であるらしく、彼から日本の内情を聞き出せば、ゴローヴニン救出の有効な手立てを見出すことができると考えたからである。事実嘉兵衛はこのころ、箱館に本店と倉庫数十棟を構え、大坂・兵庫に支店を置いて、その勢いは絶頂に達していた。松前奉行所の吟味役高橋三平

高田屋嘉兵衛

とも寛政年間から親交があった。高橋は奉行所の次席として敏腕を振るい、歴代の奉行を飾りものとしたと噂された人物である。[13]

リコルドが「われわれと一緒にロシアへ行こう」というと、喜兵衛は驚くほどの沈着ぶりで「結構です。用意はできています」と答えた。その際嘉兵衛がリコルドに、ロシアへ行ったら自分から離れないでくれと要求したのは興味深い。彼は早くもリコルドの人物に信頼を寄せたのである。彼は自分に、ゴローヴニン事件の平和的な解決の橋渡し役が期待されていることを明敏に

察し、そのために敢然とロシアへ赴くつもりだった。それにしても異郷の日々は心細い。彼は初対面のロシア人将校の人柄を瞬時に見抜き、彼にわが身柄を預けたのだった。

リコルドは嘉兵衛のほかに日本人船員四人が同行することを求めた。残りの病気で弱った漂民四人はもう返還してしまったし、替りに同数の人質がほしかった。また、世話を受けることに慣れているはずの嘉兵衛には従者が必要だと思った。嘉兵衛は初め要求を拒んだが、リコルドの意志が固いとみると、いっしょに船に来てくれと求めた。観世丸へ移ると、嘉兵衛は自分の回りに乗組員を集め、彼らのうち何人かは彼とともにロシアへ行かねばならぬと説明した。「するとそこに最も感動的な情景が展開した。たくさんの水夫たちが頭を下げて隊長（嘉兵衛）の方へにじり寄り、胸を詰まらせ声を抑えて何か彼に言った。そしてほとんどみんなが目に涙を浮かべていた。彼自身もそれまでは平然として剛毅な態度だったのに涙ぐんでいた」。

船頭吉蔵をはじめ四人の船員、それにシベツのアイヌ一人が嘉兵衛に同行することになった。吉蔵は病身なので喜兵衛は拒んだが、死んでもお伴するという。シトカという名のアイヌは観世丸を拿捕する前に捕らえた図合船に乗り合わせていた者で、逃げおくれてディアナ号に連行されていたのである。なぜかリコルドは彼を陸に返さず、嘉兵衛の伴に加えた。彼らを連れてディア

(12) 同前一九頁（巻三百八）
(13) 佐藤匠『近世後期における蝦夷地支配機構』（高崎経済大学『地域政策研究』四巻四号）五一頁

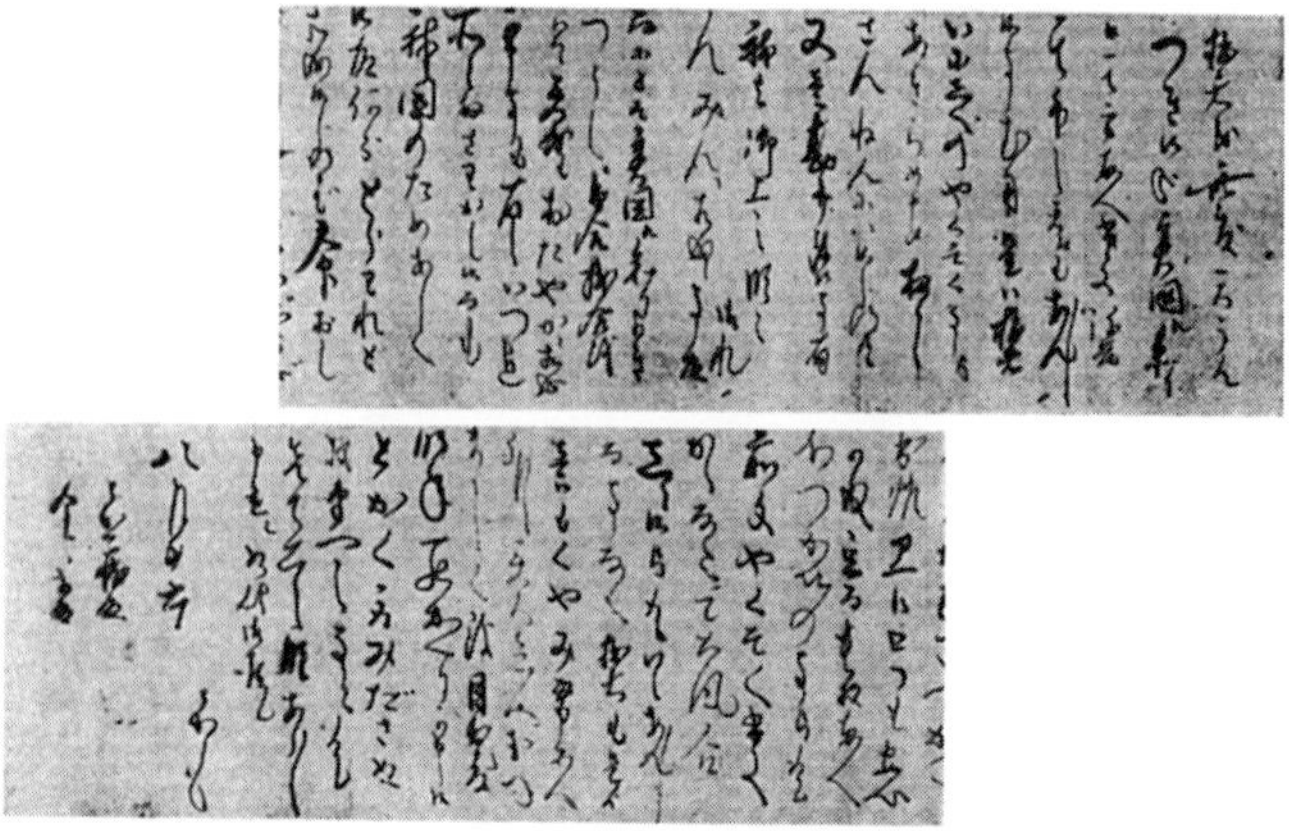

嘉兵衛が弟たちに宛てて出した書簡「高田屋嘉兵衛書状」
（神戸市立博物館蔵。kobeCity Museum/DNPartcom）

ナ号に戻る嘉兵衛は「遠い国に連れて行かれる捕虜のようではなく、まるで自分の持ち船に乗りこむような様子だった」とリコルドは述べている。

リコルドはディアナ号がゴローヴニンらの安否を尋ねてクナシリに来航した事情を、嘉兵衛に日本文でしたためてもらった。観世丸の水夫に託して陣屋の役人に届けようというのだ。このとき嘉兵衛は弟の嘉蔵と金兵衛宛にも手紙を書いていて、その内容には注目すべきものがある。

この度は天運尽きて異国へ参ることになったが、これもいにしえからの約束事であるから、案じることは無用と書き出した嘉兵衛は、自分はお上から愛顧を給わった人間だから、向うに参ったらよき通詞を得て、蝦夷地がおだやかになるように掛け合うつもりだ、蝦夷地でいつまでも騒ぎが続いてはお国のためにもならぬのだから、囚われとなっても命惜しむことなく掛け合ってみる、当地で言葉も通じぬままにかれこれ言い合うのはよろしくない、お上のご趣意も少々は存じているから、掛け合う上で都合もよろしかろう、日本のため悪しき事は致さず、ただ天下のためとばかり考えている。こう述べて彼は「一つなさけなき事は人を海へ飛びこませ候事甚だくやみおり候」と書く。(14) つねに部下を思いやる日頃の用意がここに表れた。日本と天下を分けて考えているのは大切な点である。日本のためを計るだけではない。天下という普遍的な国際社会が彼の眼には見えていた。日本のためにもロシアのためにも、この紛争を解決してみせるというのだから、この商人の見識はみるべきものがある。

リコルドは日本人に好印象を残すべく、できるかぎりの努力をした。観世丸に乗っていたつねという女をディアナ号へ招待し、軍医の妻に接待させた。二人はすぐ仲良しになり、つねは軍医夫人の衣裳を着てみたり、彼女の色白におどろいて何か塗っているのではないかと顔にさわってみたり、お茶とお菓子の接待を受けたり、帰りには夫人と抱き合ってキスした。彼女はなかなかの美人で、声はなやましく、リコルドは一八歳を超えていまいと思った。彼女は実は二二歳で、すでに角右衛門という者の妻だった。しかし、リコルドは彼女が嘉兵衛の航海にいつも伴っていたと言い、また後日リコルドから話を聞いたゴローヴニンは、彼女のことを嘉兵衛の妾と書いている。

(14) 柴村羊五『北方の王者・高田屋嘉兵衛』一九五、六頁

水夫たちがロシアの軍艦を見たがっていると嘉兵衛がいうので許すと、彼らは交替でやって来た。初めて見るものを珍しがって使用法を尋ねる。そのうち檣楼によじ登る。ウォトカを飲ませると陽気になって、ロシアの水兵と手真似で話し出す。品物を交換している者もいる。民衆レベルでは日露友好はすでに実現していたのである。

ディアナ号とゾーチック号は八月一八日（露暦九月一一日）抜錨してカムチャツカへ向かった。二週間のトマリ湾滞在だった。砲台からしきりに撃って来たが届くものではない。嘉兵衛は笑って「クナシリはロシア人には悪いところです。長崎の方がよろしい」という。航海中、リコルドは良左衛門のことを嘉兵衛に確かめた。彼はそんな名前の商人はエトロフに居たことがないという。話しているうちに五郎次のことだとわかって嘉兵衛は笑った。「奴は親方と名乗ったのですか。奴の身分は番人、つまり漁業の監督ですよ。南部藩の生れでアイヌと夫婦になっていました」。ペトロパヴロフスクへ着いたのは一〇月三日だった。

クナシリでディアナ号と日本側でどんなやりとりがあったのか、役人が教えてくれないので、ゴローヴニンたちはただやきもきするばかりだった。だが、だんだんと事情は洩れてきた。クナシリの役人がゴローヴニンらは殺されたと言明したことも、観世丸が拿捕されたこともわかった。前件については松前の役人は口を揃えて非難していた。後の一件を知ったとき、ゴローヴニンは悲観した。番卒も「これでもうお前たちはロシアへ帰れぬぞ」と水兵たちをおどした。

九月二九日に、かねて病床に臥していた小笠原伊勢守が死去した。自分たちに数々の好意を示してくれた奉行の死は打撃だった。後任は服部備後守という人だとのこと。江戸在任の松前奉行荒尾但馬守は上部の不興を蒙っているという。通訳の上原熊次郎が、江戸ではゴローヴニンらを釈放する方向へ動いており、リコルドの観世丸乗員にとった態度が賞賛されているとゴローヴニンに告げたのは、この年の暮れがおし迫ったころだった。

明けて一八一三（文化一〇）年となった。二月二八日、新奉行服部備後守が着任し、「われらの友」村上貞助も帰って来た。彼は松前に上陸するとすぐにゴローヴニンを訪ねて土産物を差し出した。彼はこれまでも手紙に添えて干菓子などを送ってくれていた。貞助はいう。「こんどのお奉行は露艦と応接せよとの命を受けているので、露艦が沿岸に現れても砲撃しないようにとの命令がまもなく日本の全港湾に発せられますよ」。

貞助の話では、この決定にいたるまでの荒尾但馬守の苦心は並大抵ではなかった。「幕府はフヴォストフの事件と良左衛門（五郎次）の申し立てによって、ロシアからは奸計と欺瞞と暴力の外には何も期待できないと思っていたので、ロシアとは決して交渉しない腹だったのです。しかし荒尾様は新しいご奉行といっしょに良左衛門を訊問して、ロシアが日本に害意を抱いているとか、フヴォストフがロシア政府の命を受けて行動したとかという彼の申し立てが、単なる彼の当て推量にすぎぬことを白状させたのです。閣僚たちは外にもロシアとの交渉に反対する論拠を持っていましたが、荒尾様はこれに対して十分に反駁を加え、自国の法律習慣をもって他国を律すべきでないことを説かれ、ついに当面の問題についてロシア官憲と折衝するよう説き伏せられたのです」。

貞助によると、幕閣がロシア側に釈明書を長崎に持参させよと主張したのに対して、荒尾はそんなことを要求したらロシア側は日本の奸策を疑うだろうと突っぱねた。老中が長崎以外に異国船が来るのは祖法が許さぬというと、荒尾は「神の作りし日月星辰といえども常に動いている。ましてや儚なき人間が作った法を永久不変たらしめようとするのは笑止で無謀な願いだ」と応じたという。表現はともあれ、文化五年の上書の剛直ぶりからすれば、彼がこれぐらいのことを言ったとしても不思議ではない。貞助はまた、荒尾が前奉行の任を解かれ、御普請奉行に転じたことも知らせた。発令は一月二五日、貞助によると栄転だという。

村上貞助は荒尾・服部の両奉行が五郎次を訊問したときの様子を詳しく話してくれた。五郎次はロシア人は好戦的な国民で、日本との戦争に備えていると断言した。その根拠を問うと、男の子は棒切れで兵隊ごっこをし、兵隊はいつも演習をしていたという。両奉行が「たわけ者」と笑い、日本でも子どもは棒切れで戦ごっこをするし、兵士はしばしば教練をするが、それは他国を襲撃するためではないことを存じておろうと叱責すると、五郎次は「根もないことを申し立て、申訳ございません」と恐れ入った。またイルクーツク滞在中あまり出歩かなかったというので、奉行が「ではその方、終日家に引きこんで何を致していたか」と問うと「日記をつけておりました」という。一座は爆笑した。幕吏の公正とユーモアの感覚はこういった些事からも窺うことができる。

また貞助はゴローヴニンたちとの文通が露見して、処罰されそうになったときの話もしてくれた。外国人との文通は御法度と知らぬのかと叱られ、捕虜になって日本にいる外国人ならよろしいと思ったのですと言い抜ける。文通したのはただ囚人を哀れむ情から出たことで、わが国の害になるとは思いませんでしたと詫びると、訓戒されただけでそれ以上の沙汰には及ばなかった。処分どころか貞助は奉行所での地位が昇進した。当時の幕閣の鷹揚ぶり、もって見るべきである。

新任奉行の服部貞勝は馬場佐十郎と足立左内を伴っていた。ゴローヴニンに就いてロシア語を学習させるためである。佐十郎はレザーノフを応接した長崎通詞馬場為八郎の弟で、兄の養子として馬場家を継いだ。早くから秀才の聞こえあり、オランダ語のほかに英語・仏語を修めたが、オランダ語文法の研究の先鞭をつけた志筑忠雄に学んで、とくに文法を基本とする蘭語読解法を開拓した。文化五年に江戸へ呼ばれ、幕府天文方に所属して翻訳の業に従事したが、彼の出府によって江戸蘭学の面目は一新されたといわれる。(15) 彼はすでに大黒屋光太夫にロシア語を学び、さらに蘭書より帝政ロシア史や韃靼《だったん》地方の地誌を翻訳していたから、ゴローヴニンから改めてロシア語を習うには最適の人物だった。足立左内は寛政改暦の際、大坂から呼ばれて天文台に入った数学家で、彼を馬場に同行させたのは「老巧」の人物を添えるという意味もあったらしい。

馬場は蘭語通詞、足立はアカデミアの学者としてゴローヴニンに紹介され、毎日通って来るよ

(15) 岡村千曳『紅毛文化史話』(創元社・一九五三年)二二四頁

うになった。馬場についてゴローヴニンは「二七歳ぐらいの青年で記憶が極めてすぐれていた。彼はすでにひとつのヨーロッパ語の文法を知っていたので、ロシア語の方も非常に進歩が早かった」と述べている。彼はこのとき二六歳だった。足立は光太夫が持ち帰ったロシアの初級数学教科書の翻訳を始めた。彼は数学と天文学に関しては、ゴローヴニンたちが今更教える必要のない程の知識を持っていた。

馬場の学業は稔った。ゴローヴニンが作った簡単な文法書をもとに、この年のうちに『魯語文法規範』を著し、おくれて文政三年には、五郎次が持ち帰った種痘の手引き書を松前滞在中に訳したものを、『遁花秘訣』と題して出版した。またゴローヴニンの『日本幽囚記』を蘭語版から重訳しようとしたが、一部を訳しただけで文政五年、三七歳の若さで病没したので、あとを杉田立卿と青地林宗がひき継ぎ、『遭厄日本紀事』の表題で文政八年に脱稿をみた。

ゴローヴニンとムールは奉行所へ呼び出されて、『魯西亜船江相渡候御諭書』という文書を貞助・熊次郎と協力してロシア語に訳すよう依頼された。これは二人の奉行次席高橋三平と柑本《こうじもと》兵五郎が署名したロシア艦長宛の書状で、フヴォストフの行為に関して、ロシアの州長官に釈明を要求するものだった。訳文ができたら蝦夷地の主な港湾に送って、ロシア側に渡るよう手配するという。内容を口頭で聞かされたところ理路整然たるものであったので、ゴローヴニンは日本側の立派な意向に謝辞を述べ協力を約した。

書状はまずフヴォストフの暴行を咎め、ゴローヴニンらを捕らえた理由を述べた上で、ゴローヴニンらはフヴォストフの行為をロシア「政家」の関知せざるところというが、日本政府ではなお疑いを抱いているので、「政家」の命じたことでないならば、ロシアの「官家」よりその言明記した釈明文を送致すべきであり、その手続きをふむならばゴローヴニンらを釈放しようと結ぶ(16)。文中「政家」とはロシア中央政府を、「官家」とは極東地方官憲を指す。すなわちこの時点で日本側は、再航を予想されるディアナ号艦長を通じてシベリア地方官庁の釈明文を要求し、先方がそれに応じるならばロシア人捕虜を釈放する方針を固めていたのである。リコルドが再びクナシリに来さえすれば事件解決の筋道は動き出すばかりになっていた。

高田屋嘉兵衛はカムチャツカへの航海中、高熱に襲われ食事も喉を通らなくなったが、上陸するころには回復した。彼は少しも悲観したり落胆したりせず、悠然たる態度を保っていたとリコルドは言っている。嘉兵衛と彼は「二人だけの言葉を作って、その言葉で何の苦もなく話し合い、時には抽象的な事柄まで話すようになった」。

嘉兵衛のいうところでは、レザーノフが長崎に来たとき国民は通商が開かれるものと期待して喜んだが、拒絶されたため大不満の声があがったのだという。この度の災難は、日露間の交易のために自分にひと役ふり当てようとする天意の表れで、そう考えると、自身は体は大変弱いけれども、この厳しいカムチャツカの気候をしのぐ元気も出てくると彼は語った。彼は身長一五〇セ

(16)『通航一覧』第八巻四四、五頁(巻三百十)

ンチの小男で、このころは健康もすぐれなかったらしい。事件解決の五年後に引退して家業を弟金兵衛に任せたのもそのためであろう。彼はイルクーツク知事がロシア政府はフヴォストフの行動に関知しないという証言さえすれば、捕らわれのロシア人は自由になるはずだと、リコルドに保証した。それこそまさに幕府がとろうとしていた方針で、嘉兵衛の読みは的中した。ペトロパヴロフスク滞在中、嘉兵衛はリコルドと同室に起居していた。何もすることはないから、ボーイのウォリカという少年からロシア語を習い、二〇日もすれば片言ながら話せるようになった。ナポレオンのモスクワ侵入の知らせが届き、当地のロシア人が大騒ぎしていることもウォリカから聞いた(17)。

リコルドは一二月中旬、オホーツクへ向かって旅立った。カムチャツカでは自分と離れないと約束していただけに、嘉兵衛は不安に駆られた。留守中の責任者ルダコフ中尉は、いまだにゴローヴニンらが殺害されたと信じて打ちとけない。だがそのルダコフが一八一三年が明けた正月二日(露暦)、嘉兵衛を訪ねて身の上の打ち明け話をした。自分にこれ以上昇進のチャンスがあると思うかと尋ねる。嘉兵衛がいろいろと助言してやると、大変喜んで、自分に部下への思いやりが欠けていたことはかねてから気づいていた、今後は寛大な気持ちで接し心服を得るよう心がけたいと語った。大勢の水夫を手足のように使って来た嘉兵衛にすれば、こんな助言はたやすいことである。後日、この地を日本人漂流民が訪れると、当地で責任ある地位についていたルダコフは必ず嘉兵衛のことを語り、ロシアにも稀な大人物だと賞賛した。

ペトロパヴロフスクの住民はやはりゴローヴニンらが殺害されたと信じて、嘉兵衛たち日本人に冷ややかな目を向けていた。当地滞在中のアメリカ人船長などは、日本と一戦交えるべきだ、自分も加勢すると触れ歩く始末だった。しかし、嘉兵衛が一月中旬に町民を招待して、日本から持参した酒三樽を振舞うと、町民の態度もやわらぎ街中でも声を掛けて来るようになった。

二月にはいると水夫の文治が死亡、三月には船頭吉蔵とシトカがあとを追った。このあと嘉兵衛の様子は非常に変わったとリコルドは述べている。「物思いにふけり、にがりきった顔つきをし、脚に壊血病の症状が出たからこれが命とりになるんだと断言した」。カムチャツカの長官に補せられてペトロパヴロフスクへ帰って来たリコルドは、嘉兵衛らを連れてオホーツクへ赴き、同地でイルクーツク知事の書状を受けとって日本へ向うつもりだった。一方嘉兵衛はオホーツクで監禁されて帰国できぬのではないかと疑い、万一の場合は残った三人で斬り死にする覚悟になっていた。リコルドは嘉兵衛の切迫した様子に気づいて、オホーツクへ寄港せずただちに嘉兵衛らをクナシリへ送還する決心をした。そのことを告げると、嘉兵衛は正装し帯刀してリコルドの前に現れ謝辞を述べた。文化一〇（一八一三）年四月一八日、ディアナ号は日本人三人を乗せてペトロパヴロフスクを出港した。

---

(17) 柴村二二三頁。以下嘉兵衛の言動について、リコルドの手記にないものはすべて柴村による。柴村の記述は函館図書館蔵の松前奉行所への嘉兵衛の上申書にもとづいている。

ディアナ号は五月二六日トマリ湾へはいったが、今回は砲撃もなく陣屋は静まり返っていた。リコルドは来航の趣旨を伝えるため、生き残った観世丸の水夫金蔵と平蔵を上陸させたが、このことについて嘉兵衛との間に劇的な衝突が生じた。二人を上陸させるのは嘉兵衛の勧告に従ったのだから、リコルドは二人が役人の返事をもって帰艦する保証を嘉兵衛に求めた。そんなことは請け合えないと嘉兵衛はいう。リコルドは二人の水夫へ向かって言った。「クナシリの隊長に言ってくれ。もし彼がお前たちを留置して、わが捕虜の運命について何も知らせないなら、私はそれを敵対行為と認め、お前たちの主人をオホーツクへ連行する。オホーツクからは軍艦数隻がやって来て、捕虜釈放を武力をもって要求することになる。回答期限は二日間とする」。

嘉兵衛はリコルドの言葉に顔をこわばらせ、私をオホーツクへ連れて行くとおどしても無駄なことだと言い、上陸する二人の水夫を呼び寄せて、役人に告げるべき口上を授け、自分の絵姿を入れた函と大小刀を託した。これはむろん形見のつもりである。さらに、役人に書状を渡したいが、ロシア人とひと掛け合いした上で、その結果を踏まえた上で書状を書き、明後日陸地へ届けると言い渡して二人を送り出した。

嘉兵衛と水夫たちの儀式めいたやりとりと、「私をオホーツクへ連れてゆくことはできない」という彼の言葉はリコルドを大いに当惑させた。二人の間に問答が続く。「両刀をもたせてやったのはどういう訳か」。「脇差が一本あればあとは無用だからだ」。「役人への書状は遣《つかわ》してくれたか」。「遣し申さず」。「では何のため両人を上陸させたのか」。「両人を助けたかったからだ」。ここでリコルドは切れた。「さようの事に候わば、軍《いくさ》いたすべし」。嘉兵衛も引かない。「いかにも軍見及び申すべし」。「オホーツクへ連行するぞ」。すると嘉兵衛は笑い出した。「私を子ども扱いするような言いかただな。大国の人にも似げなく小さな事を申すものだ。私は頭痛がするからひと寝入りする」。

嘉兵衛は自室に戻って横になったが、これが正午頃。四時頃起き上がったので、傍らに臥していたリコルドも跳び起きた。「さっき自分が言ったことに腹を立てたのか」と問うと、「いかにも腹が立ったが、少し眠ったら腹立ちも収まった」というので、リコルドも手を拍って「私も腹を立てたが、寝たら元の通りになった」と笑う。しかしこの時、嘉兵衛には心中深く決するものがあったのである。彼はもともとロシアの捕虜となったつもりはなかった。カムチャツカへもリコルドを信じて自分の意志で渡ったという考えである。そのリコルドが自分を留置して戦するなどとおどす。自分がみすみす彼の意のままになる者であるかどうか、いまこそ示さねばならない。この度の航海に出る前にも、リコルドに対して「クナシリへ参り候時はたがいに鏑《しのぎ》を削り申すべき事もこれあり候えども、まずそれまでは無二の懇意に候」と釘を差していた。その「鏑を削り」あうときが遂に来た。

嘉兵衛は頭巾を脱いで髻《もとどり》を切った様子を示した。切った髻は二人の水夫に預けたのである。嘉兵衛は述べた。「髻を払ったのは短慮からではない。本来は去年捕らわれた時斬り死すべきところ、大勢の命にも関わることゆえ進んでカムチャツカへ参ったのだ。それなのにまたオホーツクへ連行されることになると、嘉兵衛は命惜しさにロシア人の言いなりになったのだと、わが国の人びとに思われるのも口惜しい。そう考えて髻を切って妻子への土産としたのだから、これから乗組員七二人を相手に戦って切腹する」。嘉兵衛の眼はリコルドに据えられて動かない。リコルドはいう。「それは勘免してくれ。七二人で一人を相手にしたとあってはロシアの恥辱だ」。では、貴殿一人と勝負したいがどうだと嘉兵衛は迫る。それも御免だとリコルドがかわすと、恨みを晴らすため肩先でも突かせろと脇差を抜こうとするので、心配してドアの外から様子を窺っていた士官たちが駆けこんで、嘉兵衛の腕を抑えた。嘉兵衛は隠していた火薬、火縄、火口《ほくち》などを取り出し、主従三人で二、三〇人も切り殺し、その上で焼き打ちにするつもりだったと明かした。だがリコルドの記述では、嘉兵衛が「お前さんと副長を殺して腹を切るつもりだった」と告白したのに対して、リコルドが「そんなことをせずとも、火薬庫に火をつければいいじゃないか」というと、嘉兵衛は「それは臆病者のやることだ」と答えたとあって、喜兵衛の陳述とは大いに異なっている。

それはともかく、このあと嘉兵衛はリコルドに少々疵つけたあとで自決すると叫んで、櫓にかけあがった。上陸の相談をしようとリコルドが招いても、リコルドがあがって来いと応じない。水兵たちは銃剣をとって櫓をとり巻いている。遂にリコルドは帯剣を脱して櫓に登り、嘉兵衛の手をとって許しを乞うた。「何と驚くべき名誉観だろう」とリコルドは書いている。おなじ部屋で安心して一緒に暮らし、本当に友人と思っていた男が、こんな恐ろしい考えを持っていたとは。

しかし、彼の「断乎として悲壮な意図、隠れていた度量の大きさ」にリコルドは尊敬が募るのを覚えた。

リコルドはいまや何の保留もなく日本側との交渉を喜兵衛に任せる決心をした。嘉兵衛によると、二人はその夜を徹して語りあったという。この夜リコルドは嘉兵衛の求めによって、フヴォストフ事件に関する謝罪文を書きあげ嘉兵衛に託した。ゴローヴニン抑留事件は実質上この時点で解決した。あとは手続きを履むばかりである。翌日嘉兵衛はリコルドとともに上陸した。離艦に当たって士官たちと乾盃し、上陸後五日間待ち給え、それを過ぎて返答なければ「気の毒ながら然るべく思案致され候え」と述べて、高らかに謡曲「高砂」を三度うたった。リコルドは上陸後、ハンカチを裂いて半分を嘉兵衛に与え、「この半分のハンカチを持って来る者こそ真の友人だ」と述べて彼と別れた。帰艦後リコルドは全員に戦闘準備を命じた。

翌日浜辺で白いものを振っている日本人がいた。ボートを派遣したところ案の定嘉兵衛で、乗艦した彼は高橋三平・柑本兵五郎連署の『露西亜船江相渡候御諭書』を携えていた。一読したリコルドは交渉のため早速にも箱館に赴く旨、嘉兵衛に返事を託した。

だが、ディアナ号は結局七月一五日までトマリ湾に滞在することになる。というのは、リコルドはいまやカムチャツカ長官であり、自分が釈明すれば高橋・柑本書簡の要求をみたすことになると考えて箱館行きを求めたのであるが、クナシリ在勤の増田金五郎と太田彦助は、リコルドがゴローヴニンの副長で嘉兵衛を抑留した当人であったところから、かかる紛争の当事者がロシア政府を代表して釈明することに疑義を抱き、箱舘の奉行所に処置を仰ぐことに決し、返事の到着するまでディアナ号に碇泊を求めたのである(18)。

嘉兵衛はその間三日に一日は来艦した。その度にこれだけしかとれなかったと言って魚を十数匹持参する。嘉兵衛の友情というソースのかかった魚はリコルドにとって何物にも優るご馳走だった。そのうち嘉兵衛はゴローヴニンとムールが連署した手紙をもたらした。全員生存して松前にいるという。リコルドは「一生のうちで最も愉快な日だった」と書いている。嘉兵衛が退艦するとき、全将兵が「ウラー」と斉唱した。リコルドはいう。「ヨーロッパの文明人諸君よ。諸君は日本人を狡猾兇悪で、復讐心が強く、甘美な友情などゆかりもないものと考えているが、それは間違いだ。日本にはあらゆる意味で人間という崇高な名で呼ぶにふさわしい人びとがいる」。

七月一三日になって松前から高橋三平と柑本兵五郎が出張して来た。二人は嘉兵衛を介してリコルドに新たな「教諭書」を交付した。それは(一)責任ある役人の弁明書を改めて持参すること、(二)フヴォストフが掠奪した武器類を返還すること、(三)もしその所在が明白ならざる場合はオホーツク長官の弁明書を差し出すことを要求していた。(二)と(三)がロシア側の誠意を確かめるための要求であることはいうまでもない。リコルドは全面的に承服し、本年中に弁明書を箱舘へもたらすことを約して、七月十五日、オホーツクへ向けて出帆した。

高橋と柑本はリコルドと会わなかった。会って議論になるのを避けたのであろう。ゴローヴニンから「善良で優しい男」と評された高橋三平は服部備後守への書状によるとけっしてあまい人物ではなかったようだ。彼はクナシリ来航の事情に関するゴローヴニンの陳述を信ぜず、ロシア側に手を替え品を替え通商の実現を計る意図があるものと疑っていた。この際「交易の念慮を断ち切」るために、よくよく言い聞かすべきだというのが彼の考えだった。(19)

高橋三平の一行はクナシリまで出張したとき、ロシア水兵シーモノフを伴っていた。おなじロシア人の口から捕虜たちの現状を聞かされると、リコルドらも安心するだろうと考えたのだ。ところがこのシーモノフが、天下国家のことなどまったく無関心な、典型的なロシアの農奴《ムジーク》だったのである。ゴローヴニンは帰って来たこの水兵から、ヨーロッパの最新のニュースを聞きたかったが、さっぱり要領を得ない。彼がナポレオンのモスクワ占領を知ったのは役人たちの口からで、彼らはそのニュースをオランダ人から得たのである。彼は憂心に閉ざされた。彼がナポレオンの悲惨な撤退を知らされたのは、リコルドの箱館来航以後のことだった。

八月一三日になると、ゴローヴニンたちは奉行所に呼び出され、奉行服部備後守から、「リコルドが約束の釈明書を持参したならば、その方らを帰国させるつもりであるが、そろそろ渡来の時期も近いので箱館へ差し遣わす」と言い渡された。そのあと連れて行かれたのは脱走前に住んでいた家で、もはや番人はつかず、自分たちが客として扱われるようになったことをゴローヴニ

(18)『通航一覧』第八巻四八、九頁(巻三百十)
(19)同右五七、八頁(巻三百十一)

ンは実感した。役人たちが訪ねて来て祝いと別れの言葉を述べる。彼らはみな「心からの満足と喜悦を浮かべていた。人間愛に富んだこの日本人の態度には、涙の出るほど感動を受けた」とゴローヴニンは書いている。箱舘出発の日には、松前の住民は大人も子どもも行列を追って別れを惜しんだという。箱舘には馬場佐十郎と足立左内もやって来て、ゴローヴニンに付ききりで、少しでも多くの知識を吸収しようと努めた。あの太田彦助も訪ねて来た。以前とは打って変わった態度で、「ご健康はいかがですか。間もなくご帰国でおめでとう」と丁寧に挨拶した。

オホーツクへ帰ったリコルドは、オホーツク港務長官ミニツキーの釈明文と、イルクーツク知事トレスキンの書簡を受領し、通訳キセリョフを乗艦させて出航した。キセリョフとは仙台若宮丸の漂民でロシアに帰化した善六のことである。九月一七日、ディアナ号は箱舘湾へはいった。するとど四方八方から見物人を乗せた小舟にとり囲まれた。外国船の入港は二〇年前のエカチェリーナ号以来だったから、先を争って見物におし寄せたのである。舷側で同心たちが十手を振るって彼らを押し返す。彼らがそうしてくれなければ、ディアナ号は見物人に占拠されるところだった。小舟は円陣を作ってディアナ号をとり巻いた。前列の舟が好奇心を満たして立ち去ると、後列の舟がそれに替わるのである。高田屋嘉兵衛はすでにディアナの入港時、小舟に乗って来艦していたが、翌日また訪艦し、わざわざ衣裳を改めて自分が応接係に任じられたことを告げ、ミニツキーの松前奉行支配吟味役宛の文書を受領した。トレスキンの松前奉行宛公文はリコルドが直接役人に渡すつもりだった。吟味役高橋三平・柑本兵五郎との会見については、リコルドと嘉兵衛の間で細かく打ち合わされた。嘉兵衛は水兵が銃を携行することに難色を示したが、リコルドは銃は日本人にとっての刀のようなものだと押し切った。嘉兵衛は会見場では靴を脱いでくれという。この「奇怪な要求」にはリコルドも面喰らった。正装帯剣して靴なしという不恰好にはたえられない。長靴を脱いで短靴に履き替えるというのはどうかと提案すると、嘉兵衛は喜んだ。短靴を革足袋と解釈すればそれでいけるというのだ。会見には通訳キセリョフを伴う。リコルドは彼が日本人と見破られ捕らえられはせぬかと心配した。しかし、キセリョフは怖れることはない、自分は日本人ではないと言い放った。本番の会見で役に立てないなら、何のためここへ来たのかわからぬというのだ。リコルドは九月一九日、高橋・柑本両吟味役と会見、トレスキンの松前奉行宛公文を手交した。

ゴローヴニンとの面会も実現した。日本側が作ってくれた絹服を着こんだ「異様な服装」のゴローヴニンを、もし長年一緒に勤務して熟知していなかったら、それと見分けられなかっただろうとリコルドは言っている。感無量で抱き合ったあとは、何から話してよいかわからない。役人たちは隅の方へ行って自分たちの話にふけっていた。むろんこれは二人の感激の再会を妨げまいとする彼らのデリカシーである。

このときゴローヴニンは、イルクーツク知事の書簡は事情不分明のまま書かれたものであるから、日本側はオホーツク長官の書簡に対してのみ回答することをリコルドに言い含めよという吟味役の内意を伝え、リコルドはイルクーツク知事書簡が不行届きである旨を認める釈明文を書か

上陸したロシア人、右端がキセリョフ善六

された。リコルドとしてはゴローヴニンたちを引き取れさえすれば、大抵の要求は呑むつもりだったろう。日本役人がイルクーツク知事書簡を忌避したのは、文中に日本政府が人倫の理を破却すればロシア政府は大国の力をもって欲することをなすであろう[20]という、威嚇的言辞が挿まれていたからだと考えられる。

九月二五日、ゴローヴニンらは奉行所で奉行から『松前鎮台より喩《さとし》』を読み聞かされた。この度ロシア官憲の釈明書を得たのでその方を帰国させる、ただし国交・通商が厳禁であるのは従来通りというのである。奉行は別に自分の祝詞も用意していて、記念にするようゴローヴニンに渡した。一同の上官として心労されたが念願を達されてよろこばしい。当方はなるべく鄭重を期したのであるが、貴国の習慣を知らぬため意に反することもあったかも知れぬ。祝詞はこう述べて「真に正しき事はいずれの国を問わず正しきものと認められる」、このことも貴国に伝えられたい、一路平安を祈ると結ぶ。徳川官僚の儒学的普遍主義はこの祝詞にも表れた。吟味役たちも賀詞を寄せ、文中「惜別の情に堪えず候」とあった。

翌二六日、リコルドは上陸して高橋・柑本両吟味役から『松前鎮台より喩』と『松前吟味役より覚』を受領、ゴローヴニン以下八名の捕虜をディアナ号へ引き取った。二年三ヵ月に及ぶ捕囚は終わったのである。『吟味役より覚』は、ラクスマン・レザーノフの両使にわが国法を言い聞かせたが、よく了解しなかったようなので再度申し渡すと前置きして、キリシタン禁制の趣旨を述べ、「此後交易を乞うの念を絶つべきなり」と結ぶ。レザーノフの渡来以来、幕府官僚と民間に根強く存在していた対露開国論はここに命脈を絶たれた。

日本側はディアナ号に大量の食糧を無償で贈って来た。リコルドがこんなに要らないと断ってもだめである。ディアナ号の乗員が積みこみに苦労しているのを見ると、大勢の日本人が手伝ってくれた。見張りの同心も今日ばかりは追い払わない。「思想も教養も無限に異り、その生国において地球の半分もあい距たった人びとが、この時ばかりはひとつの民族に生まれ変わったかと思われた」とリコルドは書く。「お互いにやさしく賑やかに、軽口を叩きながら助け合ったので、一人一人が潑剌としてみえた。……この日は両隣接国民の友誼を表明しあった大祭日ということ

(20) 同前九〇頁(巻三百十三)

ができた」。

ゴローヴニンは陸から送って来た荷物をといた。中には「われわれの所持品の服やシャツ類や金その他、ぼろ布一枚ボタンひとつ残らずすっかりはいっていた」。そのひとつひとつに持ち主の名が書いてある。剃刀函についている鏡が割れていて、その破片が袋に収められ、鏡がついていることを知らなかったので道中割れてしまって申し訳ないという陳謝文が添えられていた。徳川官僚の物品管理は水も洩らさぬ手際だった。

九月二九日、ディアナ号は箱舘湾を離れた。高田屋嘉兵衛が曳き舟を率いて先導した。通訳や官吏も舟に乗って見送った。別れに臨んでロシア将兵は「ウラー」と歓呼した。とくに嘉兵衛に対しては「殊のほか力を入れて『大将、ウラー』と三唱した」。リコルドらはつねづね嘉兵衛を「タイショウ」と呼んでいたのだ。嘉兵衛は小舟の上に立ち上がり、空に手を突きあげながら「ウラー、ディアナ」と叫んだ。ゴローヴニンは「われわれがあれだけの不幸を嘗めた陸岸、ヨーロッパ人から野蛮人と呼ばれている、平和な住民たちの寛仁大度をあれだけ味わわされた陸岸が、ぐんぐん遠ざかって行」くのを眺めた。われわれを釈放したのは日本人が臆病で、われわれの報復を恐れたからだという見方もあるかもしれない。だが、それは違うとゴローヴニンは思った。彼の二年余の経験は、自分たちの釈放が「全く日本人の人間愛に根ざすもの」であることを告げているのだった。

エピローグ

リコルドはロシア人捕虜の受けとりの他、日露友好関係の樹立と国境確定について交渉すべくイルクーツク知事から訓令を受けていた。だが彼はゴローヴニンとの協議の結果、いまは時機が悪いという結論に達した。松前奉行はかかる問題に関して権限をもたないから、江戸の指示を仰ぐことになり、そうすれば日本の慣例上やりとりに何カ月かかるかわからない。従ってディアナ号は箱舘で冬営せざるを得ず、レザーノフの例からして冬営中は捕虜同様の状態に陥ることになる。そういう事態は避けるべきだというのである。

しかし、彼らはこの訓令をまったく無視することもできず、ディアナ号出航の当日、見送りの幕吏に二通の書状を託した。一通はイルクーツク知事から松前奉行へのロシア人釈放に対する感謝状で、末尾で日露両国の和平懇親のための会談をいつ開いてもらえるかと問うていた。これは知事トレスキンからリコルドがあらかじめ預かっていたのだが、問題が国交樹立にわたるため、ギリギリまで手交をためらったのである。もう一通はゴローヴニンとリコルドの連署による吟味役宛書状で、トレスキンへの答書を受領すべく、来年六、七月のうちにエトロフ島北部へ非武装ロシア船を派遣するとあった。

幕府からすると国交は問題外で、そのことはこの度も厳しく言い渡してある。だからこの二通の書簡に対しては、国境問題だけ議題としてとりあげる方針で対応することにした。その際日本側で用意した回答は、日本はエトロフまで、ロシアはシムシリまでを領土とし、エトロフ・シムシリ間の諸島はウルップを含めて中立地帯とし、互いに人家を設けないというものである(1)。

翌文化一一（一八一四）年六月八日、高橋三平は右の方針を携えてエトロフに着いた。ロシア側のいう六、七月は邦暦の五、六月に当る。高橋が聞いたところでは、五月二四日エトロフ沖合に異国船が現れたという。どうも行き違いになったらしい。ロシア側の記録では、この年トレスキン書簡への回答を受けとるべく、ノヴィツキー航海士の指揮するボリス・イ・グレブ号をオホーツクからエトロフ北岸へ派遣したが、むなしく引き返したとある(2)。高橋は吟味役を一人エトロフに張りつけてロシア船を待たせるわけにもゆかず、しかもロシア側には手を替え品を替えて交易を求める下心が見えるので、今後はクナシリで応待するのがよろしかろうと上申した。来るならクナシリまで来いというわけで、こちらから積極的にロシア側の会談要望に応える必要はないと判断したのである。

（1）『通航一覧』第八巻一二〇頁（巻三百十五）
（2）ファインベルク一四五頁

文化一三（一八一六）年八月、ロシア側は日本人漂民六名を送還するため、スレドニー航海士を船長とするパーヴェル号をエトロフ島へ派遣したが、濃霧と強風のために接岸できず、漂民に小舟を与えて帰還させた。スレドニーはイルクーツク知事の書簡を携えており、機会あれば日本役人と交渉の糸口をつかむつもりだった。(3) この度の漂民は文化一〇年北千島に漂着した薩摩国永寿丸の生き残り三人と、漂流中文化一一年に英船に救助されてアラスカのシトカへ送られた尾張国督乗丸の生き残り三人で、うち一人は船中で死亡し、残り五名が与えられた小舟でエトロフに帰着したのである。

こういった事例を見ると、ロシア側は何とか接触の機会をつかもうとしながらも、日本側のガードの堅さに手を焼いていたことがわかる。一八一六年、シベリア総督ペステリは日本との交渉はもっとよい時期が来るまで延期した方がよろしいと上申し裁可を得た。(4) イルクーツクの日本語学校が閉鎖されたのもこの年である。日本との通商樹立の試みはその後露米会社によって続けられた。露米会社は支配人バラノフの努力によって何とかアラスカ植民地を維持していたが、物資供給も広東における毛皮販売も英米船舶に頼らざるを得ない窮境を打開するために、ふたたび日本へ眼を向けたのである。一八二八年にはウルップ植民も再開された。

会社が越後国五社丸の漂民を、オルロフ少尉のウナラスカ号で送還させたのは一八三六（天保七）年のことである。オルロフはアツケシに至ったが砲撃を受け、エトロフに漂民三名を上陸させて退去した。一八四三（天保一四）年には、ガヴリーロフ少尉のフロムイセル号によって越中国長者丸漂民をエトロフに送還した[5]。会社は漂民送還によって日本政府筋に好感を与えようとしたが、たとえば一八三六年の送還に当たって、ロシア政府から「日本当局と公式接渉にはいらぬこと」「日本人の疑惑を招くようなことは一切避けること」と訓令されており[6]、このような及び腰では日本側のガードを破るなど思いもよらなかった。要するにロシア側は日本と交渉の糸口をつかみたいものの、紛争によって事態が悪化するのを怖れて、一歩踏みこむことができなかったのである。リコルドに与えられた「此後交易を乞うの念を絶つべきなり」の一語の効き目は大きかった。

政府筋を見れば、のちに長崎を訪れることになるプーチャーチン海軍少将は一八四三年、日本との国交樹立のため探検隊を派遣する計画を上申し、いったんニコライ一世に裁可されたが、総理大臣ネッセルローデの反対でこの計画はつぶれた。翌年、こんどはクルーゼンシュテルン提督が対日関係樹立計画を上奏したものの、容れるところとはならなかった[7]。反対者はいずれも費用に対して可能性が薄いとみたのであるが、それだけ日本との国交に熱意を持たなかったというべ

(3) 同右一四六頁
(4) 同右一四六頁
(5) 同右一四九頁
(6) 同右一四八、九頁
(7) 同前一五〇、一頁

きである。

以上のなりゆきを見るなら、南進するロシアと北進する日本のせり合いは、リコルドのゴローヴニン釈放交渉によって一段落とし、その後はエトロフ・ウルップ間に境界を置く勢力圏の確定によって、ひとまずの安定をみるに至ったといえる。カラフトにおける勢力圏が問題になるのはまだ先のことであった。ロシア側による漂民送還が交渉の糸口を開くものとならなかったのは上述の通りである。交渉がなければ紛争も生じない。『徳川十五代史』がゴローヴニン釈放後「魯船復《また》来らず、北辺静平なり(8)」と述べたのは正確ではないが、大勢はその通りだった。翻って日本を見ると、前述したように文化年間には、たとえば荒尾成章を初め幕吏の間には、ロシアと通商を開いてしかるべしとする意見がかなり強力に存在した。大黒屋光太夫以来のロシア知識の蓄積も、ゴローヴニンとの接触を通して、馬場佐十郎や村上貞助によって飛躍的に増大した。ゴローヴニンの『日本幽囚記』は、彼の在獄が日本人・ロシア人双方に成熟の機会を与えるものだったことを如実に物語っている。しかし、このような日本人の国際意識の成熟も、ゴローヴニン送還時の「ふたたび来《きた》ることなかれ」の一語でもとの木阿弥に逆戻りしてしまった。「北辺静平」によって喪われたものは大きかったのである。

それにしても、荒尾成章の右腕とみなされ、ゴローヴニンからはものの分かった日本人と評され、のちの長崎奉行時代にはシーボルトの研究・診療活動に特別の庇護を与えたかの高橋三平重賢が、幕閣に対する上申書で、ロシアの国交・通商打診に対する警戒を強調しているのをどう理解すべきだろうか。彼はたんに融通の利く能吏で、荒尾のような高い見識とは縁がなかったのだろうか。あるいは彼は、ロシアとの紛争が戦争にいたることを怖れるあまりに、交渉を絶つのを最上策とみなす平和主義者だったのかもしれない。彼がロシアとの通商を望む高田屋嘉兵衛の親友だっただけに疑問が残る。

文政四（一八二一）年、松前家は旧領に復帰した。幕府は直轄した蝦夷地をあげて松前藩に返還したのである。松前家が時の老中水野出羽守忠成に賂いして事を実現したというのが定説である。水野は賄賂をとりこむので当時有名だった。だがこれには異説もあって、『東湖見聞偶筆』は次のように伝える。「初めこの事は水野出羽も知らず。道広が将軍の父、一橋同公（治済）に送賄し、将軍を動かさしめたるならんと。当時松前奉行高橋三平も前日まで夢にも知らず。而して数日前に水野出羽より右高橋に問合せあり、それは蝦夷公辺御持にて御用途何ほどなりやというにあり。奉行は取調べて返答したるが、役人給料その他用途を差引きても、漁場大いに開けたれば、一万何千両の御益金ある勘定なりし由。されば公辺の費用続かずして、松前復領になりたりというは偽りにて、全く賄賂より御仁恵になりたるなり」[9]。

この幕府の蝦夷地経営が財政上黒字だったというのは事実であって[10]、結局蝦夷地直轄を放棄し

（8）木崎Ａ一四二頁より再引
（9）『北門叢書』第五冊一一五、六頁
（10）『新撰北海道史』第二巻五一四頁

たのは、松前家の運動もさることながら、北辺への警戒意識が薄れたからというほかはない。つまり、ロシア船の脅威が消失した。蝦夷地のエクスパートたる幕吏たちに、アイヌを松前藩と請負商人の結託による苛政から救済するという使命感があったのは確かだ。しかしこれも、蝦夷地の警衛という至上命題とセットとなった意識で、その警衛が喫緊事でなくなったからには、アイヌを庇うためだけに蝦夷地を直轄する気になれなかったのは当然である。

幕府は蝦夷地を松前藩に返すに当たってアイヌに布告し、松前領になったからといって、これまで公儀が取り行った通りにして、変改することのないよう松前志摩守に言い渡してあるから安心せよと申し渡した。松前藩もまた「これまでの御主法」を守るから安堵せよと布告した[11]。しかし通史は、これより幕府が折角行った諸改善は逆戻りして、請負商人の非道がさらに甚だしく、アイヌは逆境に突き落とされたと述べる。果たしてそうだろうか。

安政二（一八五五）年二月、幕府は松前藩から福山城周辺を除く東西蝦夷地を上知せしめ、再び直轄とした。これは前年、日米和親条約に基づき箱館を開港するに伴い、箱館周辺の土地を召し上げて箱館奉行所を置いたのに続く措置である。これによって幕吏は、久しぶりに蝦夷地を調査し、その結果アイヌの窮状が広く知られるに至った。その先頭に立ったのが松浦武四郎である。武四郎は伊勢国の郷士の家に生れ、若年の頃から日本全国を遊歴した。蝦夷地に初めて渡ったのは弘化二（一八四五）年、安政二年には幕府の雇いとなり、以来くまなく蝦夷地を跋渉し、厖大な記録を残した。彼が記録したアイヌの窮状の一例をあげよう。

松浦武四郎

「舎利《シャリ》アバシリ両所にては、女は最早十六七にもなり、夫を持つべき時に至ればクナシリ島へ遣《や》られ、諸国より入来る漁者、船方の為に身を自由に取扱われ、男子は娶《めと》る比《ころ》にならば遣られて昼夜の差別なく責遣《せめつか》われ、その年盛りを百里外の離島にて過す事故、終に生涯無妻にて暮す者多く、男女ともに種々の病にて身を生れつかぬ病者となりては、働き稼ぎのなる間は五年十年の間も故郷へ帰ることなり難く、また夫婦にてかの地へ遣らるる時は、その夫は遠き漁場へ遣《つかわ》し、妻は会所または番所等へ置きて、番人、稼人の慰み者としられ、いつまでも隔て置かれ、それをいなめば辛《から》き目に逢うが故、ただ泣く泣く日を送る事なり(12)」。

これはシャリ・アバシリだけのことではない。武四郎の著述『近世蝦夷人物誌』には、長期間労働力として徴発されるために、アイヌ集落が衰微する例が多数収録されている。むろんこれは人口の減少につながる。武四郎は文化・文政年間から安政にいたる間の各地の人口減少ぶりをこと細かに伝えている。そのいくつかを紹介しよう。〈厚岸〉八〇四→二〇六 〈夕張〉八六八→七

(11) 同前五四二、三頁
(12) 松浦武四郎『知床日誌』(『松浦武四郎紀行集』下巻) 四八七頁

二〈山越内〉五〇〇余→三七〇余〈久遠〉七六→一六〈根室〉八九一→五八〇〈網走〉一三二六→三五〇〈エトロフ〉二〇〇〇余〈寛政年間〉→四三九〈留萌〉四七二→二一〇余〈紋別〉一一三六→六七三。

もっとも幕府直轄時代も人口の減少は見られた。紋別では安永年間には人口三千余人だったのが、松前復領の時点ですでに一一三六人に減っていたのである。だが、アイヌの人口減少は松前藩が請負商人に苛酷な労働力徴募を許していることに主な原因があると武四郎は見ていた。娘と若者、夫と妻が引き離されては、子のできようはずがない。

だから彼にとって、安政二年幕府が蝦夷地をふたたび直轄したのはアイヌにとって福音たるべきだった。日本海岸苫前《トママイ》運上屋のニトシロウクが幕府直轄時代のことをよく覚えていて、「通行の人びとまでも土人等をいたわり土産等下されしことを語り聞」かせたとき、武四郎は嬉しかった。[13]また厚岸《アツケシ》場所の金太郎というアイヌが、久しぶりに会った幕吏に対して「座して落涙し、公料の御役人と聞かばなつかしともいとも有り難しとも申上げがたしと平伏」したという話も武四郎は録している。[14]

アイヌの窮状を告げているのは彼だけではない。安政三年、老中堀田正篤の命で蝦夷地を廻った窪田子蔵の報告書『協和私役』には、斜里のアイヌが次のように訴えたとある。「運上屋我らを虐使する事殊に甚し。春二月鯡漁初めてより、引続き夏は昆布とりまた鮑《あわび》とり、秋は鮭漁、その間には魚漁の支度、網の繕い等まで、紛紜《ふんうん》限りなき事にて、漸く十一月に至りわが家へ帰る事を得るなり。かくの如くに骨折り勤め候ても、運上屋我らに報ゆるに木綿一反あるいは青銭六貫文に過ぎず。昨年利尻島へ行き役をとり、三、四月勤め候ても一銭の報いも与えず。あまりかくの如き事甚しく打ち続き候えば、この節は自然漁事勤むる者これなく、大概は打ち捨て置き候」[15]。

しかし、幕吏の主張する松前藩＝請負商人のアイヌ搾取に対する幕府のアイヌ保護という構図を、そのまま受け入れる研究者は今日では少ない。たとえば武四郎が稼ぎができる者はすべて宗谷・利尻に連行されたとする紋別領について、最近の研究では出稼ぎに駆り出されていた者は、一五歳以上五一歳未満の青壮年者層のうち五割にすぎないことが明らかにされた[16]。アイヌが自らの意志で遠隔地に出向き漁猟や貿易を行う場合もあった。これを「自分取出稼《じぶんとりでかせぎ》」というが、蝦夷地全般にわたって見られた現象である。

つまりアイヌは商人に泣く泣く連行されるような無気力な存在だったのではない。運上屋に一種の強制力があったことは否めないが、就労を拒否して自立する途もあったのである。武四郎が録した挿話でも、石狩川上流の忠別に住むイキッカという青年は、支配人と番人の非道が見ておれないというので、山に籠もって暮らしている。彼のいうには、山では獣は食い余すほど、毛皮

---

(13) 松浦武四郎『近世蝦夷人物誌』(『松浦武四郎紀行集』下巻)七九頁
(14) 同右一七三頁
(15) 窪田子蔵『協和私役』(『日本庶民生活史料集成』第四巻)二四六頁
(16) 谷本晃久『アイヌの「自分稼」』(菊池勇夫編『蝦夷島と北方世界』)二〇四頁

は着余すほど手に入るし、秋になれば鮭鱒が川を登ってくるから、それを囲っておけば冬も何の苦労もない[17]。また、エトロフ島のナイホのシタエホリというアイヌは、交易所からの命令を少しも聞きいれず、「わが親までは肉食皮服の徒なるに、われ何ぞあえて綿衣穀食を欲せん、肉を喰て皮を被るべきなり」といって、一粒の米も喰わず、一本の小刀で彫り物を作り、食尽きれば海で漁をしていた[18]。

請負商人の暴状については、武四郎のみならず窪田子蔵の日録でもしばしば言及されている。しかし、窪田の口振りには武士の根っからの商人不信、もしくは侮蔑がうかがえるようだ。商人のすべてが収奪しか念頭にない酷薄な人間だったとは信じられない。現に武四郎自身、留萌《ルルモツペ》の支配人四郎兵衛はつねづね「ここの土人らこそ皆わが子供なり」と言って、行き届いた世話をしていたことを記録している[19]。また、久遠《クトウ》の請負人石橋松兵衛はアイヌを犬馬のように酷使する非道ぶりで有名だったが、松前城下では誰ひとり取引きをする者もなく、人びとからうしろ指を差されて松前に住むこともできなかった[20]。

また、番人らのアイヌ女性への性的暴行についても、太平洋岸の白糠《シラヌカ》では、一人でもそのようなことをする番人がいれば、四二軒、三百余人のアイヌが団結して、その番人を責めたてるので、そういう例は見られないと、これも武四郎自身が述べているのだ[21]。大内余庵は安政三年、蝦夷地御傭として現地に足を踏みいれたのだが、当時エトロフで稼ぎ方の和人が漁期終えて帰るときに、アイヌメノコが歌う唄を聞いた。その歌詞の意は「今年シャモ地へ別れゆきて、来年また来るや来らざるや知れず、しかしそなたばかりがシャモにはあらぬぞ。またほかのシャモと寝るほどに」というのだった。メノコは泣く泣く和人の意に従っていたばかりではなかったのである。[22]

松前藩の統治についてももちろん様ざまな批判はできるにしても、幕吏がいうほど投げやりで出鱈目なものだったとは考えられない。彼らがアイヌ社会の実情をよく知っていて、なるべく不干渉の方針をとったのにはよい点があった。高倉新一郎はアイヌ集団が特定の川の漁業権をめぐって争う「川論」の事例を三つ研究しているが、そのうち二つは幕府の裁定で、一つ目はアイヌの慣習を無視したため、二つ目は慣習に頼りすぎたため調停に失敗したのに対して、松前藩が扱った事例はみごとに解決した。高倉は「さすが老練」と評している。[23]

しかしアイヌ社会の衰運は何よりも人口に雄弁に表れている。文政五（一八二二）年に二万四三三九名であったものが、安政元（一八五四）年には一万八四二八名にまで減った。これは疫病

(17) 松浦『近世蝦夷人物誌』九八、九頁
(18) 同右一三五、六頁
(19) 同右一七六頁
(20) 同右六九頁
(21) 同右一五八頁
(22) 大内余庵『東蝦夷夜話』（『北門叢書』第五冊）四〇四、五頁
(23) 高倉『アイヌ研究』二一六、七頁

の流行のせいもあるが、日本商人の資本が蝦夷地を掌握する度合が深まるにつれて、アイヌ社会の単位たるコタンが崩壊しつつあったことを示すものにほかなるまい。蝦夷地の物産は鰊《にしん》の〆《しめ》粕《かす》が近畿の綿作の肥料となり、煎海鼠《いりこ》、干鮑《ほしあわび》等のいわゆる俵物が長崎貿易の輸出品となるなど、一九世紀前半の経済発展に重要な役割を果たした。幕末に西洋人が訪れて感嘆した日本の市場経済のゆたかな展開の蔭にはアイヌ民族の苦難と衰亡があった。

マルクス主義の立場からアイヌ史を叙述した奥山亮は、「アイヌ社会全体が強く交易に依存して、その自主性を失い、その不等価交換が全アイヌ社会の貧困化をもたらし、ついには政治的服従へと陥ちこんでゆくことを余儀なくされたという点(24)」が重要だという。A・G・フランクらの新従属理論にも通じる論点で、事の一面はたしかに衝いている。しかし、アイヌの労働と生活が日本人商業資本によって編成され規定されたといっても、彼らの中には、日本との交易に依存せず、従来の生活様式を守ろうとする気概のもちぬしは存在したし、交易活動の自主性を保とうとする努力もあった。交易と従属の関係はもう少し慎重な検討を必要としている。

アイヌ民族に衰亡を免れる途は存在したのだろうか。その唯一の方途がアイヌ民族国家の樹立であったことは明白である。一七世紀初頭、特産品をもって漢民族と交易して力を蓄えた満州族は、大清国を樹立して漢民族から自立した。アイヌにその途が閉ざされていたとは理屈からすればいうことができない。しかし、アイヌはウタレを率いる有力者以上の上部権力を生み出さなかった。ましてや全コタンを統一する国家権力など、夢想だにしなかった。また、仮にアイヌに民族国家樹立の機会があったとしても、それは一九世紀初頭の幕府の直轄によって永遠に失われた。幕吏はたしかに商人資本の手からアイヌを保護しようとしたが、それは同時にアイヌを日本臣民化し、二級の国民として徳川国家に包摂することにほかならなかった。幕府の慈恵を受けいれることで、アイヌは自立の途を完全に失ったのである。

しかし、民族国家には明暗が伴う。アイヌには国家形成の能力がなかったのではなく、その意志がなかったのだ。この点において、アイヌは今日なお類いない光芒を放つ。忘れてはならぬが、初めてアイヌ社会を実見した本土の日本人たちは、国家をもたぬアイヌのありかたに羨望と郷愁をおぼえた。古川古松軒が「日本も上古は蝦夷の地にかわりし事は少しもなく、無為にして太平なりしものなり。今の蝦夷地には領主・地頭というものもなく無為にしておさまり、直なる風俗はうらやましき事なり(25)」と述べ、最上徳内が「貢物なき国なれば、租税を出す心配もいらず。金銭通用せざれば、金銀を儲け貯ゆる貪欲も起らず。……故に明る日も明る日も、悠々緩々として逍遥の楽をなして日をくらし、麁《そ》食《しょく》 麁《そ》服《ふく》にして、敢て厭はず、至て直にして愚かなる者なり(26)」と書き、『近世蝦夷人物誌』弐編に序文を寄せた王匣外吏が「アイヌの人びとは樹皮や毛皮を身につけ、草の根をゆでて食い、茨の戸口を立てた犬小屋のような住まいに、夫婦兄弟が雑居して

(24) 奥山亮『アイヌ衰亡史』(みやま書房・一九六六年)三五頁
(25) 古川一六八頁
(26) 最上『蝦夷草紙』凡例

暮らしている。にもかかわらず、彼らが孝行、貞節、信義、節操の美徳にすぐれているのはなぜであろう。いわゆる木訥《ぼくとつ》は仁に庶《ちか》しということか。あるいはまた、生まれつきの美しい性質のために物欲に動かされぬからであろうか[27]」と嘆賞したとき、彼らはいずれも、自分たちが領主・地頭、金銀に縛られて生きる民族国家の一員たることを苦く自覚させられたのである。

しかし、アイヌの生きかたにある種の賛嘆の念を抱いたのは日本人ばかりではない。日本遠征の帰途、樺太アイヌと接触したクルーゼンシュテルンも彼らの魅力の虜となった一人である。彼はいう。「アイノ人個人の特性は心のよさであり親切である。彼等の容貌また手足の動静さえも、何か内に素朴なる貴いものをつつんでいることを示すようである」。彼はアイヌの家族の中に「最も幸福な調和、あるいはほとんど完全なる平等を認めた」。数時間その家に滞在したのに、彼は誰が家長なのか見分けることができなかったのである。「この和合、及び彼等の間にいたるところ漲っている静けさ、それは人をして彼等に対して最も好ましい感を催せしめる。いかなる場合にも決して騒がしい談話、無節制な笑い、いわんや喧嘩のごときものをいささかも認めることができなかった。しかもこれらすべてよりさらに驚くべき事は、実に彼等の節制の徳であった。彼等は決して何ものをも要求せず、また彼等に与えられたものをさえ多少の疑いをなしつつ受納する[28]」。

クルーゼンシュテルンはアイヌの「これらの真に稀有なる性質」が、何らかの文化的洗練のせいではなくて、「全く単に彼等の自然のままの性格の刻印」であるように感じた。そして「アイノ人を以て予が今まで知ったすべての民族中最良のものであると考えるに至った」(29)。家族成員の平等と和合、物欲の薄さ等々、見るところは日本人幕吏と一致する。その徳目はまさにアイヌがまだ国家という人間の組織形態を知らぬところから生じた。そして、彼等はまたそのためにこそ衰亡の運命をたどらねばならなかった。だが、衰亡というのも国家の枠組からそう見えるだけのことかもしれない。藤村久和によると、どうもアイヌは日本国民の顔をしながら、あくまでアイヌとしていまでも生き続けているようなのである(30)。

(27) 原文漢文、口語訳は『アイヌ人物誌』(平凡社ライブラリー・二〇〇二年)による。玉匣外吏については不明。
(28) 『クルウゼンシュテルン日本紀行』上巻四一七〜四二九頁
(29) 同右四二九頁
(30) 藤村『アイヌ、神々と生きる人々』、梅原猛・藤村久和『アイヌ学の夜明け』(小学館ライブラリー・一九九四年)

あとがき

このようないわゆる北方史を書くことになろうとは思ってもいなかった。ラクスマン、レザーノフ、ゴローヴニンらの日本とのかかわりについては、以前から関心があり、文献も多少は目を通していたけれども、松前藩やアイヌについては掻い撫での知識しか持っていなかった。熊本日日新聞の松下純一郎氏から連載の依頼があったとき、首をひねった挙句、ロシア・日本・アイヌの北方三国志を書きましょうと答えたのは、いかなる魔に魅入られたのか。やはり、それまで読み覚えていた蝦夷地の歴史に独特の魅力を感じていたからであろう。

熊日夕刊に二〇〇八年七月一〇日から二〇〇九年九月二四日まで週一回連載し、六三回を数えた。その間担当した富田一哉、藤本英行両氏にこの際謝意を表しておきたい。また中村賢次画伯に毎回素晴しい挿画を戴けたのもありがたいことであった。

この仕事には準備期間から連載終了後の補筆・修正にいたるまで、一年八カ月ほどしか時間をかけていない。私はいま七九歳、まだ頭も手も使いものになると自信を新たにできたのは、何よりのことだった。

私は先年『逝きし世の面影』という著書を出したが、それに「日本近代素描Ⅰ」という総タイトルを付した。本書はそれに続く第二巻ということになるが、この際「日本近代素描」というタイトルは付さぬことにした。本書は時代からいえば前著より一〇〇年ほど溯っているし、「近代」と呼ぶのも妙なものだからである。ただし私は日本史における近代概念は再吟味される必要があると考えている。近代国民国家の属性たるナショナリズムは、日本の場合も一八世紀末には姿を現わしているからである。

いずれにせよ、「日本近代素描」という誇大妄想気味の総タイトルはこの際放棄することを、おわびとともに断わっておく。しかし、日本の近代を自分なりの角度からデッサンしたい思いは絶ちがたい。いつボケても不思議のない齢ではあるが、頭のかなうかぎり、幕末・明治から昭和にかけて、あといくつか物語を書きたいと思っている。

それしか最早望みのない私ではあるが、なぜ老軀を鞭うってまで本を書かねばならぬのか、疑いが兆すことがないでもない。本から生れた本太郎たる己れの滑稽な宿命といえばそれまでだが、歴史という物語を編む楽しさが捨てがたい。史料からエピソードを拾い出す楽しみといってもよい。むろん、読んでいるときが楽しいので、いざそれを書くとなると労役だが、田畑を耕したこともなくオマンマを喰らっている身としては、それくらいの労役は死ぬまで己れに課して当然だ。ただ、最早公害ともいうべき書物の氾濫に加担する罪軽からず、この身がちぢむ。

タイトルについてはなやんだ。「黒船前夜」というと、琉球関係をはじめもっといろいろなことがあるわけで、表題に偽りありありという気がする。だが名案もないままに、サブタイトルを付した上、熊日の松下氏がつけてくれた連載時の表題に従うことにした。
付言すれば、むかし『評伝　宮崎滔天』を出してくれた小川哲生さんの編集者としての最後の仕事にこの本がなったことは、小川さんとともに感慨深いものがある。

二〇〇九年一二月五日

著者識

解説

三浦小太郎

『黒船前夜』は、日本にありえたかもしれない「もう一つの近代」を幻視した作品である。渡辺京二は『逝きし世の面影』『江戸という幻景』等の著作で、江戸時代を、明治以後の近代化によって失われた美しい文明社会として描いた。そして、幕府内の優秀な官吏の中には、近代的なナショナリズムともいうべき新たな国家意識が芽生えてもいたのである。

ロシア帝国は一六世紀から一七世紀にかけて、シベリアからカムチャツカまでの大地を征服した。そして蝦夷地には、幕藩体制下において特異な存在である松前藩が存在し、国家意識をついに持たなかったアイヌ人が住んでいた。本書の副題が「ロシア・アイヌ・日本の三国志」と名付けられているのは、このような様々な国家と民族の関係を示している。ペリー来航以前から、西欧との「セカンド・インパクト」は生じていたのだ。

第二章「シベリアの謝肉祭」によれば、ロシアによるシベリア征服が、コサックの侵略と略奪の歴史だったことは明らかである。コサックは各地で住民に「毛皮税」を課し、その利益を着服し、抵抗するものは殺害し、コサック同士も権益をめぐって血みどろの争いを繰り広げた。カムチャツカ半島は「殺戮と放火で覆いつくされ」同地のカムチャダール人は抵抗したが、最後には徹底的に奴隷化された。

ナポレオン戦争と、それに続くヨーロッパ近代との邂逅は、このようなアジア的専制支配と、そこからのはみ出し者である山賊的「徒党」を否定し、社会に改革をもたらそうとする意識を、ロシアの知識人の中に生じさせた。シベリアで悪行を繰り広げた人物であるペステリの息子が、デカブリストの乱の指導者となったことは、偶然とは思えぬ歴史の逆説だ。ただ、コサックの侵略は、他の西欧諸国に見られるキリスト教布教の意思とはほとんど結びついていない。むしろヨーロッパ近代を体験した後、ロシアは「聖なるロシア」による「ヨーロッパ的（近代的）価値観への抵抗」という聖戦意識を謳うようになる。

この聖戦意識を、社会近代化と資本主義化による共同体破壊と、それに抗する民衆精神の発露として、渡辺は長編評論『ドストエフスキイの政治思想』にて緻密に分析した。そしてドストエフスキイや一九世紀のスラブ主義者と、表層においてはほぼ同じ言葉を、スターリンも、現代のプーチンも語っている。ロシア思想が、近代的価値観の限界や問題点を徹底的に抉り出す一方、同時にその反近代意識が、専制支配や侵略戦争を聖化する危険性、この両面を、ロシアを語るときには忘れてはならない。

そして、蝦夷地における松前藩は、江戸幕府体制下、唯一石高制ではなく、アイヌとの交易経済によって成立していた。松前藩はアイヌに対しての干渉もほとんど行わず、彼らの領地を支配する意識もなく、交易のみを目的とし経済的発展をもたらした。その姿は戦後日本の経済至上主義すら想起させる。渡辺は本書で、松前藩がアイヌを虐待した、圧政を敷いたという事例は殆どなく、シャクシャインの乱などのアイヌ反乱も、支配者への抵抗といった単純な図式ではないことを指摘している。

この松前藩と蝦夷地に対し、一七八五年から翌年にかけて、江戸幕府による蝦夷地見分という「現地調査」が徹底的に行われた。幕府官吏たちは、松前藩が蝦夷地の経営を請負商人に任せ、ロシア人の進出の危険性に無防備なこと、そしてアイヌを未開のままに放置していることを批判した。

ここにも歴史の逆説がある。渡辺は、徳川の良吏たちが、アイヌに対する人道的な同情を抱く「近代的ナショナリスト」であり「日本風に生活や風俗を改めさせれば、アイヌは（中略）立派な日本国民に」なると考えていたと指摘する。だが、それは同時に、松前藩は干渉しなかったアイヌの伝統的な生活を否定するものでもあった。

一七九二年、漂流民大黒屋光太夫らを連れてロシア使節ラクスマンが根室へ来航、日本との交易を求め、幕府は長崎への廻航を指示した。渡辺はこの時期にラクスマンが長崎に来れば、限定的な交易は許された可能性もあったことを指摘しているが、ロシア国内の政情の変化で、対日交渉は中断してしまう。

一八〇四年、レザーノフが長崎に来航し、再度交易を求めたときには、すでに状況は変わっていた。レザーノフは半年近くにわたって交渉したが、何の進展もなかった屈辱感から、武力をもって日本に開国を要求するしかないと考えてしまう。レザーノフの死後、部下フヴォストフは樺太、択捉島を襲撃する。幕府軍が交戦意欲もなく敗走してしまった。江戸時代の平和は、軍事力を徹底して脆弱化させていたのだ。

だが、この危機の最中に、江戸時代の精神が、民族を超えて普遍的な価値観に至る思想のドラマが展開された。敗戦後、箱舘奉行河尻春之、荒尾成章らがロシアとの通商論を意見書として進言した。そこでは主戦論や報復論は、現実の日本の軍事力を考えれば無謀な、民の人命を軽視したものであること、ロシア側の希望は交易であることを踏まえ、正当な外交交渉を行うべきことが「国際的な評価に耐える客観的な知性と普遍的な道義心」に基づいて展開されていると渡辺は評価する。

そして一八一一年、千島列島で測量を行っていた軍艦長ゴローヴニンが、国後島で日本側との給水交渉中に捕らわれた。軍艦副長リコルドは一時撤退後、一八一二年、再度国後島を訪れ解放を交渉するが、現地役人はゴローヴニンは死んだと虚偽の報告をしてしまう。リコルドは怒り、直接情報を取ろうと、商船観世丸を拿捕。同乗していた高田屋嘉兵衛を「拉致」する。高田屋はゴローヴニンの無事を説明し、自ら日露の平和交渉を引き受ける覚悟を示した。その後のリコルドと高田屋嘉兵衛の、真剣勝負というべき対決と、それに続く和解については、ぜひ本書をお読みいただきたい。

幕府との交渉で、リコルドはフヴォストフの行為を日本側に謝罪、ゴローヴニンは解放され、高田屋も自由となる。日ロ両国が、双方の「拉致被害者」を平和的に解放したのだ。リコルドは高田屋との出会いを「日本にはあらゆる意味で人間という崇高な名で呼ぶにふさわしい人びとがいる」と語った。またゴローヴニンが釈放される際に、奉行は「真に正しき事はいずれの国を問わず正しきものと認められる」という言葉を贈った。ここには明治以後の日本が選択した「富国強兵」の国家観ではなく、西郷隆盛が信じた道義的な国家の理念に直結する精神が宿っている。

本書エピローグで、渡辺は国家を持たなかったアイヌの精神世界を美しく描いている。現代の私たちは、国家間および民族間の苛烈な紛争の時代に生きている。しかし、だからこそ、国家や政治の外にある小さきものの精神を、内面に抱き続ける必要があるのではないか。本書は江戸後期というアーリイモダンの時代を論じてはいるが、渡辺京二の著作の中で、もっとも「現代的」なものといっても過言ではない。

（二〇二三年六月、評論家）

本書は、二〇一〇年二月一七日、洋泉社より初版が刊行された。

〈著者略歴〉

渡辺京二（わたなべ・きょうじ）

一九三〇年、京都市生まれ。
日本近代史家。二〇二二年十二月二十五日逝去。
主な著書『北一輝』（毎日出版文化賞、朝日新聞社）、『評伝宮崎滔天』（書肆心水）、『神風連とその時代』『なぜいま人類史か』『日本近世の起源』（以上、洋泉社）、『逝きし世の面影』（和辻哲郎文化賞、平凡社）、『新装版・江戸という幻景』『新編・荒野に立つ虹』『近代をどう超えるか』『もうひとつのこの世――石牟礼道子の宇宙』『預言の哀しみ――石牟礼道子の宇宙Ⅱ』『死民と日常――私の水俣病闘争』『万象の訪れ――わが思索』『幻のえにし――渡辺京二発言集』『肩書のない人生――渡辺京二発言集2』『小さきものの近代 1』（以上、弦書房）、『維新の夢』『民衆という幻像』（以上、ちくま学芸文庫）、『細部にやどる夢――私と西洋文学』（石風社）、『幻影の明治――名もなき人びとの肖像』（平凡社）、『バテレンの世紀』（読売文学賞、新潮社）、『原発とジャングル』（晶文社）、『夢ひらく彼方へ　ファンタジーの周辺』上・下（亜紀書房）など。

［新装版］黒船前夜
《ロシア・アイヌ・日本の三国志》

二〇二三年八月三〇日発行

著者　渡辺京二
発行者　小野静男
発行所　株式会社　弦書房
（〒810・0041）
福岡市中央区大名二―二―四三
ELK大名ビル三〇一
電話　〇九二・七二六・九八八五
FAX　〇九二・七二六・九八八六

組版・製作　合同会社キヅキブックス
印刷・製本　シナノ書籍印刷株式会社

落丁・乱丁の本はお取り替えします。

ISBN978-4-86329-270-3 C0021

渡辺京二コレクション　1～13（12は近刊予定）

名著『逝きし世の面影』（和辻哲郎賞）『黒船前夜　ロシア・アイヌ・日本の三国志』（大佛次郎賞）
『バテレンの世紀』（読売文学賞）の源流へ。現代思想の泰斗が描く思索の軌跡。

1

【新装版】江戸という幻景

人びとが残した記録・日記・紀行文の精査から浮かび上がるのびやかな江戸人の心性。近代への内省を促す幻影がここにある。西洋人の見聞録を基に江戸の日本を再現した『逝きし世の面影』著者の評論集。

近代批評集①

〈四六判・272頁〉　1800円　2023刊

2

【新編】荒野に立つ虹

この文明の大転換期を乗り越えていくうえで、二つの課題と対峙した思索の書。近代の起源は人類史のどの地点にあるのか。極相に達した現代文明をどう見極めればよいのか。本書の中にその希望の虹がある。

近代批評集②

〈四六判・440頁〉　2700円　2016刊

3

万象の訪れ　わが思索

半世紀以上におよぶ思索の軌跡。一〇一の短章が導く、考える悦しみとその意味。その思想は何に共鳴したのか、どのように鍛えられたのか。そこに、静かに耳を傾けるとき、思索のヒントが見えてくる。

短章集

〈A5判・336頁〉　2400円　2013刊

＊表示価格は税別

4

死民と日常　私の水俣病闘争

昭和44年、いかなる支援も受けられず孤立した患者家族らと立ち上がり、〈闘争〉を支援することに徹した著者による初の闘争論集。患者たちはチッソに対して何を求めたのか。市民運動とは一線を画した〈闘争〉の本質を改めて語る。

水俣病論集

〈四六判・288頁〉2300円

2017刊

5

もうひとつのこの世　石牟礼道子の宇宙

〈石牟礼文学〉の特異な独創性が渡辺京二によって発見されて半世紀。互いに触発される日々の中から生まれた〈石牟礼道子論〉を集成。石牟礼文学の豊かさときわだつ特異性を著者独自の視点から明快に解き明かす。

石牟礼道子論集①

〈四六判・232頁〉【3刷】2200円

2013刊

6

預言の哀しみ　石牟礼道子の宇宙Ⅱ

二〇一八年二月に亡くなった石牟礼道子と互いに支えあった著者が石牟礼作品の世界を解読した充実の一冊。「石牟礼道子闘病記」ほか、新作能「沖宮」、「春の城」「椿の海の記」「十六夜橋」など各作品に込められた深い含意を伝える。

石牟礼道子論集②

〈四六判・188頁〉1900円

2018刊

7

未踏の野を過ぎて

現代とはなぜこんなにも棲みにくいのか。近現代がかかえる歪みを鋭く分析、変貌する世相の本質をつかみ生き方の支柱を示す。東日本大震災にふれた「無常こそわが友」、「社会という幻想」他30編。

世相評論集

〈四六判・232頁〉【2刷】2000円

2011刊

＊表示価格は税別

8

近代をどう超えるか　渡辺京二対談集

江戸文明からグローバリズムまで、知の最前線の7人と現代が直面する課題を徹底討論。近代を超える様々な可能性を模索する。【対談者】榊原英資、中野三敏、大嶋仁、有馬学、岩岡中正、武田修志、森崎茂

対談集
〈四六判・208頁〉【2刷】 1800円
2003刊

9

幻のえにし　渡辺京二発言集

「自分が自分の主人公として独立する」とはどういうことなのか。さらに、谷川雁、吉本隆明、石牟礼道子らとの深い絆についても語られており、その言葉にふれながら読者は今どうすべきなのかを考えさせてくれる、慈愛に満ちた一冊。

発言集①
〈四六判・272頁〉 2200円
2020刊

10

肩書のない人生　渡辺京二発言集②

昭和五年生れの独学者の視角は限りなく広い。その終わりなき思索の旅から紡ぎ出される言葉をくり返し、聞いてみたい。**◆一九七〇年十月～十二月の日記**も初収録。三島由紀夫事件、最初期の水俣病闘争、日々の読書録等、渡辺史学の源を初めて開示する。

発言集②
〈四六判・232頁〉 2000円
2021刊

11

小さきものの近代 1

『逝きし世の面影』『江戸という幻景』に続く日本近代素描。国家次元のストーリーではなく、近代国民国家建設の過程で支配される人びと＝小さき人びとが、維新革命の大変動をどう受けとめ、自身の〈近代〉を創り出すために、どのように心を尽くしたかを描く。新たな視点で歴史を読む刺激に満ちた書。

近代批評集③
〈A5判・320頁〉 3000円
2022刊

＊表示価格は税別

13

【新装版】黒船前夜　ロシア・アイヌ・日本の三国志

ペリー来航以前、ロシアはどのようにして日本の北辺(蝦夷地)に接近してきたのか。国家を持たない民・アイヌの魅力を浮き彫りにしながら、通商と防衛の両面でそのアイヌを取り込もうと駆け引きをする日露外交を双方の人物たちを通して描いた名著。◆第37回大佛次郎賞受賞

近代批評集⑤

〈四六判・430頁〉2200円

2023刊

12

小さきものの近代 2　(近刊予定)